Fusión

Comunicación y cultura • Second Edition

Click. Play. Experience a whole new world with *Fusión* and **MySpanishLab™**. The new, riveting *Fusión* video program is fully integrated into **MySpanishLab**, allowing students to move seamlessly from their eTextbook to Spanish-speaking communities in Europe, Mexico, and the United States with a single click. Interactive art tours and electronic text activities further immerse students in Hispanic culture and bring the pages of *Fusión* to life like never before.

- Over 1,000 language instructors have partnered with Pearson to create solutions that address the needs of today's students and instructors.

- 100 Faculty Advisors have reviewed, tested, and collaborated with colleagues across North America to make Pearson's **MyLanguageLabs™** the most effective online learning and assessment college language learning system available today.

WE Asked.

Challenge:

8 out of 10 language instructors told us that better tools are needed to help students develop oral proficiency so that they will be confident in speaking Spanish.

Solution:

- Almost 1,000,000 students have used **MyLanguageLabs** to help them succeed in learning Spanish, French, Italian, German, Russian, Chinese, Portuguese, and Latin.
- **MyLanguageLabs** helps to **improve student results** by offering a robust set of tools that allows students to hear native speakers and practice their speaking. We include pronunciation guides, Blackboard™ Voice, videos, and audio recordings are the only online learning and assessment system that includes Versant™ Test of Spanish and MediaShare.

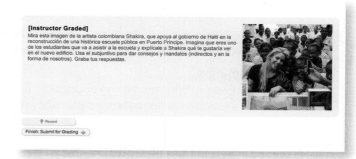

[Instructor Graded]
Mira esta imagen de la artista colombiana Shakira, que apoya al gobierno de Haití en la reconstrucción de una histórica escuela pública en Puerto Príncipe. Imagina que eres uno de los estudiantes que va a asistir a la escuela y explícale a Shakira qué te gustaría ver en el nuevo edificio. Usa el subjuntivo para dar consejos y mandatos (indirectos y en la forma de nosotros). Graba tus respuestas.

Students love the recording aspect of MyLanguageLabs which allows them to listen to their own pronunciations, compare, and adjust to match the native speakers. Students' communicative skills have improved significantly with MyLanguageLabs.

—Charles Hernando Molano Álvarez

MyLanguageLabs automates teaching chores that are non-meaningful. Let MyLanguageLabs grade homework and quizzes. This gives you time to spend on meaningful pedagogical activities like engaging and interacting with your students.

—Anne Prucha, University of Central Florida

Challenge:

8 out of 10 language instructors voiced that they are teaching more students than ever before, and consequently feel that they no longer have time to provide students with careful guidance to foster speaking and writing skills.

Solution:

- **MyLanguageLabs** allows instructors to easily create the course syllabus, and assign and grade homework, providing you with the time to work with individual students, helping them **achieve higher proficiency levels** in speaking and writing, in particular.

Did you know that...?

- **100% of college students are internet users**
- **50% are online more than 6 hours every week**
- **Community college students are even more likely than those at 4 year institutions to use mobile devices**
- **71% of students would prefer to use digital learning materials over print**

Zou, J.J. (2011, July 19). Gadgets, study finds. *Chronicle of Higher Education*

WE Listened.

Challenge:

6 of 10 college language programs either have completed or are planning to complete a Course Redesign in Spanish within their Basic Language Program. This will likely result in less face-to-face class time and a greater number of hybrid or fully online classes.

Solution:

- Pearson Education is the undisputed leader in Higher Education Course Redesign.
- Pearson is an **experienced partner** with over 1150 faculty selecting Pearson to implement a Course Redesign.
- **Evidence-based ongoing Case Studies and Success Stories** demonstrate improved student performance in Course Redesigns that implemented **MyLanguageLabs**.
- **MyLanguageLabs** offers the most extensive opportunities for course personalization that enables instructors to modify instruction according to individual needs, teaching style, grading philosophies, and more, which results in a more **engaging experience** for students.

Redesigning courses around MyLanguageLabs has been a success. The curriculum and course requirements are uniform across all sections so students receive a consistent learning experience. Because MyLanguageLabs automates the grading process, instructors report that they have more time to offer students one-on-one assistance. When I examine the data from before and after MyLanguageLabs, is clear to me what a great success MyLanguageLabs is and how useful it is for our students.

—Jason Fetters, Purdue University

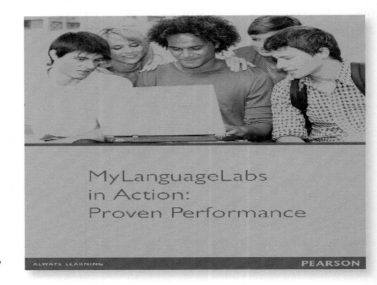

MyLanguageLabs
in Action:
Proven Performance

ALWAYS LEARNING   PEARSON

MySpanishLab®

Part of the award-winning MyLanguageLabs suite of online learning and assessment systems for basic language courses, MySpanishLab brings together—in one convenient, easily navigable site—a wide array of language-learning tools and resources, including an interactive version of the *Fusión* student text, an online Student Activities Manual, and all materials from the audio and video programs. Chapter Practice Tests, Tutorials, and English grammar Readiness Checks personalize instruction to meet the unique needs of individual students. Instructors can use the system to make assignments, set grading parameters, listen to student-created audio recordings, and provide feedback on student work. MySpanishLab can be packaged with the text at a substantial savings. For more information, visit us online at http://www.mylanguagelabs.com.

A GUIDE TO *FUSIÓN* ICONS

Recycle icon	This icon identifies recycling activities that highlight structures from previous chapters using the current chapter theme and vocabulary.
Grammar tutorial	This icon, located in the grammar section and next to some of the *De nuevo* recycling activities, reminds students that interactive grammar explanations with audio are available for review in MySpanishLab.
Text Audio Program	This icon indicates that recorded material to accompany *Fusión* is available in MySpanishLab (www.mylanguagelabs.com), on audio CD, or on the Companion Website.
Pair Activity	This icon indicates that the activity has been designed for students working in pairs.
Group Activity	This icon indicates that the activity has been designed for students working in small groups.
Gavel	This icon indicates a debate activity that encourages critical thinking. The debate activity is typically done as a pair or group.
e-Text	This icon indicates that a version of the activity is available in MySpanishLab. e-Text activities are modified for the online environment and are machine-graded.
Video icon	This icon indicates that a video segment is available for the *Videoblog* that accompanies the *Fusión* program. The video is available on DVD and in MySpanishLab.
Art Tour	This icon accompanies the works of art highlighted in the *Imágenes* section of each chapter. It links to a virtual art tour and interactive activity about the work of art found in MySpanishLab.
Student Activities Manual	This icon indicates that there are practice activities available in the *Fusión* Student Activities Manual. The activities may be found either in the printed version of the manual or in the interactive version available through MySpanishLab. Activity numbers are indicated in the text for ease of reference.

SECOND EDITION

FUSIÓN

Comunicación y cultura

ANNOTATED INSTRUCTOR'S EDITION

EDUARDO ZAYAS-BAZÁN

Emeritus, East Tennessee State University

SUSAN M. BACON

Emerita, University of Cincinnati

DULCE M. GARCÍA

The City College of New York, C.U.N.Y

PEARSON

Boston   Columbus   Indianapolis   New York   San Francisco   Upper Saddle River
Amsterdam   Cape Town   Dubai   London   Madrid   Milan   Munich   Paris   Montréal   Toronto
Delhi   Mexico City   São Paulo   Sydney   Hong Kong   Seoul   Singapore   Taipei   Tokyo

Senior Acquisitions Editor: Tiziana Aime
Senior Digital Product Manager: Samantha Alducin
Media Coordinator: Regina Rivera
Director of Program Management: Lisa Iarkowski
Team Lead Program Management: Amber Mackey
Program Manager: Nancy Stevenson
Team Lead Project Managers: Melissa Feimer
Project Manager: Debra A. Wechsler
Project Manager: Jenna Gray, PreMediaGlobal
Art Director: Kathryn Foot

Front Cover Design: PreMediaGlobal
Cover Image: © CW Images/Alamy
Operations Manager: Mary Fischer
Operations Specialist: Dennis Para
Editorial Assistant: Matt Welch
Senior Vice President: Steve Debow
Editor in Chief: Bob Hemmer
Director of Market Development: Kristine Suárez
World Languages Consultants: Yesha Brill, Mellissa Yokell

Credits and acknowledgments borrowed from other sources and reproduced, with permission, in this textbook appear on appropriate page within text (or on page CR-1).

Library of Congress Control Number: 2013956942

10 9 8 7 6 5 4 3 2 1

www.pearsonhighered.com

Student Edition, ISBN-10:	0-13-377754-5
Student Edition, ISBN-13:	978-0-13-377754-3
Annotated Instructor's Edition, ISBN-10:	0-13-377783-9
Annotated Instructor's Edition, ISBN-13:	978-0-13-377783-3
A la carte, ISBN-10:	0-13-377766-9
A la carte, ISBN-13:	978-0-13-377766-6

Brief Contents

Scope and Sequence

Capítulo	Objetivos comunicativos	Vocabulario	
Preliminar **¡Conectémonos!** 2–27	• Discussing social networks and their impact on society both at home and in Spanish-speaking countries • Saying what happens habitually, what's going on now, or what will happen in the near future • Describing in the present	**¡Así es la vida!** • ¿Estás conectado/a? **¡Así lo decimos!** • Los medios que facilitan la comunicación	
1 **De moda** 28–67	• Discussing fashion trends and fads • Saying what occurred in the past • Describing in the past • Talking about the influence of fashion on cars • Narrating in the past	**¡Así es la vida!** • En esa década • El automóvil y la moda **¡Así lo decimos!** • Las modas • Los autos	
2 **Por un mundo más verde** 68–103	• Discussing environmental issues affecting your world • Describing people, places, and things • Describing what will or might be • Predicting future issues • Expressing hopes, desires • Speculating	**¡Así es la vida!** • E².org • El desarrollo sostenible **¡Así lo decimos!** • El medioambiente • Actividades para un futuro sostenible	

Estructuras	Cultura	
¡Así lo hacemos! • Review of the present tense • Review of uses, position, and forms of adjectives	**Conéctate** **Ritmos:** *Amor de Feisbuk* (Danilo Parra, y AU-D Ecuador) **Videoblog:** *El proyecto de Mauricio* **Imágenes:** *Los pretendientes* (Ernesto de la Peña Folch, 1960–, México)	**Páginas:** *¿Cuál es el tuyo? Los perfiles de Facebook* (Chicaviva, España) **Taller:** Tu página personal
¡Así lo hacemos! • Preterit • Imperfect • Preterit vs. imperfect **De nuevo** • Soy una moda (*Present indicative*) • Una marca de automóvil que ya no se fabrica (*Preterit*)	**Conéctate** **Videoblog:** *La moda* **Comparaciones:** La casa Pineda Covalín **Ritmos:** *Un de vez en cuando* (Las Ketchup, España)	**¡Así lo expresamos!** **Imágenes:** *El arte de la moda* (El Corte Inglés, España) **Páginas:** *A la moda* (isabel_la_fantasiosa, EE. UU.) **Taller:** Un reportaje para una revista popular
¡Así lo hacemos! • Uses of **ser**, **estar**, and **haber** • Future tense • The subjunctive in noun clauses **De nuevo** • Así era (*Imperfect*) • Un día todo cambió (*Preterit/imperfect*)	**Conéctate** **Videoblog:** *Proyectos verdes en la capital de México* **Comparaciones:** ECOBICI, la manera inteligente de moverse **Ritmos:** *Latinoamérica* (Calle 13, Puerto Rico)	**¡Así lo expresamos!** **Imágenes:** *Mar, 2010* (Alejandro Durán, 19–, México, EE. UU.) **Páginas:** *Génesis* y *Apocalipsis* (Marco Denevi, Argentina) **Taller:** Expresa tu opinión

Capítulo	Objetivos comunicativos	Vocabulario
3 **Por un mundo mejor** 104–137	• Discussing human rights and foreign policy • Reacting to issues • Willing yourselves and others to act • Discussing the work of charitable organizations • Describing what is done for you and others • Expressing likes and opinions	**¡Así es la vida!** • Libertad, igualdad y fraternidad • ¡Échale una mano! **¡Así lo decimos!** • Los derechos humanos • La justicia social
4 **Somos lo que somos** 138–171	• Talking about yourself and others: personality and routines • Talking about styles of communication and relationships with friends and family • Talking about what has happened • Expressing an opinion about what has happened • Making predictions and describing what had happened before, or will have happened by some time in the future	**¡Así es la vida!** • ¿Eres imaginativo/a, intuitivo/a o analítico/a? • La comunicación interpersonal **¡Así lo decimos!** • Características personales • Las relaciones personales
5 **¡Luz, cámara, acción!** 172–205	• Talking about your favorite entertainers, films, and shows • Describing people, places, and things that may or may not exist • Talking about actions that depend on time or circumstances • Talking about Hispanic music, musicians, and musical events • Telling others what to do	**¡Así es la vida!** • Hola.com quiere saber… • Actores hispanos, ya no tan desesperados **¡Así lo decimos!** • El entretenimiento • El mundo del espectáculo

Preface

You hold in your hands the second edition of *Fusión: Comunicación y cultura.* When the first edition of this intermediate program was published, it had been eagerly anticipated and was received with great enthusiasm. Back then, when we visited campuses to speak with instructors of the core Spanish language program, we heard over and over the plaintive request, "Do you have anything new for intermediate Spanish?" Instructors clamored for a full and complete intermediate program which would bring their students to a *true intermediate level of proficiency.* Thus, *Fusión: Comunicación y cultura* was conceived, offering a radically different approach to teaching intermediate Spanish.

For this edition, we thought it was time to look back and recall what made its approach so innovative, even revolutionary. So much of what was true then is still true today. What made, and still makes, *Fusión* such an effective tool for language learning?

❏ **A true intermediate grammar sequence.** Intermediate texts typically repeat elementary Spanish grammar sequencing from the present tense forward. Consequently, students progress to advanced levels without a thorough understanding of the indicative and subjunctive moods and without a concrete grounding in the forms and usage of certain tenses, especially preterit and imperfect.

  Fusión brings students to a true intermediate-level of proficiency and gives them the necessary foundation to succeed in advanced classes. However, we recognize that some students will benefit from a quick review of essential first-year concepts and forms. Therefore, we have added a brief new preliminary chapter about social media, a topic that will engage students immediately. Chapter 1 is a fun chapter dealing with fads, fashions, and cars, which fits nicely with a review of the preterit and the imperfect tenses, equipping students to shift back and forth naturally between the present and the past as they speak, read, and write throughout the course. The review of the present subjunctive begins in Chapter 2 with the timely topics of environmentalism and sustainability; students see and use the subjunctive mood alongside the indicative all through the program, refining their understanding of both essential concepts and uses of mood in Spanish.

❏ **Thorough integration of language and culture.** *Fusión* took the view, from its inception, that language and culture are inseparable, part of the same mosaic, each informing the other. Rich in cultural input throughout chapters, *Fusión* also integrates video, music, art, and literature to expand upon chapter topics in the *Conéctate* and *Así lo expresamos* sections.

❏ **Topics relevant to the real world.** Just as with the grammar scope and sequence, many intermediate texts repeat the standard topics of first-year books, ignoring the world beyond what we wear, what we eat, and how we greet each other! *Fusión* connects to the world students live in and are exposed to in the media, as well as to academic disciplines in the university. Later, when students must use Spanish in their work or personal lives, they will have developed the ability to think about and express themselves on topics relevant to the issues of our time. This critical ability will also be of great use for those who pursue advanced study. Until now, the lack of articulation between basic language study and advanced study has been abrupt and difficult to bridge for both students and instructors of advanced courses. We've made it easier!

Those are the broad strokes of what makes *Fusión* relevant and important for study of the intermediate level of Spanish. Let's take a look now at what is new in *Fusión,* continuing the journey that began some years ago. After that, we offer you a chapter walk-through detailing how *Fusión* connects all the pieces, bringing language and communication to your classroom.

New to This Edition

Students will benefit from a variety of new content and features in this edition, including:

❏ **NEW** modern design with color-coded navigation allows students and instructors to better identify the different sections of each chapter. Updated, contemporary images reflect the diversity of the Spanish-speaking world. The larger page size and attractive, culturally focused photographs suggest a popular magazine, making *Fusión, Second Edition,* appeal to the visual orientation of today's students.

❏ **NEW** *Capítulo preliminar.* As suggested by our users and reviewers, we have included a brief preliminary chapter to bridge the gap between beginning and intermediate Spanish. The present tense and the use, position, and forms of adjectives are quickly reviewed through the relevant and appealing topic of social media.

❏ **NEW** or **updated** chapter openers provide students with the opportunity to interact with the theme of the chapter from the very first page. The communicative objectives at the start of the chapter keep meaningful communication at the forefront, and the new color-coded chapter organization makes it even easier to navigate the chapter contents.

❏ **NEW** or **updated** surveys encourage students to express opinions, preferences, practices, and knowledge related to the chapter theme, and then to compare their responses and explain their opinions with other class members, all while using active chapter vocabulary in context. New vocabulary is introduced in manageable chunks, while previously learned vocabulary is recycled with the objective of providing and building a solid lexical foundation.

❏ A revised *Conéctate* section found between the *Primera* and the *Segunda parte* features a videoblog, updated music selections, and several new *Comparaciones* readings that seamlessly piece together language and culture.

- Six **NEW** videoblog segments were filmed on location in Mexico, Spain, and the United States. The videoblog takes viewers on a fascinating journey through the dynamic contemporary Spanish-speaking world, with the young, energetic Mauricio, a film student studying in Southern California, as your guide. Students will meet tattoo artists from Mexico City, renowned performers, and a wealth of other captivating individuals exposing viewers to authentic language and culture.

- **NEW** music selections in *Ritmos* feature a variety of upbeat, popular music by renowned Hispanic artists. Each song ties to the chapter theme and they collectively represent a variety of countries and musical styles. Students search for video and lyrics online to be able to see and hear the best representations of the songs. **NEW** artists include Danilo Parra, Ecuador (*Amor de Feisbuk*), Las Ketchup, España (*Un de vez en cuando*), Calle 13, Puerto Rico (*Latinoamérica*), Carlos Jean, España (*¡Ay, Haití!*) and other Latin American and Spanish artists like Bebe, España (*Ella*) and Fiel a la Vega, Puerto Rico (*El wanabi*).

- The *Fusión* and *Comunidades* activities (previously in the *Conéctate* section) have been integrated at relevant points within the chapter to reinforce the grammar and vocabulary presented. These activities expressly relate to the 5C's of the *National Standards.*

❏ **NEW preliminary chapter.** Based on market research and feedback from our users, we have added a short preliminary chapter that serves as a refresher for students and helps to bridge the gap from beginning Spanish to the intermediate Spanish curriculum.

❏ **NEW and revised themes.** Chapter topics have been refocused and revised to provide more opportunities for students to connect and personally identify with the chapter's theme. Many activities were revised to further explore realistic solutions to the challenges that face young people today.

❏ **NEW selections in *¡Así lo expresamos!*** (fine art, literary selection, and guided writing activity).

- The *Imágenes* selections include several **NEW** artists: Mexican painter and sculptor Ernesto de la Peña Folch; New York/Mexican photographer Alejandro Durán; and Chilean *arpillerista* Violeta Morales. All works are closely tied to the chapter theme.
- The *Páginas* have been revised and updated to include a **NEW** blog, a short drama, and two short stories by contemporary authors. The *Taller* section has also been revised and updated to be more closely tied to the *Páginas* selections.

❏ **NEW *Aplicación*** activities in every chapter now include one additional guided activity after each vocabulary presentation and after each grammar point to guide students in their comprehension and acquisition of vocabulary and grammar.

❏ **NEW and expanded instructor annotations.** Instructors will find chapter **Warm-up activities** and pedagogical **Suggestions** for working with the chapter content in different ways. **Follow-up notes** and **Expansion activities** provide ideas for additional classroom activities. **Notes** include tips and strategies for instructors interested in additional details about the structures introduced in the program. Instructors will also find **Comprehension assessment notes** suggesting how to assess students' understanding of the language and cultural content introduced in a given section of the chapter.

Written entirely in Spanish, with the exception of grammar explanations, the newly designed second edition of *Fusión* features five thematically focused chapters plus a distinctive *Capítulo preliminar* about social media, a topic that students love. Each of the five chapters is divided into two parts. The *Primera parte* includes the presentation of vocabulary in the *¡Así es la vida!* and the *¡Así lo decimos!* sections, grammar in the *¡Así lo hacemos!* section, and culture tightly integrated throughout the chapter and highlighted in the *Conéctate* section. The *Segunda parte* also includes presentations of vocabulary and grammar in the *¡Así es la vida!*, *¡Así lo decimos!*, and *¡Así lo hacemos!* sections, plus a culminating cultural introduction to art and literature and guided writing (*Taller*) in the *¡Así lo expresamos!* section.

Join us for a visual walk-through of *Fusión, 2nd Edition.*

CHAPTER
Opener

The chapter opener provides a visual advance organizer of the chapter theme.

The communicative objectives are clearly presented at the beginning of the chapter, which helps you focus on what you will learn.

At a glance, you can clearly preview the goals for the chapter through the color-coded chapter organization, which makes navigating the materials easy. Each thematically focused part (*Primera parte, Segunda parte*) includes manageable grammar and vocabulary chunks. Cultural presentations are integrated throughout the chapter and highlighted in the *Conéctate* and *¡Así lo expresamos!* sections, seamlessly immersing you in both the language and the richness of Hispanic culture.

A empezar and *Curiosidades* serve as advance organizers for the chapter theme. These activities activate prior knowledge and pique your interest for what is to come.

¡Así es la vida! | ¡Así lo decimos!

Each *parte* opens with a survey or other interactive text in the *¡Así es la vida!* section, where you will be asked to respond with your opinions, habits, or preferences. You will see new vocabulary in context, encouraging you to hypothesize and guess instead of translating.

The *¡Así lo decimos!* section found in both parts of the chapter features **Vocabulario básico**, which recycles previously learned vocabulary and cognates, giving you an opportunity to build on previous knowledge.

Vocabulario clave introduces active vocabulary found in each *parte* of the chapter, clearly orienting you to new vocabulary that is required in the chapter.

¡Cuidado! discusses differences in usage between Spanish and English, and alerts you to false cognates such as *soportar*, meaning *support* in English. The accompanying fun drawings illustrate these differences in context, helping those who are primarily visual learners.

The activities in **Aplicación** progress from receptive to productive, from acquiring skills to using skills, always with an emphasis on contextualized and meaningful communication. Illustrations and photographs connect your world with the Hispanic world, helping you to see the interconnectedness of both worlds.

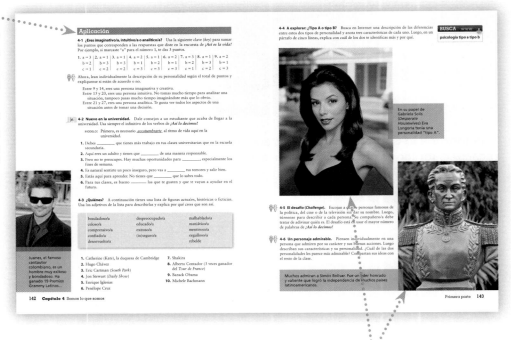

The carefully selected photos represent noteworthy people, both contemporary and historical, and visually introduce the richness of Hispanic culture.

¡Así lo hacemos!

Grammar is presented with clear and concise English explanations, allowing you to prepare material before coming to class. Lively drawings illustrate important grammar points in context.

Verb and other charts stand out visually to allow finding them easily and quickly.

The marginal grammar tips in the **¡OJO!** boxes remind you of previously learned structural uses.

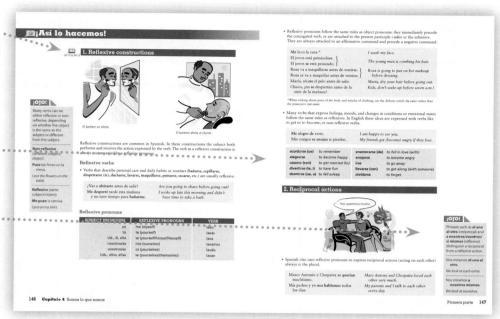

Easily recognizable icons identify in-text listening activities; pair, group, debate, and recycling activities; grammar tutorials, videos, eText activities, and MySpanishLab resources, which allow efficient completion of classwork and homework.

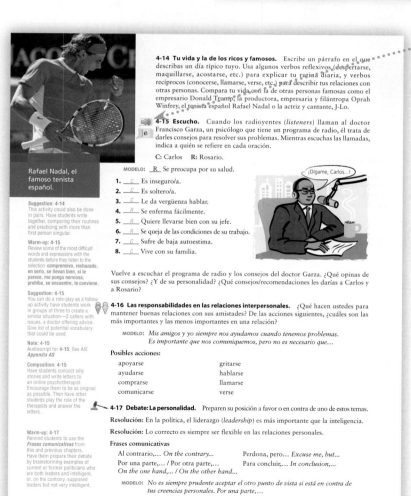

4-14 Tu vida y la de los ricos y famosos. Escribe un párrafo en el que describas un día típico tuyo. Usa algunos verbos reflexivos (despertarse, maquillarse, acostarse, etc.) para explicar tu rutina diaria, y verbos recíprocos (conocerse, llamarse, verse, etc.) para describir tus relaciones con otras personas. Compara tu vida con la de otras personas famosas como el empresario Donald Trump, la productora, empresaria y filántropa Oprah Winfrey, el tenista español Rafael Nadal o la actriz y cantante, J-Lo.

4-15 Escucho. Cuando los radioyentes (*listeners*) llaman al doctor Francisco Garza, un psicólogo que tiene un programa de radio, él trata de darles consejos para resolver sus problemas. Mientras escuchas las llamadas, indica a quién se refiere en cada oración.

C: Carlos   R: Rosario.

MODELO: __R__ Se preocupa por su salud.

1. __C__ Es inseguro/a.
2. __C__ Es soltero/a.
3. __C__ Le da vergüenza hablar.
4. __R__ Se enferma fácilmente.
5. __R__ Quiere llevarse bien con su jefe.
6. __R__ Se queja de las condiciones de su trabajo.
7. __R__ Sufre de baja autoestima.
8. __C__ Vive con su familia.

Vuelve a escuchar el programa de radio y los consejos del doctor Garza. ¿Qué opinas de sus consejos? ¿Y de su personalidad? ¿Qué consejos/recomendaciones les darías a Carlos y a Rosario?

4-16 Las responsabilidades en las relaciones interpersonales. ¿Qué hacen ustedes para mantener buenas relaciones con sus amistades? De las acciones siguientes, ¿cuáles son las más importantes y las menos importantes en una relación?

MODELO: *Mis amigos y yo siempre nos ayudamos cuando tenemos problemas. Es importante que nos comuniquemos, pero no es necesario que...*

Posibles acciones:

apoyarse   gritarse
ayudarse   hablarse
comprarse   llamarse
comunicarse   verse

4-17 Debate: La personalidad. Preparen su posición a favor o en contra de uno de estos temas.

Resolución: En la política, el liderazgo (*leadership*) es más importante que la inteligencia.

Resolución: Lo correcto es siempre ser flexible en las relaciones personales.

Frases comunicativas

Al contrario,... *On the contrary...*   Perdona, pero... *Excuse me, but...*
Por una parte,... / Por otra parte,...   Para concluir,... *In conclusion,...*
On the one hand,... / On the other hand...

MODELO: *No es siempre prudente aceptar el otro punto de vista si está en contra de tus creencias personales. Por una parte,...*

Conéctate

Conéctate provides an enriched cultural interlude between the **Primera** and the **Segunda parte.** Here you will experience authentic culture and language via the video, readings, and music, all related to the chapter's theme.

The captivating **NEW** video program features Mauricio, a Mexican college student studying film in Los Angeles, who travels throughout the Hispanic world to capture authentic clips of native speakers sharing their experiences related to the chapter theme. His videoblog helps you improve listening comprehension while learning about cultural similarities and differences. The engaging segments also serve as a basis for classroom discussion. Among the people you will meet are tattoo artists, a famous salsa singer, Habitat for Humanity volunteers, and even a famous chef. Each chapter is filmed on location in Mexico, Spain, and the United States. Click play and experience the Hispanic world through Mauricio's eyes!

CONÉCTATE

04-16 to 04-18

Suggestion: Video segment
Have students complete **4-18** and **4-19** while viewing the video outside of class. They should also take a few notes in preparation to elaborate **4-20** in class, following the viewing.

Videoblog   *Los tatuajes y la expresión personal*

Antes de verlo

4-18 Los tatuajes. ¿Conoces a personas que tengan tatuajes o tienes tú alguno? ¿Cuáles son algunas de los dibujos más populares? ¿Por qué se tatúa una persona? ¿Cuáles son algunas de las consecuencias positivas y negativas de los tatuajes?

Note: Video segment
This segment is filmed in Mexico City and includes interviews with several people on the street and in a major tattoo parlor. Among the reasons one may choose a tattoo is for personal or artistic expression, or to express an idealized personality. Negative aspects are that they are permanent and that one might experience discrimination in society or the workplace. Students should notice that while several of the speakers find them attractive, they personally would not get a tattoo.

A verlo

4-19 ¿Por qué hacerte uno? En este segmento vas a ver a varias personas con diferentes opiniones sobre los tatuajes. Toma nota de un mínimo de dos razones positivas y dos consecuencias negativas por haberse tatuado. ¿Cuál de los tatuajes, en tu opinión es el más bonito y por qué? ¿Te gustaría tatuarte con un dibujo semejante? Explica.

Después de verlo

4-20 ¡Creo que voy a hacerme uno! Uno/a de ustedes ha decidido hacerse un tatuaje y el/la otro/a está en total desacuerdo con la decisión. Preparen para la clase una discusión en la que traten de defender sus posiciones a favor o en contra del tatuaje. Pueden incluir algunas de las opiniones del video y otras suyas para que la clase decida cuál tiene el mejor argumento.

Suggestion: 4-20
Have 2 or 3 pairs of students perform their arguments for the class and have the class decide which pair has the liveliest discussion and which argument has the most merit.

Conéctate   **151**

Pre-viewing activities help activate knowledge of the video topic, during-viewing activities guide comprehension of the material, and post-viewing activities provide a springboard for interactive discussions in class.

Comparaciones

Comparaciones features readings that focus on comparing your experience with those of others. This section provides contexts to make cultural comparisons that encourage not only an understanding of the target culture, but also reflection on your own home culture.

Comparaciones

Expansion 4-21
Have students describe other "alternative" cultures or "counter" cultures that they know.

4-21 En tu experiencia. Hay muchas maneras de expresar la personalidad o las opiniones políticas y sociales: el tatuaje, el modo de vestir, el peinado, la forma de actuar con los amigos y conocidos y el arte, entre otros. ¿Cuáles usas tú para expresar tu personalidad? ¿Y para expresar una opinión política o social?

La expresión personal y la movida madrileña

La movida madrileña fue un movimiento contracultural español que surgió durante los primeros años de la transición hacia la democracia y que se prolongó desde la muerte del dictador Francisco Franco en 1975 hasta casi el final de los 80.

La noche madrileña fue muy activa no solo por las salidas nocturnas de los jóvenes, sino a causa de un interés inusual en la llamada *cultura alternativa*, las drogas y la contracultura que surgió en Estados Unidos en la década de los 60. Ese movimiento rechazó los valores sociales y el modo de vida establecidos y propuso valores y soluciones alternativas: el pacifismo, la vida en comunas (*communes*), el retorno a la naturaleza, la experimentación con drogas psicodélicas, el amor libre, la espiritualidad oriental y el consumo frugal.

No solo los jóvenes, sino también muchos políticos apoyaron la cultura alternativa como un paso hacia la modernidad, o por lo menos, algo muy diferente a las cuatro décadas de dictadura.

Entre los artistas de la época se encuentra Juan Carlos Argüello (1966–1995) más conocido por su firma "Muelle", un pionero en España de un estilo de grafitos, similar al *tagging* que se había desarrollado en Estados Unidos. En el cine, se destaca Pedro Almodóvar, quien cuestionó con un humor negro los valores tradicionales de la sociedad española en esa época.

Después de la muerte de Francisco Franco los grafitos empezaron a inundar las calles de Madrid. Este edificio icónico llamado "Todo es felicidá" fue pintado por el artista grafitero Jack Babiloni.

4-22 En su opinión. Den su opinión sobre las siguientes afirmaciones y justifíquenlas.

1. Los grafitos son un modo válido de expresión personal o de opiniones políticas y sociales.
2. Los grafitos tienen valor artístico.
3. El movimiento contracultura fue autodestructivo y no se volverá a repetir más en este país.
4. La mejor manera de expresar su opinión política o social es al votar en las elecciones.

Note: *La movida madrileña*
La movida was a sociocultural movement that took place not only in Madrid but in many large cities in Spain during the first ten years after the death of Francisco Franco in 1975, and represented the economic rise of Spain and the new emerging Spanish cultural identity. It was a hedonistic and cultural wave that has been compared to the Hippie movement in the United States.

Suggestion 4-22 This activity can also be used for debate or guided composition.

152 **Capítulo 4** Somos lo que somos

Ritmos

Ritmos introduces a variety of musical sound in the Hispanic world. Each selection features a well-known artist performing a song related to the chapter theme. The **Busca** search terms direct you to a video online of the song performed by the artists.

Antes de escuchar activities prepare for listening to the music. Guided **A escuchar** activities aid in comprehension and connecting with personal experiences. **Después de escuchar** activities test comprehension and go beyond the music to discuss its content or style.

Ritmos
04-19

Ella (Bebe, España)

La cantautora Bebe es de una familia de músicos. Salió de golpe a la escena musical internacional en el 2005 cuando ganó el premio Grammy Latino al Artista Revelación (*Best New Artist*) por el álbum *Pafuera telarañas* en el cual figura la canción *Ella*. Además de ser cantante, ha actuado en varias películas españolas.

Antes de escuchar

4-23 Un nuevo día. Cuando estás triste o te sientes solo/a, ¿qué haces para sentirte mejor? ¿Haces ejercicio? ¿Te pones alguna ropa en especial? ¿Ves una película divertida? ¿Sales con tus amigos? ¿Escuchas alguna música en particular?

A escuchar

4-24 Ella. Conéctate a Internet para buscar un video de Bebe cantando *Ella*. Luego, escribe un párrafo con la siguiente información.

- Una lista de las cosas que hace ella porque está decidida a mejorar su vida.
- Una descripción de la personalidad de la nueva "Ella", usando adjetivos de *¡Así lo decimos!*
- Una comparación entre la personalidad de "Ella" y la tuya.

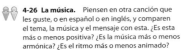
BUSCA www
bebe ella video; bebe ella letra

Después de escuchar

4-25 Hoy vas a descubrir... La cantante dice que "Ella" va a descubrir que su futuro es mucho más positivo que su pasado. De las acciones que ha hecho "Ella" para mejorar su vida, ¿cuáles has hecho tú o habrás hecho en algún momento en el futuro?

MODELO: *Hoy "Ella" se ha maquillado. No me he maquillado todavía, pero me habré maquillado antes de salir para clase.*

4-26 La música. Piensen en otra canción que les guste, o en español o en inglés, y comparen el tema, la música y el mensaje con esta. ¿Es esta más o menos positiva? ¿Es la música más o menos armónica? ¿Es el ritmo más o menos animado? ¿Cuál prefieren y por qué?

Conéctate **153**

¡Así lo expresamos!

You will put new vocabulary and grammar to use in *¡Así lo expresamos!*, which includes **Imágenes** (art), **Páginas** (literature), and **Taller** (guided writing). Here you will both observe creative cultural activity and create a variety of your own texts.

¡ASÍ LO EXPRESAMOS!

Imágenes
06-39 to 06-40

Coexistence (Xavier Cortada, 1964–, EE. UU.)

El cubanoamericano Xavier Cortada crea instalaciones artísticas para concienciar a la gente y promover discusiones sobre temas sociales y del medioambiente. En el 2004 participó en una reunión llamada NCCJ Community Leadership Seminar para personas interesadas en cómo promover la comunicación intercultural. El fruto de esta interacción es el mural *Coexistence* en el que los participantes sugirieron palabras y frases relacionadas al tema principal.

Artists featured in **Imágenes** are important for their contributions not only to Hispanic art, but also to humanity in general. Included in the book are well-known artists, emerging artists, and recently discovered artists. Each selection represents the chapter theme. You will see that art has many forms, but always seeks to touch the soul.

Perspectivas e impresiones

6-53 El mural. Este mural salió de las palabras y frases que sugirieron los participantes en el seminario para promover la comunicación intercultural. Haz una lista de las palabras y frases que se te ocurran al ver el mural. Haz otra lista de cinco o más que falten y que deseas que añada el artista.

6-54 A explorar: Otras imágenes. Busca otras obras de Xavier Cortada en Internet. Elige una que te impresione y descríbela en un párrafo. ¿Es una que tiene un mensaje social? ¿Te gustaría verla en persona o tenerla en tu universidad? Explica.

BUSCA www

xavier cortada murales

¡Así lo expresamos! **239**

Páginas | Taller

Páginas 📖 04-41 to 04-42

Julia de Burgos (1914–1953, Puerto Rico)

Julia de Burgos fue una poeta puertorriqueña que escribió numerosos artículos periodísticos en los que abogaba (*advocated*) por las mujeres, los negros y los trabajadores. Se casó en dos ocasiones, pero fue su segundo marido, José Jimeses Grullón, quién inspiró muchos de sus poemas. Después del fracaso de su matrimonio y a pesar de contar con muchos admiradores, murió pobre y sola, y fue enterrada bajo el nombre de "Jane Doe" hasta que sus amigos pudieron encontrar su tumba y llevar sus restos a Puerto Rico. Hoy en día se le considera una de las más grandes poetas de Latinoamérica.

Note: poeta
The term **poetisa** is falling out of use in current Spanish. *Fusión* uses **poeta** for men and women.

The ***Páginas*** literary selections are presented with pre- and post-reading pedagogically focused activities, including biographical information about the selected writers. Pre-reading activities set the stage by raising issues or expressions that appear in the reading.

Antes de leer

4-48 Anticipación. Mira el dibujo. ¿Quién es la mujer del espejo? ¿Quién es la mujer que se mira en el espejo? ¿Cuál se ve más real? ¿Con cuál de las dos te identificas más?

The ***Estrategias para la lectura*** present strategies to develop good reading skills. Post-reading activities encourage an appreciation of Hispanic literature while introducing basic techniques of analysis and interpretation. All readings have been selected for their relevance to your life and your experiences as well as for their reflection of the themes and topics explored in the chapter.

4-49 Estrategias para la lectura. Busca elementos de la lectura que puedan ayudarte a anticipar el tema. Lee la introducción al poema. Ten en cuenta su título. Trata de adivinar el significado de los siguientes cognados que aparecen en el poema.

abismo	enemigo	hipocresía	murmuran	social	voz
aristocracia	esencia	humana	profundo	verso	

Taller guides you through the writing process from sentence level to paragraphs, short compositions, essays and even poetry and drama on topics stemming from ideas explored in the chapter. A mix of process writing techniques and traditional approaches to composition make ***Taller*** effective in helping to develop writing skills in Spanish.

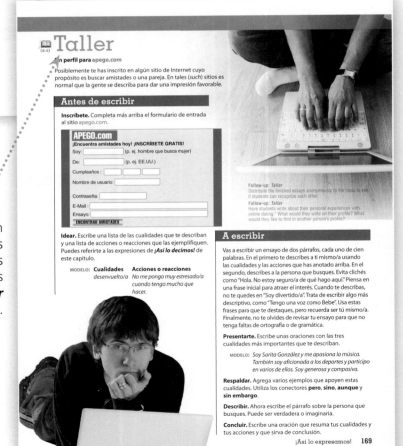

📖 Taller
04-43

Un perfil para apego.com

Posiblemente te has inscrito en algún sitio de Internet cuyo propósito es buscar amistades o una pareja. En tales (*such*) sitios es normal que la gente se describa para dar una impresión favorable.

Antes de escribir

Inscríbete. Completa más arriba el formulario de entrada al sitio apego.com.

APEGO.com
¡Encuentra amistades hoy! ¡INSCRÍBETE GRATIS!
Soy: [_____] (p. ej. hombre que busca mujer)
De: [_____] (p. ej. EE.UU.)
Cumpleaños : [__] [__] [__]
Nombre de usuario: [_____]
Contraseña: [_____]
E-Mail : [_____]
Ensayo: [_____]
ENCONTRAR AMISTADES

Follow-up: *Taller*
Distribute the finished essays anonymously to the class to see if students can recognize each other.

Follow-up: *Taller*
Have students write about their personal experiences with online dating." What would they write on their profile? What would they like to find in another person's profile?

Idear. Escribe una lista de las cualidades que te describan y una lista de acciones o reacciones que las ejemplifiquen. Puedes referirte a las expresiones de ***¡Así lo decimos!*** de este capítulo.

MODELO: **Cualidades**   **Acciones o reacciones**
desenvuelto/a   *No me pongo muy estresado/a cuando tengo mucho que hacer.*

A escribir

Vas a escribir un ensayo de dos párrafos, cada uno de cien palabras. En el primero te describes a ti mismo/a usando las cualidades y las acciones que has anotado arriba. En el segundo, describes a la persona que busques. Evita clichés como "Hola. No estoy seguro/a de qué hago aquí." Piensa en una frase inicial para atraer el interés. Cuando te describas, no te quedes en "Soy divertido/a". Trata de escribir algo más descriptivo, como "Tengo una voz como Bebe". Usa estas frases para que te destaques, pero recuerda ser tú mismo/a. Finalmente, no te olvides de revisar tu ensayo para que no tenga faltas de ortografía o de gramática.

Presentarte. Escribe unas oraciones con las tres cualidades más importantes que te describan.

MODELO: *Soy Sarita González y me apasiona la música. También soy aficionada a los deportes y participo en varios de ellos. Soy generosa y compasiva.*

Respaldar. Agrega varios ejemplos que apoyen estas cualidades. Utiliza los conectores **pero**, **sino**, **aunque** y **sin embargo**.

Describir. Ahora escribe el párrafo sobre la persona que busques. Puede ser verdadera o imaginaria.

Concluir. Escribe una oración que resuma tus cualidades y tus acciones y que sirva de conclusión.

¡Así lo expresamos! **169**

Vocabulario

A complete alphabetical list of active vocabulary appears by part at the end of the chapter. This provides you with a convenient study aid all in one place.

Vocabulario

Primera parte

acostumbrarse (a)	to get used to
adivinar	to guess
analizar	to analyze
ansioso/a	anxious
apresurado/a	hurried
la autoestima	self-esteem
avergonzar (üe)	to shame, to embarrass
el carácter	personality
celoso/a	jealous
comprensivo/a	understanding
confiado/a	confident
la confianza	confidence
desenvuelto/a	outgoing
despreocupado/a	carefree
educado/a	polite
elegir (i, i)	to choose
equivocarse	to make a mistake
evaluar	to evaluate
exitoso/a	successful
fingir	to pretend
el instinto	instinct
maduro/a	mature
malhablado/a	foul-mouthed
maniático/a	compulsive
mentiroso/a	lying, false
orgulloso/a	proud
portarse bien/mal	to behave/to misbehave
relajarse	to relax
vencer	to defeat, to overcome
la vergüenza	embarrassment

¡**Cuidado!** el recuerdo - la memoria; soportar - apoyar - mantener *See page 141.*
Reflexive verbs *See pages 146-147.*
Frases comunicativas: Al contrario,...; Perdona, pero...; Por una (otra) parte,...; Para concluir,... *See page 150.*

Segunda parte

abrazar	to embrace
la bondad	kindness
calumniar	to slander
cariñoso/a	affectionate
el chisme/cotilleo	gossip
comprometerse	to get engaged, to commit oneself
la conducta	behavior
los/las demás	the others
disculpar	to forgive
discutir	to argue
egoísta	selfish
emocionarse	to get excited, to be moved emotionally
enamorarse (de)	to fall in love (with)
engañar	to deceive
el entendimiento	understanding
el estado de ánimo	mood
experimentar	to experience
el gesto	gesture
hacer las paces	to make peace
herir (ie, i)	to hurt
humilde	humble
(in)fiel	(un)faithful
mandón/mandona	bossy
la molestia	bother
pedir disculpas (i, i)	to ask for forgiveness
el placer	pleasure
el propósito	purpose
sensible	sensitive
sugerir (ie, i)	to suggest
tener celos	to be jealous
superar	to overcome

¡**Cuidado!** querer - amar *See page 155.*
Irregular past participles *See page 159.*

Vocabulario **171**

▶ VIDEOBLOG

The accompanying video program takes you on a fascinating journey through the dynamic contemporary Spanish-speaking world, with the young energetic Mauricio as your guide. On a mission to educate the public about his beloved Hispanic heritage through his Videoblog, this Southern California film student will escort you to a cultural landscape that you did not know existed: vibrant, sui generis, and local yet with a striking global relevance.

The video program's content covers a vast spectrum of issues and topics, presented in an authentic and engaging way. Students will learn the nuances of Spanish while being exposed to subjects close to their hearts. Fashion, body art, sports and leisure, affordable housing, renewable energy, and the need for green innovation, Latin cuisine and its role in nourishing healthy young people, the challenges of bilingual education, just to name a few, are discussed in an exuberant manner by experts in each field, and illustrated with lively images shot on location in Spanish-speaking communities in Europe, Mexico, and the United States.

Both fun and probing, entertaining and educational, indigenous and international, the **Fusión** video program offers students a culturally rich tour of some of the most dynamic aspects of today's Hispanic world.

Program Components

For Students

Student text (ISBN 10: 0-13-377754-5)

In addition to traditional printed texts, *Fusión* is available in the following formats to offer students more choices and more ways to save.

❏ À la carte Student Text (ISBN 10: 0-13-377766-9) offers the same content in a looseleaf, 3-hole punched version at a discounted price. Students bring to class only what they need!

❏ CourseSmart eTextbook (0-13-377774-X) offers the same content as the paperback text in a convenient online format with highlighting, online search and printing capabilities. www.coursesmart.com

MySpanishLab® with eText (ISBN 10: 0-13-377816-9)

MySpanishLab, part of our **MyLanguageLabs** suite of products, is an online homework, tutorial, and assessment product designed to improve results by helping students quickly master concepts, and by providing educators with a robust set of tools for easily gauging and addressing the performance of individuals and classrooms.

    MyLanguageLabs has helped almost one million students successfully learn a language by providing them everything they need: full eText, online activities, instant feedback, and an engaging collection of language-specific learning tools, all in one online program. For more information, including case studies that illustrate how **MyLanguageLabs** improves results, visit **www.mylanguagelabs.com.**

Student Activities Manual (ISBN 10: 0-13-377782-0)

The Student Activities Manual consists of workbook and listening comprehension activities directly tied to material in the textbook. The organization of this student resource parallels that of the main text, facilitating assignment of homework corresponding to specific sections of the text.

Student Activities Manual Answer Key (ISBN 10: 0-13-377812-6)

A separate Answer Key for the Student Activities Manual is available for instructors who wish to have students check their own work.

Audio CDs for Student Activities Manual (ISBN 10: 0-13-377781-2)

The Audio CDs for the Student Activities Manual contain the audio recordings that accompany the listening comprehension activities in the manual. Audio is also available for download on the book Companion Website.

Audio CD for Student Text (ISBN 10: 0-13-377778-2)

The Audio CD for the Student Text contains recordings for the in-text listening activities identified by an audio icon within the chapters. Audio is also available for download on the book Companion Website.

For Instructors

Annotated Instructor's Edition (ISBN 10: 0-13-377783-9)

Marginal notations in the Annotated Instructor's Edition include expanded cultural information, responses to convergent activities, teaching tips, alternate activities, and hints on effective classroom techniques. Additional notations include audioscripts for the listening activities found in the back of the textbook.

Instructor's Resource Manual for download only

The Instructor's Resource Manual (IRM) contains an introduction to the text, providing information for instructors on how to teach with *Fusión*. A complete integrated Syllabus and corresponding complete Lesson Plan are also included as well as guidance on integrating the videoblog into the course.

Testing Program for download only

A highly flexible testing program allows instructors to customize tests by selecting the modules they wish to use or by changing individual items in the pre-built chapter exams, midterms, and finals. The assessment goal, content area, and response type are identified for each module. The full testing program is available within MySpanishLab. MySpanishLab also includes a user-friendly test-generating program known as **MyTest** that allows instructors to select, arrange, and customize testing modules to meet the needs of their courses. Once created, tests can be administered online.

Audio for Testing Program (ISBN 10: 0-13-377814-2)

Recordings are available to accompany the listening modules in the Testing Program. The audio is also available within MySpanishLab.

Companion Website (http://www.pearsonhighered.com/*Fusión*)

The *Fusión* website contains the in-text audio and the Student Activities Manual audio at no additional cost.

Acknowledgments

The second edition of *Fusión* is the result of careful planning between the authors and our publisher, and ongoing collaboration with students and you—our colleagues—who have been using the previous edition of *Fusión*. We are indebted to all those people whose ideas, suggestions, and criticisms have helped shape this program. The authors and publishers would especially like to acknowledge and thank:

Dr. Kay E. Raymond, Sam Houston State University
Alejandro Latinez, Sam Houston State University
Amarilis Hidalgo de Jesus, Bloomsburg University of Pennsylvania
Sarah Watt, Clemson University
Sarah Matthews, Davenport University, Aquinas College
Cristina M González, University of Texas Dallas

We are indebted to our friends and colleagues at Pearson Education, especially **Scott Gravina**, Development Editor, and **Tiziana Aime**, Senior Acquisitions Editor, World Languages, for their dedication, insight, and thoughtful advice throughout the editorial process of the second edition, and to **Bob Hemmer**, Editor in Chief, for his encouragement over the years in this and other projects. We would also like to thank the many people at Pearson Education who contributed their ideas, efforts, and publishing experience to the second edition of *Fusión*. We are grateful to **Melissa Feimer**, Senior Managing Editor (Production), and **Debra Wechsler**, Project Manager, for their attention to art and literary permissions; **Samantha Alducin**, Senior Digital Product Manager, and **Bill Bliss**, MyLanguageLabs Development Editor, for their great work on the MySpanishLab program; **María García**, Sponsoring Editor, for her diligent work on the video program and the textbook, **Meriel Martínez**, Development Editor, for her efficient and careful review of the textbook and the supplements; **Regina Rivera**, Media Editor, for her management of the audio program, video, and website; **Jonathan Ortiz**, Editorial Assistant, for his hard work and efficiency obtaining reviews and attending to many administrative details. Furthermore, we would like to sincerely thank **Steve Debow,** Vice President, World Languages, for his support and commitment to the success of the text; and the World Languages Product Specialists for their creativity and efforts in coordinating marketing and promotion for the new edition. We would also like to thank the contributors who assisted us in the preparation of the fifth edition: **Mark A. Harpring, Pepa Lago-Grana,** and **Sandro Barros.**

The authors would also like to thank **Jenna Gray,** Production Editor (PreMediaGlobal) and her project management team. The work of PreMediaGlobal's copy editor and proofreaders has been indispensable, and we thank them for their careful and professional work.

We are grateful, as well, to our institutions: East Tennessee State University, the University of Cincinnati, and the City College of New York for supporting and recognizing the value of this project. Most importantly, we thank our friends and families for their patience and support, as ever.

*Fusión is dedicated to Lourdes, Eddy, Cindy, Lindsey, Ed, Elena,
Lauren, Will, Wayne, Alexis, Camille, Chris, Sandro, Eleanor,
Teresa, Ignacio, Isla, Tobias, Ozzie, and Jackie Rey.*

Ever since the Moors introduced the beautiful and intricate *azulejos* to Spain, the tradition of ceramics and mosaics have spread throughout the Iberian Peninsula and the Americas. The striking mosaic on the cover is taken from Park Güell, a UNESCO World Heritage Site in Barcelona, Spain, designed and executed by Antoni Gaudí with collaboration from fellow architect, Josep Maria Jujol i Gibert. We believe this image reflects *Fusión's* popular approach to intermediate Spanish. It conveys the fantastical and the vibrant in a way that appears natural and unintimidating through its seamless interconnectivity. Gaudí's mosaics and architectural structures blend together to create something that feels exotic yet familiar all at once.

Just as the traditions of ceramic art have spread beyond Spain and have been adapted to new contexts and uses throughout the Spanish-speaking world, so has the language and culture of Spain spread across the globe and been adapted in new places. Your experience with *Fusión: Comunicación y cultura, Second Edition,* will help you connect your current knowledge of the world with new facets of Spanish language and its rich cultures.

Preliminar

¡Conectémonos!

☑ **OBJETIVOS COMUNICATIVOS**

- Discussing social networks and their impact on society both at home and in Spanish-speaking countries
- Saying what happens habitually, what's going on now, or what will happen in the near future
- Describing in the present

A empezar

Las redes sociales de comunicación. ¿Cuál es la red social más popular para ti y tus amigos? ¿Por qué crees que son tan populares?

Warm-up: *A empezar*
¿Quién en la clase usa Facebook?
¿Para qué lo usan?
¿Por qué?¿Creen que las redes sociales, como Facebook y Twitter, son negativas o positivas para el individuo y para la sociedad?
¿Por qué?

¿Estás conectado/a?

Completa la encuesta a continuación sobre tus experiencias. Después compara tus resultados con los de otros usuarios.

1. Edad:

2. ¿Qué redes sociales prefieres?
- Twitter
- Tuenti
- Facebook
- Hi5
- LinkedIn
- otra:

3. ¿Para qué usas una red social?
- conectarte con amigos y familiares
- subir fotos o videos
- compartir experiencias personales
- promover un interés político o social
- hacer recomendaciones sobre compras
- jugar
- buscar pareja
- ¿otro uso?

4. ¿Agregas como contactos a personas que no conoces?
- sí
- no

5. ¿Publicas solamente datos verídicos?
- sí
- no
- generalmente

6. ¿Con qué frecuencia visitas tus redes sociales?
- diariamente
- a menudo
- raramente

7. ¿Cómo participas en foros en línea?
- Escribo uno regularmente.
- Respondo a preguntas o comentarios que me interesan.
- Los leo de vez en cuando.

8. ¿Piensas en los riesgos de publicar datos o fotos personales en las redes sociales?
- sí
- no
- Depende.   Explica.

9. ¿Has cancelado alguna cuenta de Facebook, Hi5 u otra?
- sí   Explica.
- no

🔊 Vocabulario clave: Los medios que facilitan la comunicación

Verbos

agregar (a un/a amigo/a)	*to add (a friend)*
bajar	*to download*
borrar	*to erase*
chatear	*to chat (online)*
conectarse con	*to connect up with*
difundir	*to disseminate*
etiquetar	*to tag (on Facebook)*
mandar un *tweet**	*to tweet*
soler (ue)	*to be in the habit of*
subir	*to upload*
unirse a	*to join*

Sustantivos

el buzón	*mailbox*
el círculo	*circle*
la contraseña	*password*
el correo basura	*spam*
la cuenta	*account*
el enlace	*link*
el familiar	*family member*
el grado	*degree*
la herramienta	*tool*

los medios	*media*
el miembro	*member*
el mensaje	*message*
el muro	*wall*
el nivel	*level*
la página de inicio	*home page*
la pareja	*partner, couple*
el perfil	*profile*
la red/la Red	*network/Internet*
el riesgo	*risk*
el/la usuario/a	*user*

Adjetivos

complejo/a	*complex*
diario/a	*daily*
diverso/a	*diverse*
útil	*useful*
verídico/a	*truthful*

Otras expresiones

a menudo	*often*
de vez en cuando	*sometimes*

*Many terms related to technology originate in English and are borrowed by other languages. Terms such as *twittear* or *tuitear* and *textear* are common on the Internet, though not yet accepted by the **Real Academia Española**.

Note: miembro and familiar
Miembro and familiar are used for both males and females: *Ella es miembro del club. Marta es un familiar muy cercano a nosotros.*

Note: muro
The term **muro** is used in Spanish to refer to one's *wall* on Facebook.

Follow-up: ¡Así lo decimos!
Ask students the following questions to practice active vocabulary. These questions can also be used for a guided composition. *¿Estás conectado/a a Internet con mucha frecuencia, a menudo, de vez en cuando o casi nunca? ¿Podrías pasar un mes sin visitar tus redes sociales? ¿Cómo sería tu vida durante ese mes? ¿Compartes mucha información personal en tu perfil público? ¿Crees que es un riesgo? ¿Por qué? etc.*

Follow-up: ¡Cuidado!
Have students answer the following questions: *¿Qué buscas en Internet? ¿Esperas una respuesta cuando mandas un tweet? ¿Siempre pagas tu cuenta de Internet y de tu teléfono móvil a tiempo?*

🔊 Ampliación

Verbos	**Sustantivos**	**Adjetivos**
arriesgarse	el riesgo	riesgoso/a
emparejar	la pareja	emparejado/a
conectarse	la conexión	conectado/a
difundir	la difusión	difundido/a

¡Cuidado!

Verbs that do not require a preposition

Some Spanish verbs are not followed by a preposition, even though their English equivalents always require a preposition before a direct object.

- **buscar:** *to look for*

  Busco un sitio de compras.   *I am looking for a shopping site.*

- **esperar:** *to wait for/to hope for*

  Ana **espera** un mensaje de texto de Daniel.   *Ana is waiting for/hoping for a text message from Daniel.*

- **pagar:** *to pay for*

  Tengo que **pagar** mi servicio de Internet.*   *I have to pay for my Internet service.*

¿Qué buscas?

Espero encontrar el sitio para pagar mi donación con tarjeta de crédito.

*If an amount precedes the object, use *por*. *Tengo que pagar **demasiado por** mi servicio de Internet.*

Aplicación

P-1 Las redes sociales. Comparen sus respuestas en *¡Así es la vida!* ¿Usan las redes sociales con mucha frecuencia? ¿Qué tienen en común y cómo se diferencian ustedes?

P-2 ¿Es riesgoso? Pongan en orden de riesgo (1: muy riesgoso – 6: no muy riesgoso) la siguiente información que a veces aparece en los foros de una red social. Indiquen con qué frecuencia incluyen ustedes esta información y expliquen por qué.

	A menudo	De vez en cuando	Nunca
___ las fotos y los nombres de familiares	yo ❑ él/ella ❑	yo ❑ él/ella ❑	yo ❑ él/ella ❑
___ la fecha y el año de nacimiento	yo ❑ él/ella ❑	yo ❑ él/ella ❑	yo ❑ él/ella ❑
___ la dirección y el teléfono	yo ❑ él/ella ❑	yo ❑ él/ella ❑	yo ❑ él/ella ❑
___ los enlaces a sitios políticos o de causas sociales	yo ❑ él/ella ❑	yo ❑ él/ella ❑	yo ❑ él/ella ❑
___ los planes para estar fuera de casa	yo ❑ él/ella ❑	yo ❑ él/ella ❑	yo ❑ él/ella ❑
___ los problemas en el trabajo o en la universidad	yo ❑ él/ella ❑	yo ❑ él/ella ❑	yo ❑ él/ella ❑

P-3 Algunas experiencias con las redes sociales. Completa las oraciones con expresiones lógicas de *¡Así es la vida!*

1. Cancelé mi _____cuenta_____ de Twitter el año pasado.
2. En Facebook, mis amigos escriben muchos comentarios en mi _____muro_____.
3. Me gusta _____etiquetar_____ las fotos con los nombres de mis amigos.
4. Es una tentación _____chatear_____ con mis amigos en Facebook cuando estoy en clase.
5. Solo _____agrego_____ a mis mejores amigos a mi red social.
6. Es divertido _____subir_____ fotos y videos a mi red social.
7. Una vez _____bajé_____ un programa que tenía un virus que me infectó la computadora.
8. Cuando me conecto a Internet veo mi _página de inicio_ en Google+.
9. Mi banco insiste en que cambie mi _____contraseña_____ cada seis meses para mantener segura mi cuenta.
10. La universidad acaba de agregar un programa en nuestro correo electrónico para impedir que recibamos tanto _____correo basura_____.

P-4 A explorar: Otras redes sociales. A continuación hay algunas redes sociales populares en otras partes del mundo. Escoge una e investígala. Luego, escribe un párrafo sobre ella (número de usuarios, un enfoque en particular, servicios que tiene, etc.) ¿Te interesa unirte a esa red? Explica.

BUSCA www
habbo; hi5; tuenti; etc.

Habbo	Hi5	Tuenti
Sónico	Taringa	Latinosenred

 Ritmos

Amor de Feisbuk (Danilo Parra y AU-D, Ecuador)

Estos dos músicos ecuatorianos son conocidos no solo en su país sino también mundialmente. El cantante de pop latino Danilo Parra y el rapero AU-D han colaborado para grabar esta canción divertida que se trata de una relación por Facebook.

BUSCA www

amor feisbuk escuchar;
amor feisbuk video

Antes de escuchar

P-5 En tu red social.   Hay varios términos que se relacionan con las redes sociales. Algunos son anglicismos, como los que vas a escuchar en esta canción. ¿Cuáles de las siguientes acciones has hecho últimamente?

_____ chatear con alguien por Facebook

_____ confirmar una amistad

_____ agregar a un/a amigo/a

_____ entrar tu contraseña

_____ etiquetar a alguien

_____ enviar una solicitud de amigo/ de amistad.

_____ leer mensajes en tu muro

_____ mandar un mensaje por Facebook

_____ recibir un correo por Facebook

_____ subir una foto o un video

_____ visitar tu página de inicio

A escuchar

P-6 *Amor de Feisbuk.*
Busca una versión de esta canción en Internet y anota cuáles de las acciones en la actividad **P-5** se mencionan en la canción.

Después de escuchar

 P-7 En su opinión.   Lean las siguientes oraciones sobre el uso de Facebook y las redes sociales. Luego, digan si están de acuerdo y justifiquen sus opiniones.

1. Es emocionante reconectar con viejas amistades a través de las redes sociales.
2. El amor por Facebook puede resultar adictivo.
3. Es posible enamorarse de una foto.
4. El amor virtual es más emocionante que el amor en vivo.

1. Review of the present tense

P-08 to P-13

Pedro, ¿buscas el móvil otra vez?

No lo encuentro y espero una llamada muy importante.

Uses of the present tense

Remember that the present tense can report events that occur habitually in the present, are ocurring now, or will occur in the near future:

Todos los días **chateo** con mis amigos.	*I chat with my friends every day.* (habitual action)
Subes muchas fotos a tu página personal.	*You are uploading many pictures to your page.* (action in progress)
Esta noche **bajamos** el último video de Shakira.	*Tonight we'll (we are going to) download the latest Shakira video.* (action in near future)

Regular forms of the present

	TOMAR	COMER	VIVIR
yo	tom**o**	com**o**	viv**o**
tú	tom**as**	com**es**	viv**es**
Ud., él, ella	tom**a**	com**e**	viv**e**
nosotros/as	tom**amos**	com**emos**	viv**imos**
vosotros/as	tom**áis**	com**éis**	viv**ís**
Uds., ellos, ellas	tom**an**	com**en**	viv**en**

Irregular verbs in the present

- Some commonly used verbs, including **ir**, **estar**, **ser**, and **haber** are irregular in the present.

ir	voy, vas, va, vamos, vais, van
estar	estoy, estás, está, estamos, estáis, están
ser	soy, eres, es, somos, sois, son
haber	hay

¡OJO!

The form **hay** (there is/are) is invariable. Differences between **ser, estar,** and **haber** will be explored further in *Capítulo 2.*

Voy a escribirle un mensaje a mi profesor.	*I am going to write a message to my professor.*
No **están** seguros de su contraseña.	*You aren't sure of your password.*
¿**Eres** aficionado a Facebook?	*Are you a fan of Facebook?*
¿Cuántos comentarios **hay** en tu muro?	*How many comments are there on your wall?*

- Some verbs in the present tense have changes in the stem in all persons except **nosotros/as** and **vosotros/as**. The stem change may be **e→ie, o→ue** or **e→i** and will appear in parentheses after the infinitive in the glossary to remind you. See the following examples.

querer (ie)	¿Quieren ustedes bajar la canción de Danilo Parra?	*Do you want to download Danilo Parra's song?*
preferir (ie)	Prefiero ver su video en Internet.	*I prefer to see his video on the Internet.*
dormir (ue)	Algunas veces me duermo en frente de la computadora.	*Sometimes I fall asleep in front of the computer.*
soler (ue)	Suelen seguir enlaces seguros.	*They tend to follow secure links.*
pedir (i)	¿Pides ayuda cuando no puedes conectarte a Internet?	*Do you ask for help when you can't connect to the Internet?*
repetir (i)	Jamás repetimos nuestros errores.	*We never repeat our mistakes.*

- A few verbs have an irregularity in the first person in addition to the stem change.

decir (i)	**digo**, dices, dice, decimos, decís, dicen
tener (ie)	**tengo**, tienes, tiene, tenemos, tenéis, tienen
venir (ie)	**vengo**, vienes, viene, venimos, venís, vienen

| Si **viene** Jorge a clase, **tengo** que decirle que mañana hay examen. | *If Jorge comes to class, I have to tell him that tomorow there's an exam.* |

Assessment: Verb with irregularities
¿Conoces muchas personas por Facebook? ¿Siempre traes tu móvil a la clase? ¿Sabes usar Twitter? ¿Qué tipo de mensaje pones como tu estatus en Facebook? ¿Haces muchas cosas en la computadora? ¿Sales todas las noches o prefieres chatear con alguien? ¿Cuántas cuentas de correo electrónico tienes? ¿Vienes siempre a clase?

- Finally, a few other verbs have an irregularity in the first person singular only.

| conocer (cono**zco**) | poner (pon**go**) | salir (sal**go**) |
| hacer (ha**go**) | saber (**sé**) | traer (trai**go**) |

| **Conozco** a una persona que tiene miles de amigos en su red social. | *I know a person who has thousands of friends on her social network.* |
| **Sé** que no todos son sus mejores amigos. | *I know that they're not all her best friends.* |

Aplicación

P-8 Nos conectamos. Empareja las frases y conjuga los verbos para formar oraciones lógicas.

1. _d_ ¿Cuando hace demasiado calor, yo…

2. _a_ Mis amigos y yo _estamos_ (estar) en un cibercafé donde…

3. _e_ ¿Cuántos *tweets* _mandas_ (mandar) tú por día y…

4. _c_ Muchos usuarios de amor.com…

5. _f_ _Necesito_ (Yo: necesitar) conectarme con gente en mi campo profesional. _Creo_ (Creer) que mañana…

6. _b_ Cada vez que Manuel _revisa_ (revisar) su correo…

a. _tomamos_ (tomar) un refresco y _revisamos_ (revisar) nuestro correo electrónico.

b. _borra_ (borrar) veinte o más mensajes basura.

c. _buscan_ (buscar) pareja o amistades en otro país.

d. _voy_ (ir) a un cine con aire acondicionado.

e. cuántos _recibes_ (recibir)?

f. _abro_ (abrir) una cuenta en una red social de ingenieros.

 P-9 ¿Es importante, útil o peligroso…? Conversen entre ustedes para decidir si es importante, útil o peligroso hacer las siguientes actividades en Internet. Usen una variedad de verbos en el presente para explicar sus razones.

> **MODELO:** tener muchos amigos
> *Es útil tener muchos amigos. Yo tengo más de cien y siempre busco más…*

1. unirse a muchas redes sociales
2. subir fotos indiscretas a tu página personal
3. mandar mensajes de texto negativos
4. tener un alto nivel de seguridad en tu cuenta de Facebook
5. hacer clic en cualquier enlace en Internet
6. borrar mensajes del buzón de tu móvil
7. poner datos personales en tu sitio
8. hacer amistades internacionales en Internet

P-10 Terra España. Este sitio recibe millones de visitas todos los días. Visítalo y escribe un párrafo en el que contestes las siguientes preguntas.

1. ¿Cuántos enlaces hay en la página de inicio?
2. ¿Cuáles de estos enlaces te interesan? ¿Cuáles te sorprenden?
3. Haz clic en por los menos cinco de los enlaces y describe lo que encuentres.
4. En tu opinión, ¿son los anuncios comerciales más o menos fastidiosos (*annoying*) que los que encuentras en Facebook o en Google? Explica.

BUSCA www

terra españa

Note: BUSCA box
You may wish to remind students that diacritical marks are not necessary in Internet searches. The terms **España**, **españa**, **espana** all yield the same results.

P-11 Tu identidad. En Internet es posible inventarte una nueva identidad y crear tus propias experiencias. Imagínate que te vas a crear una identidad nueva para una red social en la que quieres ser anónimo/a. Escribe un párrafo en el que contestes las preguntas a continuación.

Composition: P-11
Have the students use these questions for a guided one-page composition.

- ¿Quién eres? ¿Cómo eres?
- ¿Qué haces en tu tiempo libre?
- ¿Qué estudias? ¿En qué trabajas?
- ¿Tienes muchos amigos?

- ¿Cuáles son tus intereses?
- ¿Con qué o con quién sueñas?
- ¿Quieres unirte a una red profesional? ¿Por qué?
- ¿Qué vas a hacer en los próximos meses?

 ¿Quién eres? Ahora compartan su nueva identidad. ¿Qué tienen en común y cómo se diferencian?

P-12 El efecto de las redes sociales en la sociedad. Los medios sociales de comunicación son cada vez más importantes para difundir rápidamente información por todo el mundo. Investiga un incidente que te interese y escribe un párrafo en el que incluyas la siguiente información.

BUSCA www

tweet noruega; china;
afganistán; libia;
somalia; etc.

- la situación que quieren los usuarios comunicarle al mundo
- dónde tiene lugar
- quiénes mandan los mensajes y cómo
- si crees que van a tener éxito y por qué

 P-13 Las redes sociales y la educación. Muchas universidades dan clases a distancia; los estudiantes se conectan por redes sociales, foros y clases virtuales. En tu opinión, ¿es este el futuro de la educación? ¿Se va a apoderar (*take over*) la educación virtual de los recintos universitarios, las residencias estudiantiles y los salones de clases? Primero, hagan individualmente una lista de los pros y los contras y, luego, conversen sobre sus opiniones.

CONÉCTATE

Note: Video segment This segment introduces Mauricio, the student filmmaker from Mexico who will film and present the videos in each chapter. For his latest project, Mauricio has decided to create a videoblog that will highlight the influence and achievements that the Hispanic community has had on the global community.

¡Saludos, amigos twiteros!

Me llamo Mauricio Quijano Fernández. Soy del Distrito Federal de México, una ciudad fascinante con más de veinte millones de habitantes. Tengo veintiún años y aunque estudio en Estados Unidos me encuentro de vacaciones en mi ciudad natal. Mi padre, Luis Quijano González, es ingeniero químico y mi madre, Luisa Fernández Blanco, es maestra de inglés en una escuela elemental. Tengo dos hermanos menores que todavía están en el Distrito Federal. No, no tengo novia en estos momentos.

Estoy muy emocionado porque recibí una beca de la Universidad de Southern California para hacer un documental sobre el mundo hispano y tengo total libertad para escoger el tema, los lugares que visitaré y las personas que entrevistaré. Este va a ser un verano con mucho trabajo, pero fructífero, porque recibiré seis créditos por este proyecto.

Para darles una idea, durante los próximos meses visitaré ciudades cosmopolitas como el Distrito Federal, Barcelona, Londres y Los Ángeles. Además entrevistaré a un sinnúmero de personas, y tendré numerosas cosas para contarles. ¡Así que acompáñenme en este recorrido y síganme en mi blog!

¿Entendiste? Contesta las preguntas sobre este pequeño bosquejo biográfico (*biographical sketch*) de Mauricio Quijano.

¿Cuál es el nombre completo de Mauricio?

¿Qué hace Mauricio en estos momentos?

¿Cuál es la profesión de los padres de Mauricio?

¿Cuántos hermanos tiene Mauricio y dónde están?

¿Qué planes tiene Mauricio para este verano?

¿En qué ciudades va a estar y por qué?

¿Cómo va a ser su verano?

En tu opinión, ¿cómo le va a beneficiar este proyecto a Mauricio en el futuro?

Videoblog *El proyecto de Mauricio*

Antes de verlo

P-14 Mauricio.   Mauricio es un estudiante de cine en Los Ángeles. Él admite que está obsesionado con la tecnología de la comunicación. ¿Conoces personas como él? ¿Con qué tipo de tecnología están obsesionadas? ¿Con Facebook, con Twitter o con los constantes mensajes de texto? ¿Tienes algún amigo que se interese en hacer cine? ¿Cuál es su género favorito?

A verlo

P-15 Toma apuntes.   En este segmento vas a conocer a Mauricio, el estudiante cineasta que va a filmar los videos que verás en cada capítulo de *Fusión*. Toma nota del proyecto que decide hacer y por qué tiene interés en hacerlo. ¿Cómo crees que lo va a dar a conocer al público?

Después de verlo

P-16 ¡Listos, cámara, acción!   Imagínense que estudian cine y que deben filmar un documental como hace Mauricio. ¿Sobre qué o quién lo harían? ¿Cuáles serían los lugares, la gente, los temas, la música, las ideas que presentarían? Identifiquen las características de Mauricio que más se parezcan a las de ustedes. Preséntenle sus respuestas al resto de la clase.

Suggestion: Video segment
Have students complete **P-14** and view the video outside of class. They should use the *A verlo* activity as a guide when taking notes while watching the video, so that in class they can quickly summarize the content before they complete **P-16** in pairs.

Imágenes

P-16

Los pretendientes (Ernesto de la Peña Folch, 1960–, México)

Perspectivas e impresiones

P-17 La selección de la pareja.
Tradicionalmente muchas familias hispanas han desempeñado un papel (*played a role*) importante en la manera en que los jóvenes seleccionan a su pareja. Antes, las familias sabían con quiénes salían sus hijos, adónde iban y cuándo volvían a casa. Era más normal salir en grupo que solo con la pareja. Sin embargo, ahora muchos sociólogos culpan a los medios de comunicación por la ruptura social de los valores familiares. No siempre los padres conocen a los amigos que sus hijos hacen en línea y la familia pierde control del círculo de amistades. Compara este fenómeno con tu experiencia. ¿Tus padres conocen a todos tus amigos virtuales? En tu opinión, ¿hay demasiada libertad para hacer amistades en línea? Explica.

P-18 Los pretendientes.   Usen las preguntas a continuación para inventar una historia sobre la mujer en el árbol y sus tres pretendientes (*suitors*).

1. ¿Cómo se llama la joven en la pintura? ¿Cuántas personas en total tiene en su red social?

2. ¿Cómo es ella? ¿Seria? ¿Coqueta? ¿Sociable? ¿Sensible? Expliquen por qué la caracterizan de esa manera.

3. ¿Quiénes son sus pretendientes? ¿Cómo son ellos físicamente? Usen su imaginación para describir el carácter del pretendiente que ella va a aceptar.

4. ¿Quieren ustedes ser miembros de esta red social? ¿Por qué sí o no?

P-19 A explorar: Ernesto de la Peña Folch.   Conéctate a Internet para buscar otros cuadros de este artista. Escoge uno que te guste y descríbelo. ¿Cómo se llama? ¿Cuál es el tema? ¿Cómo son los colores? ¿Quiénes son los personajes? ¿Es más o menos lúdico (*playful*) que este cuadro?

BUSCA www

ernesto peña folch

2. Review of uses, position, and forms of adjectives

P-17 to P-19

> La identidad de mi avatar es muy misteriosa. Tiene pelo largo y rubio, nariz grande y un arete pequeño.

Warm-up: Adjectives
Have students suggest names of famous personalities, and then describe them using adjectives. Encourage them to use the adjectives listed in *¡Así lo decimos!*

Uses of adjectives

Adjectives modify or describe nouns. Those that quantify, limit, make a noun unique, or give a known quality generally precede the noun. Those that simply describe follow the noun.

- **Quantify or limit:**

Tengo **muchos/algunos/cien** amigos en Google+.	*I have **many/some/a hundred** friends on Google+.*
Voy a cerrar **mi** cuenta en Facebook.	*I am going to close **my** account on Facebook.*

- **Make unique or provide a known quality:**

Mi **querida** amiga Antonia me manda mensajes de texto todos los días.	*My **dear** friend Antonia sends me texts every day.*
Vemos las **altas** montañas andinas en la foto.	*We see the **high** Andean mountains in the picture.*

- **Describe:**

Trato de siempre hacer clic en enlaces **seguros**.	*I always try to click on **safe** links.*
Mi computadora **portátil** tiene una garantía de cuatro años.	*My **laptop** has a 4-year warranty.*

Tienes que bajar la nueva aplicación de Twitter. Esta no es la última.

Note: Position of adjectives and changes in meaning
Additional adjectives include the following.

Before noun	Adjectives	After noun
certain (particular)	cierto/a	*certain (sure)*
darn	dichoso/a	*happy, fortunate*
half-	medio/a	*middle, average*
same	mismo/a	*(the thing) itself*
own	propio/a	*proper*
sheer	puro/a	*pure*

Comprehension assessment: Adjectives that change meaning
Have students write sentences with **pobre, nuevo,** and **viejo** before and after the noun. Ex. *Hoy vi a mi viejo amigo Juan; lo conozco desde la niñez. Conozco a un hombre viejo que es muy sabio.*

¡OJO!

Some adjectives change meaning depending on whether they precede or follow the noun they modify. These include **grande/gran** (*great/big*), **nuevo/a** (*another/different, brand new*), **pobre** (*unfortunate/poor*), and **viejo/a** (*former/old*).

Esta es mi **vieja** red social.	*This is my old (former) social network.*
Mi móvil **viejo** no tiene todas las aplicaciones que necesito.	*My old (age) cell phone doesn't have all the apps I need.*
La **pobre** chica perdió su móvil con todos sus contactos.	*The poor (unfortunate) girl lost her cell phone with all of her contacts.*

Agreement and forms of adjectives

Adjectives are singular or plural and may also be masculine or feminine. They always agree in number and often in gender with the nouns they modify.

- **Adjectives that agree in number and gender (four forms)**

	MASCULINO	FEMENINO
Singular	el usuari**o** experimentad**o**	la herramienta compleja
Plural	los usuari**os** experimentad**os**	las herramien**tas** complejas

- **Adjectives that agree in number (two forms)**

	MASCULINO	FEMENINO
Singular	el enlace útil	la cuenta útil
Plural	los enlaces útil**es**	las cuentas útil**es**

Note: Adjective agreement
Remind students that adjectives agree in gender (maculine or feminine) and number (singular or plural) with the noun or pronoun they modify. Adjectives whose masculine form end in **-o,** have a feminine form ending in **-a.** (**bueno/a**). Adjectives that end in **-e** and most adjectives that end in a consonant have the same masculine an feminine forms (**inteligente; popular;** but **trabajador/a**). Add **-s** or **-es** to form the plural (**buenos/as; inteligente/s; popular/es; españoles/españolas**).

¡OJO!

Adjectives of nationality that end in a consonant add **-a** to form the feminine. If the adjective ends in **-e** or **-a**, the singular has only one form. Adjectives of nationality are not capitalized in Spanish.

El sitio **español** es muy atractivo.	Óscar Arias es **costarricense**.
Las usuarias **españolas** son muy diestras.	Tengo un amigo **vietnamita**.

- Some adjectives vary their forms before nouns. **Bueno, malo, primero, tercero, uno, alguno,** and **ninguno** drop the **–o** before masculine singular nouns; **cualquiera, grande,** and **ciento** shorten before any singular noun; and **santo** shortens before masculine singular nouns, except those beginning with **do-** or **to-**.

Tienes un **buen** perfil en Facebook.	*You have a good profile on Facebook.*
Quiero ver **cualquier** información sobre el incidente.	*I want to see any information about the incident.*
Frida Kahlo fue una **gran** pintora.	*Frida Kahlo was a great painter*
Visitamos **San** Juan, **Santo** Domingo y **Santa** Lucía.	*We visited San Juan, Santo Domingo, and Santa Lucía.*

Aplicación

 P-20 Información para los empleadores. Este artículo, que se publicó en informatico.com, explica cómo una empresa puede usar las redes sociales para investigar a los futuros empleados. Escribe la forma correcta de los adjetivos.

¡Ojo con lo que pones en Internet!

Todos sabemos que cuando solicitamos trabajo, es común que la compañía investigue (1) _____nuestro_____ (nuestro) nivel de crédito y que hagan una investigación de nuestros trabajos anteriores[1]. Pero ahora (2) _____muchas_____ (mucho) empresas también insisten en hacer una verificación de nuestros antecedentes en las redes (3) _____sociales_____ (social).

La empresa (4) _____llamada_____ (llamado) Inteligencia Social busca en Internet todo lo que el candidato haya escrito o hecho en línea durante los (5) _____últimos_____ (último) siete años. Después, reúne un dossier de sus honores (6) _____profesionales_____ (profesional) y obras (7) _____humanitarias_____ (humanitario), además de (8) _____toda_____ (todo) la información (9) _____negativa_____ (negativo), por ejemplo comentarios (10) _____racistas_____ (racista), mención de drogas (11) _____ilícitas_____ (ilícito), fotos, mensajes de texto o videos (12) _____explícitos_____ (explícito), armas o materiales para actividades (13) _____violentas_____ (violento).

Según el director de la empresa, no son detectives; solo agregan información (14) _____disponible_____ (disponible[2]) en Internet. Sin embargo, este servicio les preocupa a otros que dicen que están buscando información (15) _____personal_____ (personal) e (16) _____irrelevante_____ (irrelevante) al trabajo y a las cualificaciones del candidato.

Según el director de Inteligencia Social, son las fotos y los videos los que más perjudican[3] al candidato, por ejemplo, una vez encontraron una foto de un chico al lado de una planta (17) _____gigantesca_____ (gigantesco) de marihuana. El (18) _____desafortunado_____ (desafortunado) candidato no consiguió el trabajo.

[1]*background check*   [2]*available*   [3]*perjudicar: to damage*

P-21 ¿Has comprendido? Contesta las preguntas sobre el artículo que se publicó en informatico.com.

1. ¿Por qué quieren las empresas investigar los antecedentes de sus futuros empleados?
2. ¿En qué tipo de información se especializa Inteligencia Social?
3. ¿Por cuántos años forma tu información personal parte de tu perfil para un trabajo?
4. ¿Qué tipo de información es especialmente perjudicial?
5. ¿Por qué critican algunas personas este tipo de investigación por Internet?

 P-22 ¿Qué buscan ustedes? Inventen oraciones sobre los temas a continuación. Usen varios adjetivos lógicos y tengan cuidado con la concordancia (*agreement*) de sustantivos y adjetivos.

MODELO: un carro… *Voy a comprar un carro pequeño, rápido y económico.*

1. unos perfiles
2. una pareja
3. una red social
4. unas clases
5. un trabajo
6. unos artículos
7. una conexión a Internet
8. unas fotos
9. un video
10. un enlace

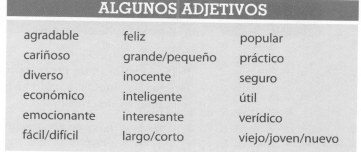

ALGUNOS ADJETIVOS		
agradable	feliz	popular
cariñoso	grande/pequeño	práctico
diverso	inocente	seguro
económico	inteligente	útil
emocionante	interesante	verídico
fácil/difícil	largo/corto	viejo/joven/nuevo

 P-23 Identifiquen. Túrnense para identificar y describir lugares, situaciones o personas con estas características.

MODELO: un/a gran actor/actriz: *Penélope Cruz es una gran actriz.*

1. una persona feliz
2. una nueva idea
3. un hombre viejo
4. Santo Domingo
5. mi propio carro
6. San Juan
7. una gran ciudad
8. la clase media
9. mi viejo/a profesor/a
10. una tarea difícil

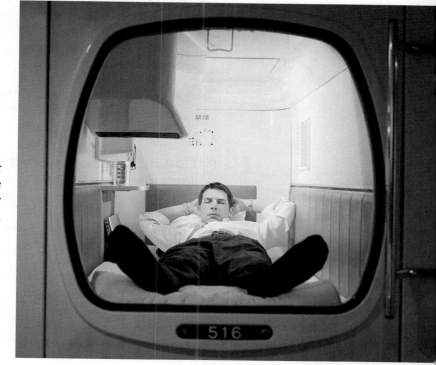

 P-24 ¡Desconéctate! A continuación vas a escuchar un anuncio de radio sobre un lugar para escaparte del mundo. Anota por lo menos cinco razones por las cuales esta empresa atrae a gente que busca tranquilidad.

Answers: P-24
 Answers will vary, but may include: *es una manera de escaparse del mundo; te ofrece muchas comodidades como música, aire perfumado, masaje, silencio, mensajes personalizados, tarifas mensuales o anuales, descuentos, pagos sin interés, varias tiendas, etc.*

Audioscript: P-24
See page *Appendix AS*.

P-25 A explorar: Un lugar tranquilo. ¿Puedes vivir desconectado del mundo? Busca en Internet un sitio del mundo hispano apartado donde no haya mucho contacto con el resto del mundo y descríbelo.

> MODELO: *Las pampas argentinas están apartadas del resto del mundo. Allí, hay muchos animales y un paisaje espectacular...*

BUSCA www ⬇

foto patagonia; foto andes; foto amazonia; foto atacama; foto titicaca; foto isla pascua; foto pampas

P-26 Sus conexiones. Hablen de los amigos en sus redes sociales y usen adjetivos para describirlos.

> MODELO: *Tengo 200 amigos en Facebook, pero cinco de ellos son mis mejores amigos. Diego y Samuel son hermanos. Samuel es inteligente y trabajador, pero Diego...*

P-27 Debate: La comunicación del Siglo XXI. Formen dos grupos para debatir uno de los siguientes temas. Usen el presente en su discurso.

Resolución: Hay que prohibir llevar los teléfonos móviles al salón de clase.

Resolución: Es imposible expresar una opinión o comunicar una idea en 140 caracteres.

Frases comunicativas
  En primer lugar,...
  En segundo lugar,...
  Finalmente,...

> MODELO: *Los teléfonos móviles no son más que una distracción en los lugares públicos, pero en la clase causan tremendos problemas. En primer lugar,...*

Note: P-27
Assign students their positions for or against the resolutions and have them prepare their arguments outside of class. Have teams present their arguments to class, which can then vote on the most convincing.

Páginas

Note: bloguera
This refers to the English *blogger*, which is now accepted by the RAE.

Chicaviva es el apodo de una bloguera que escribe un foro en terra.com. Según ella, tiene veinticinco años, es soltera y estudiante de informática; le gusta el cine, especialmente las películas de Almodóvar; es miembro de la organización Comida Sana para Todos, y cuenta con más de 500 amigos (aunque muchos de ellos son amigos de amigos) en su red social. En su muro, tiene fotos de sus perros, su gata, su canario y sus vacaciones en República Dominicana.

Antes de leer

P-28 Tu perfil.   Escribe tu perfil para una red social siguiendo el modelo de **Chicaviva**.

A leer

P-29 Los perfiles de Facebook.   Mientras lees estos perfiles, trata de identificar a personas que conozcas. ¿Hay alguno que te describa a ti?

toparse con *to run into*

Para los que somos usuarios de Facebook, seguramente nos hemos topado con° alguno de estos personajes, e incluso voluntaria o involuntariamente podemos ser uno de ellos.

con… *with much* 5
fanfare / éxitos

El/La presumido/a Es el típico sujeto que anuncia a los cuatro vientos con bombo y platillo° cada uno de sus logros°. ¡Y cuidado con que alguien en su red de amigos mencione una historia de éxito!, él o ella inmediatamente escribirá un comentario con alguna anécdota que sea mejor.

not even 10

El/La mil-amigos Es esa persona cuya red de amigos sobrepasa los mil contactos y aún así se encuentra en constante crecimiento, aunque personalmente no conozca ni siquiera° a 50. Si es hombre, les presume a las chicas bonitas que se encuentran en su red; si es mujer, lo hará con los chicos guapos de los que es «amiga». Por lo general siempre tendrá más amigos virtuales que verdaderos.

15

El/La amigo/a de la escuela de quien en realidad no eras tan amigo/a. Era la persona con la que siempre te cruzabas en los pasillos de la escuela, pero aún así pasaba inadvertida. Por lo general lo/la agregas a tu red de contactos porque la mayoría de tus viejos amigos ya lo ha hecho, y tú no quieres ser el/la único/a

uncool
gigantesco / *tag*

«mala onda»° que lo/la discrimina. Después de un tiempo habrás notado que cometiste un error garrafal°, pues te etiquetará° en todas las fotos de la escuela en

20

las que te ves horrible.

El/La que siempre te invita a unirte a grupos o a causas en pro de algo Constantemente recibes invitaciones de esta persona para formar parte del «Movimiento en Contra de la Discriminación en el Trabajo o para participar en La Marcha a Favor de los Derechos de los Animales». En realidad la mayoría

25

de las veces estos cibernautas no están interesados en dichas causas, pero

parecer

estas los hacen lucir como° buenas personas, preocupadas por el planeta y la humanidad.

El/La que siempre escribe de política Se trata de esa persona que inunda tu muro con comentarios en los que hace evidente su postura ideológica. Puede

30

ser de izquierda, centro o derecha, pero todo lo relaciona con la política: el fútbol, el cine, la televisión, etc.

El/La aburrido/a Es aquel contacto que todo el tiempo te invita a usar decenas de nuevas aplicaciones para tu perfil en Facebook o que te pide constantemente que lo/la ayudes a construir algo, como una granja°.

farm, i.e, *Farmville*, un
juego en Facebook 35
cool

El/La profesor/a o El/La jefe/a en la oficina Cree que hacer uso de las nuevas tecnologías lo/la hará maestro/a «buena onda»°. En el caso de los jefes de oficina, por lo general pretenden ganarse la confianza de sus subordinados.

estúpido

(¡Hay que ser medio bestia° para aceptar en tu red a tu jefe/a, nunca sabes cuándo lo pueda usar en tu contra!)

pretentious 40

La pareja cursi° Todo el mundo sabe que son pareja, pero necesitan reafirmarlo constantemente en Facebook. Ponen miles de fotos juntos en su perfil y todo el día se envían mensajes el uno al otro por esta vía°, aunque viven en la misma cuadra°.

way / block

Les fascina recibir mensajes como «qué linda pareja hacen» o «los envidio, ¡cuánto amor!».

45   **El/La poeta** Este/a usuario/a de la red social es el/la que siempre pone versos de poemas o canciones como su estatus en Facebook. En su muro encuentras palabras serias y trágicas sobre la vida o el amor. Esta persona es también la que pone videos de canciones románticas o profundas sobre la vida o el destino y escribe poemas en los que etiqueta a todos sus contactos.

50   **El/La consejero/a** Esta persona usa el lugar donde escribe su estatus para poner citas de hombres y mujeres célebres sobre el éxito en la vida, el valor del trabajo o sobre algún aspecto de la moral que contradice, y generalmente, la forma en que el/la usuario/a conduce su propia vida. Por lo general, las personas que visitan su muro se mueren de la risa al encontrarse con tal ironía.

55   **El/La paranoico/a** Es la persona que jamás pone más información que su nombre ni pone fotos ni videos en su muro, ¡ni siquiera tiene una foto de perfil! Tiene muchos amigos, pero en su lista de contactos solo hay cinco.

  El/La que da demasiada información sobre lo que hace, siente o quiere, ¡tan íntima y detallada que el lector de su muro pasa vergüenza ajena°!

pasa... *feels embarassment for him/her*

60   Y bueno, como estos hay miles de perfiles diferentes de usuarios en Facebook así como en cualquier otra red social. ¿Cuál es el tuyo?

P-30 ¿Quién es quién?   A continuación hay seis perfiles. Emparéjalos con las descripciones.

1. _c_ El/La mil-amigos

2. _f_ El/La pro de algo

3. _d_ El/La que escribe de política

4. _b_ El/La poeta

5. _a_ El/La paranoico/a

6. _e_ El/La aburrido/a

a. Nunca pone detalles personales en su página de inicio.

b. Es el/la filósofo/a entre tus amigos.

c. Tiene más amigos que los que puede contar.

d. Tiene ideas muy fijas sobre la política.

e. Tiene una aplicación nueva todos los días.

f. Es miembro de varias organizaciones humanitarias.

 P-31 ¿Cuál es el suyo?   De todos los perfiles en el foro de **Chicaviva**, ¿hay uno o más que los describan a ustedes? Expliquen cómo son ustedes y cómo nunca van a ser.

MODELO: *Soy como el paranoico porque no me gusta poner información personal en mi página de inicio. Nunca voy a ser como…*

📖 Taller

Tu página personal

Vas a crear una página personal para una red
social. Puedes usar tu propia información o crear
una identidad y personalidad nueva.

Antes de escribir

Tu perfil. ¿Cuáles son los componentes que
quieres incluir en tu página personal? ¿Tu
identidad? ¿Tus fotos? ¿Tu avatar? ¿Tu educación
y pasatiempos? ¿Tus películas, causas e intereses
sociales y políticos? Si quieres, puedes seguir el
perfil de uno de los tipos expuestos en **Páginas**.

A escribir

Crear tu página. Sigue un modelo de Facebook, Google+ u otra red social para crear tu
página de inicio en español. Incluye toda la información de tu perfil. Trata de darle una pinta
(*look*) auténtica con fotos y mensajes. Puedes hacer tu página en línea o en un documento.

MODELO:

feisbuk   buscar   inicio   perfil   buscar amigos   cuenta

María Antonia Martínez
Programadora, Celmex • Estudios: Informática; Comercio, UNAM • Vive en Guadalajara
Nació 14 de septiembre • Redactar perfil

foto   enlace   video   pregunta

compartir: estatus

Después de escribir

Revisar. Revisa tu página para verificar los siguientes puntos:

☐ el uso de los verbos en el presente
☐ la concordancia de adjetivos con sustantivos

Responder. Intercambia tu trabajo con el de un/a compañero/a. Mientras revisas el de tu compañero/a, comenta sobre el contenido, la gramática y la creatividad.

Entregar. Pon tu trabajo en limpio y entrégaselo con los comentarios de tu compañero/a a tu profesor/a.

Vocabulario

a menudo	*often*
agregar (a un/a amigo)	*add (a friend)*
arriesgarse	*to risk*
bajar	*to download*
borrar	*to erase*
el buzón	*mailbox*
chatear	*to chat (online)*
el círculo	*circle*
complejo/a	*complex*
conectarse con	*to connect up with*
la contraseña	*password*
el correo basura	*spam*
la cuenta	*account*
de vez en cuando	*sometimes*
diario/a	*daily*
difundir	*to disseminate*
diverso/a	*diverse*
el enlace	*link*
etiquetar	*to tag (on Facebook)*
el familiar	*family member*
el grado	*degree*
la herramienta	*tool*
mandar un *tweet*	*to tweet*
los medios	*media*
el mensaje	*message*
el miembro	*member*
el muro	*wall*
el nivel	*level*
la página de inicio	*home page*
la pareja	*partner, couple*
el perfil	*profile*
la red//la Red	*network/Internet*
el riesgo	*risk*
soler (ue)	*to be in the habit of, to tend to*
subir	*to upload*
unirse a	*to join*
el/la usuario/a	*user*
útil	*useful*
verídico/a	*truthful*

¡Cuidado! Verbs that do not require a preposition:
buscar - esperar - pagar See page 5.
Some useful adjectives: *See page 19.*

Suggestion: *Vocabulario*
Go over these words and expressions with questions such as the following: *¿Generalmente tienes mucho correo en tu buzón? ¿Contestas todos tus mensajes en Facebook o en Twitter? ¿Subes videos, fotos o canciones frecuentemente a tu página? ¿Generalmente guardas o borras tus mensajes de texto? ¿Cuánto tiempo pasas conectado/a a Internet diariamente? ¿Te gusta que los demás usuarios de Facebook te etiqueten en sus fotos o escritos? etc.*

1

De moda

A empezar

La moda. Describe algunas modas populares entre los jóvenes de hoy (la ropa y los zapatos, el peinado, etc.) ¿Crees que son pasajeras o duraderas? Explica por qué las sigues o no.

Curiosidades

Chapter Warm-up
Ask students to describe the most and the least fashion-oriented people they know.

¿Sabes…

cuánto le pagaron a Harvey Ball por crear la carita alegre ☺ en los años 60?

a. $4.500
b. $450
c. $45

Chapter Warm-up
Ask students: *¿Leen revistas de moda? ¿Es importante para ustedes tener las últimas novedades electrónicas? ¿Qué lleva o usa una persona que está a la moda? ¿Qué lleva o usa una persona que no está a la moda?*

qué estilo de chaqueta popularizaron los Beatles?

a. la Nehru
b. la de cuero
c. la de manga corta

el nombre de la cantante que no solo canta sobre la moda sino que también está obsesionada por la moda de los grandes diseñadores?

a. Jennifer López
b. Lady Gaga
c. Taylor Swift

Suggestion: *Curiosidades*
The purpose of *Curiosidades* is to pique students' interest in the chapter contents by asking them to draw on background knowledge and make intelligent guesses. Assign this section for pre-class preparation; in class, have students vote on the most likely answers. You may also wish to have students research questions in case they don't know an answer, or for additional information.

Answers: *Curiosidades*
c. *Fue contratado para crear un logotipo que levantara la moral entre los empleados de una empresa. Nunca inscribió el registro de la marca ni sus derechos y asegura que no se arrepintió de ello;* **a.** *Los Beatles usaron chaquetas tipo Nehru durante el concierto en el Estadio Shea en Nueva York;* **b.** *El sencillo* Fashion *de Lady Gaga salió en la banda sonora de la película* Confessions of a Shopaholic. *En la canción y en la vida ella afirma que está obsesionada por la alta moda.*

29

En esa década

*L*as modas son pasajeras. Duran unos años, pegan fuerte y se van. Pero son cíclicas…. a veces cambian los diseños y las marcas pero luego vuelven a ser populares.

A continuación verás a algunos hispanos famosos y una lista de las modas que se hicieron populares en su década. ¿Qué sabes de los artistas? ¿Sigues alguna de estas modas? ¿Cuáles han vuelto a estar de moda?

Carlos Santana

De los años 70
¿Ha(n) vuelto a estar de moda?

- ○ sí ○ no los zapatos plataforma
- ○ sí ○ no el maquillaje glam/glitter (popular entre los roqueros como Alice Cooper)
- ○ sí ○ no los pantalones de pata de elefante[1]

De los años 80
¿Ha(n) vuelto a estar de moda?

- ○ sí ○ no las gafas de sol aviador
- ○ sí ○ no los tenis de diseñador
- ○ sí ○ no el peinado de la mujer muy inflado con mucho fijador[2]

José Feliciano

Gloria Estefan

De los años 90
¿Ha(n) vuelto a estar de moda?

- ○ sí ○ no la moda «grunge»
- ○ sí ○ no las chaquetas de cuero
- ○ sí ○ no los aretes grandes

De los años 2000
¿Son populares todavía?

- ○ sí ○ no las camisetas de tirantes[3]
- ○ sí ○ no los jeans rotos
- ○ sí ○ no las chanclas[4]

Shakira

[1]bell-bottom [2]spray [3]tank tops [4]flip flops

Suggestion: *¡Así es la vida!*
Have students do this activity individually, and then follow up with **1-1** and **1-2**.

Follow-up: *¡Así es la vida!*
Ask students if they identify with any of these fads and why. Ask them to describe additional fads for each of these decades.

Note: *¡Así lo decimos!*
The ***Vocabulario clave*** consists of words and expressions that students will need or find useful in completing activities related to the chapter theme. The ***Ampliación*** takes a few of the terms from ***Vocabulario clave*** or ***Vocabulario básico*** to illustrate word families. The expectation is that students will learn to recognize expressions that appear in different forms and contexts. As they progress through ***Fusión***, they will come to anticipate that knowing one form can allow them to express themselves using another form with the same root.

Vocabulario básico*

el anuncio
los (años) veinte, treinta, cuarenta, etc.
cambiar
la década
difundirse
el estilo
imitar
llevar
práctico/a
la publicidad
el público
seguir (i, i)

*Terms in *Vocabulario básico* are previously studied expressions or English cognates that can be useful for activities in this chapter. You can find English translations in the glossary at the end of the text.

Vocabulario clave: Las modas

Verbos

destacarse	to stand out
durar	to last
hacerse popular	to become popular
influir en/sobre†	to influence
lograr	to achieve
pegar fuerte	to catch on

Sustantivos

la demanda	demand
el diseño	design
el género	type, genre
el maquillaje	makeup
la marca	brand (of a product), make of a car
la moda (pasajera)	(passing) fad
el/la modelo	model
el modo (de vestir, de bailar, etc.)	way (of dressing, dancing, etc.)
el movimiento	movement
el peinado	hairstyle
la tendencia	tendency

Otras expresiones

a la moda	in style/fashion (a person)
de moda	in style/fashion (something)
en onda/boga	in fashion/vogue
fuera de onda/boga	out of fashion/vogue
pasado/a de moda	out of style

†influyo, influyes…

Ampliación

Verbos	Sustantivos	Adjetivos
cambiar	el cambio	cambiado/a
diseñar	el diseño, el/la diseñador/a	diseñado/a
durar	la durabilidad	duradero/a
imitar	la imitación	imitado/a
influir	la influencia	influido/a

¡Cuidado!

solo(a)/solo/solamente, realizar/darse cuenta de

> Por fin mis padres se han dado cuenta de que he realizado mi sueño de ser diseñadora.

- Use **solo/a** as an adjective to mean *alone*.

  La chica fue **sola** al baile.   *The girl went alone to the dance.*

- Use **solo** or **solamente** as an adverb to mean *only*.

  Hay **solo** (**solamente**) una marca de champú que me gusta.   *There is only one brand of shampoo that I like.*

- Use **realizar** in the sense of *to carry out*, *to undertake*, or *to achieve*; use **darse cuenta de** to mean *to realize* or *to recognize*.

  ¿Dónde se puede **realizar** un curso de diseño?   *Where can one undertake a course in design?*

  Me di cuenta de que mis zapatos estaban fuera de onda.   *I realized my shoes were out of fashion.*

Comprehension Assessment: *¡Así lo decimos!*
Practice these words and expressions with such questions as: *¿Te gusta seguir la moda o prefieres ser original? ¿Prefieres pagar más por tener algo de una marca famosa o no te importa la marca de lo que compras? ¿Te vistes y te peinas ahora igual que hace diez años? ¿Cuál es la diferencia? ¿Qué estaba de moda hace diez años? ¿Qué o quién influye más en tu manera de vestir o de peinarte? ¿Qué género de música está de moda ahora entre las personas de tu edad? ¿Escuchas la música que está de moda o la música que te gusta aunque no esté de moda? ¿Qué estilo de vestir y de peinar te gusta más: el de los 70, el de los 80 o el de los 90?*

Aplicación

1-1 Las celebridades. Empareja a las celebridades mencionadas en *¡Así es la vida!* con las descripciones a continuación. ¿A quiénes ya conocías?

1. _b_ Carlos Santana   **a.** cantautor/a de origen cubano de pop latino; ganador/a de siete premios Grammy; ha vendido más de 100 millones de álbumes

2. _d_ José Feliciano   **b.** guitarrista y cantautor de rock, salsa y jazz de origen mexicano; ganador/a de trece premios Grammy; miembro del Rock and Roll Hall of Fame

3. _a_ Gloria Estefan   **c.** cantautor/a y productor/a colombiano/a de música rock, latina y del medio oriente; ganador/a de nueve premios Grammy; produjo "Waka waka", la canción oficial de la Copa Mundial de Fútbol en el 2010

4. _c_ Shakira   **d.** cantautor/a y guitarrista puertorriqueño/a famoso/a por el sencillo *hit* "Feliz navidad"; ganador/a de ocho premios Grammy; ciego/a desde la niñez

 1-2 Las modas pasajeras. Vuelvan a ver las modas que se mencionan en *¡Así es la vida!* ¿Cuáles han vuelto a estar de moda? ¿Las siguen Uds. ahora? ¿Hay alguna que no conozcan? Conversen sobre las razones por las que una moda continúa o no.

 1-3 Carolina Herrera. Completa la descripción sobre esta diseñadora venezolana conocida por todo el mundo usando la forma correcta de las expresiones de la lista.

destacarse	diseño	fuera de boga	marca
diseñador/a	estar de moda	influir sobre	moda

Una boutique de Carolina Herrera en Madrid

Carolina Herrera es una (1) _diseñadora_ que se destaca por sus (2) _diseños_ sencillos y prácticos que (3) _influyen sobre_ la (4) _moda_ femenina. De nacionalidad venezolana, tiene fama de ser una de las mujeres mejor vestidas del mundo. Entre sus clientes se han incluido Jacqueline Kennedy, Renée Zellweger y la ficticia Bella Swan (*The Twilight Saga, Breaking Dawn*). Tiene varias (5) _marcas_ de ropa y de perfume, entre las cuales (6) _se destaca_ "Carolina Herrera CH" con sus diseños "*lifestyle*", es decir, para la mujer a quien le importa vestirse bien, cómoda y económicamente. Ahora tiene *boutiques* por todo el mundo y se admiran sus estilos por siempre (7) _estar de moda_ y nunca (8) _fuera de boga_ .

1-4 En su opinión. Ustedes tienen la oportunidad de crear una moda nueva (ropa, accesorio, aparato, juego, etc.) que pueda traerles fama y riqueza. Decidan cómo es y cómo la van a hacer popular. La clase luego decidirá cuál de las modas tendrá más éxito comercial.

1-5 A explorar: Pasado/a de moda. Elige dos de las siguientes modas y búscalas en Internet. Luego, escribe un breve párrafo en el que menciones en qué consisten, cuándo y entre quiénes eran populares, y en tu opinión, por qué han pasado de moda o han vuelto a estar de moda.

BUSCA www

botas gogó; cubo rubik; patillas; etc.

las botas gogó	el cubo de Rubik	las patillas
la piedra mascota	las hombreras	la cama de agua
la lámpara de lava	el autocine	el radio CB

1-6 Comunidades: La ropa y el trabajo. Investiga si hay organizaciones que vendan ropa de segunda mano en tu comunidad que ayuden a personas de bajos recursos a lucir bien en el trabajo como, por ejemplo, Dress for Success, Goodwill y Salvation Army. Escribe un informe sobre los servicios que ofrecen estas organizaciones y el número de personas a quienes sirven. Averigua (*Find out*) si está creciendo o disminuyendo el número de sus clientes y por qué esto ocurre.

1-7 De nuevo: Soy una moda (*Present indicative*). Imagínate que eres una moda que se hizo popular en el pasado, como los anillos en la lengua y en la nariz, los tatuajes, los zapatos de plataforma, etc. Escribe una autodescripción y léesela a tus compañeros/as. ¡A ver si adivinan qué moda eres!

RECUERDA

Usa el presente del indicativo. Ve al Capítulo Preliminar y a las tablas de los verbos en el apéndice.

MODELO: —*Soy popular entre los novios.*
—*Me visitan cuando quieren ver una película al aire libre.*
—*Es normal ver la película desde el carro.*
—*¿Qué soy?*
(El autocine)

Reto: Escribe por lo menos seis oraciones y usa varias expresiones de *¡Así lo decimos!*

¡Así lo hacemos!

01-07 to 01-13

1. Preterit

Warm-up: Preterit
Emphasize that the preterit usually answers the question *¿Qué pasó?* Relate a series of personal events to illustrate the concept of actions completed in the past. Ex. *Ayer llegué a la universidad a las ocho de la mañana, di dos clases, almorcé y me reuní con algunos estudiantes, etc.*

¡OJO!

The verb **ver** is regular in all persons except it has no accent marks: **vi**, **viste**, **vio**…

¡OJO!

- Verbs that end in **-car**, **-gar**, or **-zar** have a spelling changing only in the **yo** form to preserve the pronunciation: **busqué**, **llegué**, **empecé**.

- Verbs that end in **-er** and **-ir** preceded by a vowel (for example, **creer**, **caer**, **leer**, and **oír**) change the **i** to **y** in the third person singular and plural in order to avoid having three vowels in a row: creí, creíste, **creyó**, creímos, creísteis, **creyeron**

Composition: Verbs with spelling changes
Instruct students to write a composition as follows: *Escriban un cuento sobre una búsqueda imaginaria (como en las películas de **Harry Potter**). Usen un mínimo de siete de los siguientes verbos: abracé, comencé, llegué, practiqué, almorcé, empecé, obligué, toqué, busqué, expliqué, pagué.*
Comprehension Assessment: Preterit
Fin de siglo: Using the preterit, have students make a list of things they did or events that took place during the 90s.

¿Quién fue ese?

Uses of the preterit

The **preterit** is one of two simple past tenses in Spanish. It is used to indicate the following:

- completed past actions or events

  Carolina Herrera **fundó** su casa de diseño en 1980.

  Carolina Herrera founded her design house in 1980.

- actions that began or finished (either explicitly or implicitly)

  La moda de las hombreras **duró** solo unos pocos años.

  The shoulder pad fad only lasted a few years.

- abrupt changes in emotions or in physical or mental states in the past

  El chico **se alegró** cuando **vio** el MG en el garaje de su casa.

  The boy was happy (got happy) when he saw the MG in his home garage.

- events that took place in an instant or in a limited period of time (whether stated or not)

  La modelo **se maquilló** antes de la sesión con el fotógrafo.

  The model put on her makeup before the session with the photographer.

- a series of events in a narration (to advance the plot)

  El diseñador **terminó** el dibujo, lo **firmó** y lo **echó** al correo.

  The designer finished the sketch, signed it, and put it in the mail.

Regular forms of the preterit

	TOMAR	COMER	VIVIR
yo	tomé	comí	viví
tú	tomaste	comiste	viviste
Ud., él, ella	tomó	comió	vivió
nosotros/as	tomamos	comimos	vivimos
vosotros/as	tomasteis	comisteis	vivisteis
Uds., ellos, ellas	tomaron	comieron	vivieron

Comprehension Assessment: Preterit
On the board and using the preterit, have students make a list of the main events that shaped the 20th century. You can also do it by decade: *En el Siglo XX… estalló la segunda Guerra Mundial, se inventó…, salió al mercado…, se puso de moda…, se popularizó…, se descubrió…, etc.*

1-8 Un movimiento musical de los años 60. Lee la descripción de los músicos que más influyeron en la música desde los 1960 hasta hoy en día. Subraya los verbos en el pretérito.

Un movimiento musical impactante

Cuando los Beatles <u>salieron</u> en vivo en el programa de Ed Sullivan en 1964, <u>comenzó</u> la invasión de la música británica en Estados Unidos y en Canadá. Su primera aparición el 9 de febrero, en particular, <u>marcó</u> un hito[1] en la cultura pop norteamericana. Los jóvenes no solo <u>compraron</u> sus discos, sino que también <u>imitaron</u> su modo de vestir y de peinarse. Así, cuando <u>volvieron</u> al programa en septiembre de 1965, más del 60 por ciento del público norteamericano lo <u>vio</u>. El grupo no <u>perdió</u> influencia en los años siguientes. <u>Grabaron</u> 40 sencillos y varios álbumes. <u>Llegaron</u> a ser el grupo número uno en ventas y popularidad, no solo en Norteamérica sino también en muchos otros países del mundo. Su modo de vestir, su peinado y sus opiniones políticas y sociales les <u>permitieron</u> poder dictar la moda y ver su influencia manifestarse en las revoluciones sociales y culturales de la década de los 60. En el 2000 su álbum con veintisiete sencillos que <u>alcanzaron</u> la primera posición en las listas de pop, llegó a ser el álbum con más ventas de todos los tiempos, con 3,6 millones de unidades vendidas en su primera semana y más de 32 millones hasta la fecha.

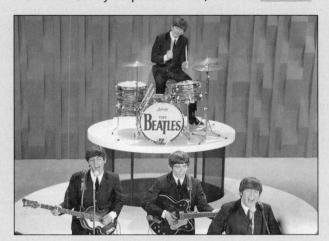

[1]*milestone*

1-9 Una invasión musical. Contesta con una oración completa las preguntas basadas en el párrafo anterior.

1. ¿En qué década aparecieron los Beatles por primera vez en EE. UU.? *Aparecieron en los años 60.*
2. ¿Qué influencia se vio en la moda? *Influyeron en su modo de vestir y su peinado.*
3. ¿Cuántos álbumes y sencillos grabaron? *Grabaron 40 sencillos y varios álbumes.*
4. ¿Cómo influyeron en el pensamiento social de su época? *Sus opiniones políticas influyeron en las revoluciones sociales.*
5. ¿Por qué es importante su álbum que salió en el 2000? *Llegó a ser el álbum con más ventas de todos los tiempos.*
6. ¿Conoces su música? ¿Qué canción te parece la más impactante? *Answers will vary.*

1-10 ¿Es cierto o no? Reacciona a cada afirmación indicando si ocurrió o no.

MODELO: Esta mañana saliste de tu casa a las seis. *Answers: 1-10*
No, no es cierto. Salí a las… *Answers may vary.*

1. Trabajaste ayer en el laboratorio de química. *trabajé*
2. Comiste en un restaurante chino el fin de semana pasado. *comí*
3. Tú y tus amigos salieron a un bar anoche. *salimos*
4. Todos tus amigos asistieron a clase hoy. *asistieron*
5. Llamaste a tus padres esta mañana. *llamé*
6. Tú y tus amigos vieron una película el sábado. *vimos*
7. Tu último examen de español duró dos horas. *duró*
8. Tus profesores cancelaron las clases hoy. *cancelaron*

1-11 Menudo. Completa el párrafo siguiente sobre la historia de otro grupo musical famoso usando la forma correcta del pretérito del verbo más apropiado de la lista.

crear	formar	invadir	recorrer	trabajar
decidir	imitar	recibir	tomar	usar

Sin duda, se considera al grupo musical Menudo el fenómeno musical más grande de Latinoamérica del Siglo XX. En 1977 Edgardo Díaz, un productor puertorriqueño, (1) _____*creó*_____ un concepto musical innovador con un grupo de muchachos jóvenes. Para conservar una imagen fresca, Díaz (2) _____*decidió*_____ sustituir a sus miembros al cumplir los quince años. En preparación, los integrantes (3) _____*trabajaron*_____ largas horas y (4) _____*tomaron*_____ lecciones de canto y baile para luego presentar un verdadero espectáculo ante un público internacional. Desde Puerto Rico, Menudo (5) _____*invadió*_____ el mundo de la música pop. Menudo (6) _____*recorrió*_____ cinco continentes y (7) _____*recibió*_____ la atención de millones de jóvenes con sus canciones en español, italiano, inglés, portugués y hasta en tagalo. Desde su inicio, 33 adolescentes (8) _____*formaron*_____ parte de este grupo histórico. Muchos, como Ricky Martin, (9) _____*usaron*_____ esta experiencia como plataforma para iniciar una carrera como solista. En Estados Unidos, algunos grupos juveniles posteriores como New Kids on the Block, Backstreet Boys y N*Sync (10) _____*imitaron*_____ su estilo y sus coreografías.

BUSCA www

nuevo menudo +
"more than words"
video

1-12 Más Menudo. En el 2007 se formó el "nuevo" Menudo con integrantes mayores que los originales. Sin embargo, el nuevo conjunto no ha tenido tanto éxito como el original. Busca en Internet una muestra de su música y escribe una descripción de los cantantes y de su estilo.

Suggestion: 1-11
Using this reading as a model, have students write an original paragraph using the **yo** or the **nosotros** form. They can pretend they are members of a famous musical group that created a trend or a fashion. Ex. The Bee Gees, Annie Lennox, Michael Jackson, MC Hammer, Ron DMC, Tupac Shakur, Snoop Dogg, Jennifer López, Poison, P. Diddy, Madonna, Kanye West, Common, Kris Cross, Jennifer Beal, etc.

1-13 Momentos de nuestro pasado. Usen el pretérito para hacerse preguntas sobre las siguientes actividades en su pasado.

MODELO: **aprender** a manejar
¿Cuándo aprendiste a manejar?
Aprendí a manejar en el 2012. (Nunca aprendí a manejar.)

1. **decidir** asistir a esta universidad
2. **empezar** a estudiar lenguas extranjeras
3. **llegar** a esta ciudad
4. **ver** una película en español
5. **hablar** con el/la profesor/a
6. **trabajar** en la biblioteca
7. **salir** para España
8. **oír** las noticias sobre la economía en Europa

Common irregular verbs in the preterit

Warm-up: Irregular preterit verbs
Give students the following verbs orally. Have volunteers state the singular forms and use them in context: **fuimos, estuvisteis, pusieron, vinimos, quisieron, hicimos, dijisteis, tuvieron, pudisteis, supieron, trajimos, anduvimos.**

Hijo, ¿fuiste al concierto anoche?

¡Sí, fue muy bueno!

Many common verbs in the preterit are irregular.

- The verbs **ser** and **ir** have the same forms in the preterit. The context will clarify the meaning.

SER/IR
fui, fuiste, fue, fuimos, fuisteis, fueron

Fuimos al concierto de rock.	*We went to the rock concert.*
Selena **fue** una cantautora importante.	*Selena was an important singer-songwriter.*

- **Dar** uses the same forms as the **-er** and **-ir** verbs, but without accents.

DAR
di, diste, dio, dimos, disteis, dieron

El músico le **dio** su autógrafo a la joven.	*The musician gave his autograph to the young woman.*

- With the exception of a few spelling changes, the verbs below follow a common pattern.

Note that there are no accents on these endings:

-e	-imos
-iste	-isteis
-o	-ieron

Comprehension Assessment: Hubo
Túrnense para contar qué hubo en estos lugares.
MODELO: *Ayer en mi casa… hubo una cena para mis padres.*
1. *La semana pasada en la clase de…*
2. *Esta mañana en la calle…*
3. *El año pasado en nuestra ciudad…*

U IN STEM	
andar	anduve, anduviste, anduvo, anduvimos, anduvisteis, anduvieron
estar	estuve, estuviste, estuvo, estuvimos, estuvisteis, estuvieron
haber	hubo
poder	pude, pudiste, pudo, pudimos, pudisteis, pudieron
poner	puse, pusiste, puso, pusimos, pusisteis, pusieron
saber	supe, supiste, supo, supimos, supisteis, supieron
tener	tuve, tuviste, tuvo, tuvimos, tuvisteis, tuvieron

¡OJO!

The verb **haber** has only one form (**hubo**) when it refers completed actions:

En los 70 **hubo** cambios importantes en todos los aspectos de la vida.   *In the 70s there were important changes in every aspect of life.*

Comprehension Assessment: The preterit of hacer, querer, and venir
Trabajando en parejas, completen las oraciones para contar lo que ustedes hicieron una vez en el pasado.
1. *Una vez, hicimos…*
2. *Quisimos…*
3. *No vinimos a…, sino a…*

Comprehension Assessment: Irregular preterit verbs
Imagínense que visitaron un lugar fascinante durante las últimas vacaciones. Completen estas oraciones para contar la historia.
1. *En las vacaciones estuve en…*
2. *Fui en… (modo de transporte)*
3. *Un día me puse…*
4. *Vi…*
5. *Pude…*
6. *Me di cuenta de que…*

I IN STEM	
hacer	hice, hiciste, hizo, hicimos, hicisteis, hicieron
querer	quise, quisiste, quiso, quisimos, quisisteis, quisieron
venir	vine, viniste, vino, vinimos, vinisteis, vinieron

-IERON → -ERON	
traer	traje, trajiste, trajo, trajimos, trajisteis, trajeron
conducir*	conduje, condujiste, condujo, condujimos, condujisteis, condujeron
decir	dije, dijiste, dijo, dijimos, dijisteis, dijeron

*Other verbs like **conducir**: **introducir, producir, traducir**

Stem-changing verbs in preterit

Stem-changing **-ir** verbs in the present tense also have stem changes in the preterit.
The changes are:

e → i

o → u

- These changes only occur in the third person singular and plural.

pedir	pedí, pediste, pidió, pedimos, pedisteis, pidieron
dormir	dormí, dormiste, durmió, dormimos, dormisteis, durmieron

- The following verbs follow a similar pattern:

divertirse (i)	morir (u)	reírse (i)	seguir (i)	servir (i)
mentir (i)	preferir (i)	repetir (i)	sentir (i)	vestirse (i)

El cantautor mexicoamericano Ritchie Valens **murió** en un accidente de avión en 1959.	*The Mexican American singer-songwriter Ritchie died in an airplane accident in 1959.*
Todos **siguieron** las noticias sobre el accidente.	*Everyone followed the news about the accident.*

Aplicación

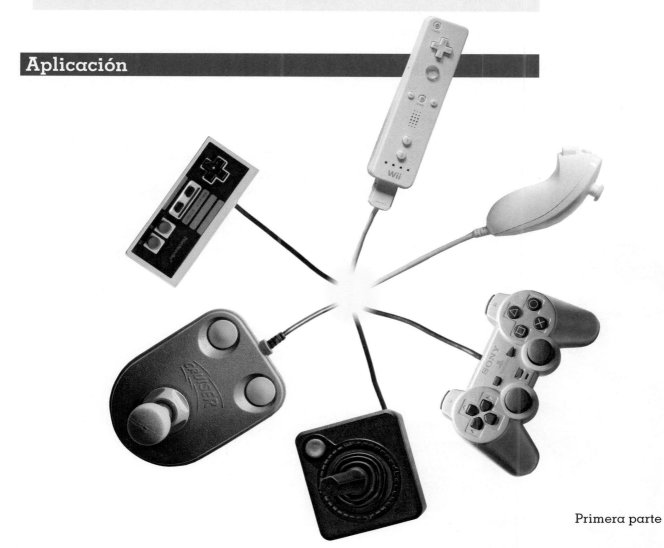

1-14 La historia de los videojuegos. Usa la forma correcta del pretérito para completar este artículo sobre los primeros videojuegos.

En 1958, el ingeniero William Higginbotham (**1**) _____quiso_____ (querer) entretener a los visitantes del Brookhaven National Laboratory e (**2**) _____inventó_____ (inventar) un simulador de tenis de mesa, *Tennis for Two*, considerado hoy en día como el primer juego interactivo. Otras figuras importantes que (**3**) _____contribuyeron_____ (contribuir) al diseño y desarrollo de los videojuegos (**4**) _____fueron_____ (ser) Steven Russell, Ralph Baer y Nolan Bushnell. Muchos de los videojuegos que los diseñadores (**5**) _____trajeron_____ (traer) al mercado en los 70 (**6**) _____tuvieron_____ (tener) orígenes en las creaciones de estos tres genios de la ingeniería y la programación. De Higginbotham, por ejemplo, (**7**) _____vino_____ (venir) el conocido juego Pong que (**8**) _____apareció_____ (aparecer) en los primeros salones de máquinas recreativas. *Space Invaders* (**9**) _____se hizo_____ (hacerse) gracias a la primera versión de Bushnell. Con la colaboración y talento de muchos otros, los videojuegos (**10**) _____pudieron_____ (poder) salir de su ámbito universitario y convertirse en el pasatiempo más popular de esta generación. De estos juegos sencillos (**11**) _____evolucionaron_____ (evolucionar) los popularísimos juegos actuales, tales como los que se usan con el *Wii* y el *PlayStation*.

 1-15 En su opinión. Digan si están de acuerdo o no con estas afirmaciones y expliquen sus opiniones.

1. El videojuego fue el invento más importante del Siglo XX.
2. La minifalda estuvo de moda hasta esta década.
3. Carolina Herrera tuvo el impacto más importante sobre la moda en los años 90.
4. Los góticos introdujeron el color negro en la moda.
5. Los hippies no quisieron formar parte de la sociedad.

 1-16 ¿Qué hicieron? Imagínense una conversación entre un/a corredor/a de bolsa (*stockbroker*) y un/a diseñador/a. Piensen en la ropa, la música y las actividades típicas de estas personas. Usen los siguientes verbos en el pretérito e inventen respuestas apropiadas según los contextos históricos.

> MODELO: DISEÑADOR/A: *¿Qué almorzaste ayer?*
> CORREDOR/A: *No almorcé nada. Tuve que vender unas acciones de oro (gold stocks). ¿Y tú?*
> DISEÑADORA: *No pude almorzar. Tuve que probar el último juego de Wii.*

abrazar	decir	hacer	pagar	querer
almorzar	descubrir	ir	poder	tocar
buscar	empezar	leer	ponerse	traer
dar	estar	llegar	oír	venir

Joan Báez, 1985 en el concierto de Live Aid.

1-17 Un concierto de *Live Aid*. En 1985 hubo un concierto en el estadio JFK de Filadelfia para beneficiar a las víctimas del hambre en Etiopía. Muchos grupos de rock, entre ellos Joan Báez, Santana y Bob Dylan participaron en ese evento. Combina las preguntas sobre este evento con la respuesta apropiada.

> MODELO: ¿Quiénes organizaron el concierto?
> *Varios músicos de rock.*

1. __e__ ¿Por qué hubo un concierto?
2. __b__ ¿Dónde fue el concierto?
3. __d__ ¿Quiénes estuvieron presentes?
4. __a__ ¿Qué pidieron los músicos?
5. __c__ ¿Cómo se sintieron todos al día siguiente?

a. Donaciones de comida y dinero para los necesitados.
b. En el estadio JFK de Filadelfia.
c. Cansados pero contentos.
d. Admiradores de Joan Báez y de Santana.
e. Para recaudar fondos y ayudar a la gente en Etiopía.

 1-18 *Gran hermano*. Este programa de realidad es popularísimo en muchos países hispanos. Se trata de un grupo de personas que tienen que vivir juntas mientras que el público las puede observar las veinticuatro horas al día. Hagan el papel de reportero/a y uno/a de los protagonistas echados (*thrown out*) de la casa.

1. ¿Cuándo fue el concurso?
2. ¿Qué les explicó el director antes de empezar el concurso?
3. ¿Dónde durmieron todos en la casa?
4. ¿Qué sirvieron en las comidas?
5. ¿Cómo se divirtieron en la casa?
6. ¿Por qué perdió usted la paciencia con algunos de sus compañeros de casa?
7. ¿Cómo se sintió usted después de ser echado/a de la casa?
8. ¿Qué hizo usted cuando fue echado/a de la casa?

1-19 El/La adivino/a. Imagínate que sabes leer la mente de otras personas. Túrnate con tu compañero/a para adivinar cinco cosas que él o ella hizo el año pasado.

> MODELO: *Veo en tus manos que el año pasado hiciste un viaje a…*

2. Imperfect

Uses of the imperfect

The imperfect is another simple past tense in Spanish. The Spanish imperfect has three common English equivalents:

El diseñador **hablaba** de las modas más importantes de la década.

The designer
{
talked (simple past)
was talking (past progressive)
would (used to) talk (habitual actions in the past)
}
about the most important styles of the decade.

- The imperfect tense expresses a **continuous past action or state**. It makes no reference as to the exact beginning, duration, or end of the action.

Cuando **estaba** en la escuela secundaria, **era** popular llevar varios aretes.	*When I was in high school, it was popular to wear several earrings.*

- The imperfect expresses **repeated, habitual, or continuous actions in the past.**

Cuando **tenía** quince años, **leía** revistas sobre gente famosa.	*When I was fifteen, I used to read magazines about famous people.*

- The imperfect expresses two **simultaneous continuing activities**.

La presentadora **explicaba** los estilos nuevos mientras las modelos **caminaban** por la pasarela.	*The presenter explained the new styles as the models walked down the runway.*

- When **one action interrupts another,** the action that interrupts is expressed in the **preterit,** and the interrupted action in the **imperfect.**

Era el año 1995 cuando el conjunto Los del Río **popularizó** la canción *Macarena.*	*It was the year 1995 when the group Los del Río popularized the song Macarena.*

¡OJO!

Only the first person plural of **-ar** verbs has a written accent mark. All **-er** and **-ir** verbs have the same endings in the imperfect tense. All forms have a written accent mark.

Regular forms of the imperfect

Most verbs in the imperfect are regular.

• Note that the three verbs listed end in **-ar**, **-er**, and **-ir**, respectively.

hablar	habl**aba**, habl**abas**, habl**aba**, habl**ábamos**, habl**abais**, habl**aban**
comer	com**ía**, com**ías**, com**ía**, com**íamos**, com**íais**, com**ían**
vivir	viv**ía**, viv**ías**, viv**ía**, viv**íamos**, viv**íais**, viv**ían**

¡OJO!

The verb **haber** has only one form (**había**) when it refers to ongoing or repeated events, or descriptions in the past:

Cuando llegamos al concierto ya **había** mucha gente en el teatro.

When we arrived at the concert, there were already many people in the theater.

Irregular verbs in the imperfect

¡OJO!

Only the first person plural forms of **ir** and **ser** have a written accent mark; all forms of **ver** require an accent mark.

Suggestion: The imperfect of regular and irregular verbs Point out that the **i** in the **-er** and **-ir** endings carries a written accent to indicate that it is not a glide, but a vowel pronounced in a syllable separate from the *a*.

There are only three irregular verbs in the imperfect.

ir	iba, ibas, iba, íbamos, ibais, iban
ser	era, eras, era, éramos, erais, eran
ver	veía, veías, veía, veíamos, veíais, veían

- The expression **ir a** in the imperfect **+ infinitive** expresses **future in the past**, especially if the action was interrupted or not completed.

Yo **iba** a escribir sobre el movimiento hippie.	*I was going to write about the hippie movement.*

Aplicación

1-20 Un programa pionero en la televisión. En los 50 y 60 muchos de los programas de televisión se filmaban en vivo. Lee sobre uno de ellos y subraya todos los verbos en el imperfecto. Identifica también el infinitivo de cada verbo.

Detrás de las risas provocadas por las cómicas situaciones de *I Love Lucy*, había una ruptura revolucionaria de los estereotipos. La serie mostraba, por primera vez a un matrimonio intercultural en un programa familiar emitido en horas de máxima audiencia. A través de Lucy y Ricky Ricardo convivían dos culturas, la estadounidense y la cubana, con respeto para ambas. Para comenzar, Ricky Ricardo, el guapo esposo cubano de la estadounidense Lucy, era el más inteligente de la familia. Además, este personaje hispano no era ni bandido, ni drogadicto, ni pobre, ni analfabeto (*illiterate*), habitual imagen de los hispanos aún hoy en la industria del cine y la televisión. *I Love Lucy* incorporó innumerables novedades técnicas y de contenido: se usaban tres cámaras; se grababa en vivo; se contaba con la presencia del público durante la grabación; un hispano interpretaba el papel de un personaje hispano más listo que el personaje anglosajón que interpretaba su coprotagonista. Además, el mismo Desi Arnaz producía la serie.

1-21 Un programa innovador. Contesta con una oración completa las preguntas basadas en el párrafo anterior.

1. ¿Cómo se llamaba la serie?
2. ¿Por qué era innovadora?
3. ¿Quiénes estaban presentes durante la grabación?
4. ¿Quién producía la serie?
5. Antes de ser estrella de la televisión, Desi Arnaz ya era muy conocido. ¿Sabes cuál era la profesión original de Desi Arnaz?

1-22 El factor X. En Colombia esta es la primera versión latinoamericana del programa de televisión de búsqueda de talentos musicales. Es uno de los programas de telerealidad más vistos y con convocatorias que superan las 50.000 audiciones en todo el país. Completa la descripción de una de las audiciones en su primera temporada con el imperfecto de los verbos.

En su audición, un chico que (1) ___se llamaba___ (llamarse) Sergio (2) ___se parecía___ (parecerse) a Michael Jackson en la manera en que (3) ___bailaba___ (bailar) y (4) ___cantaba___ (cantar). Al entrar en el escenario, (5) ___llevaba___ (llevar) el dichoso guante blanco, y su peinado (6) ___lucía___ (lucir) a puro Michael. Su estilo de cantar también (7) ___era___ (ser) bastante auténtico. Cuando terminaron los aplausos, el público (8) ___lloraba___ (llorar) y (9) ___gritaba___ (gritar). El aire (10) ___estaba___ (estar) verdaderamente cargado de emoción. Hasta los jueces (11) ___sonreían___ (sonreír). Sin embargo, para nosotros los aficionados que (12) ___coleccionábamos___ (coleccionar) los discos y (13) ___asistíamos___ (asistir) a los conciertos del Michael auténtico, este joven no (14) ___era___ (ser) él que todos (15) ___amábamos___ (amar). Tal vez algún día…

1-23 Un programa ya pasado de moda. Piensen en un programa que gozaba de mucho éxito en el pasado. Cuéntense cómo se llamaba el programa, cuándo era popular, quiénes eran los actores principales y qué hacían. ¿Cuándo y con quién lo veían ustedes? ¿Cómo se sentían cuando lo veían?

> MODELO: *En el 2011 cuando vivía en Maryland veía mucho el programa Ídolo Americano…*

1-24 Cuando era más joven. Usa el imperfecto para contarle a tu compañero/a cinco cosas que no hacías cuando eras más joven, pero que ahora haces normalmente.

> MODELO: *Cuando era más joven no bailaba en público porque me avergonzaba. Pero ahora, me gusta bailar en las fiestas…*

1-25 A explorar: Una década anterior. Escoge una década que te interese para investigar en Internet los estilos y la música que eran populares en un país hispano. Escribe un párrafo en el que describas lo que era popular y tu opinión de la moda y la vida de esa década.

Note: BUSCA box
You may wish to remind students that diacritical marks are not necessary in Internet searches.

BUSCA www

década 70 (80, 90) españa (argentina, méxico…) moda música

Expansion: 1-23
Suggest alternative contexts. Ex. *Programas de televisión que veían cuando estaban en la escuela secundaria, juguetes o juegos con los que jugaban cuando eran niños/as, el tipo de música que escuchaban, etc.*

Expansion: 1-24
Have students provide examples for the following context: *El tatarabuelo de ustedes les escribe una carta describiéndoles cómo era su vida cuando era joven. ¿Qué les dice?*

Audioscript: 1-26
See *Appendix AS.*

 1-26 Una canción legendaria del Siglo XX. A continuación vas a escuchar información sobre el grupo Los del Río y la canción que se hizo popular por todo el mundo, especialmente en las fiestas y los cruceros. Contesta brevemente las preguntas que siguen.

1. ¿De dónde era el dúo Los del Río? *de España*

2. ¿Cómo se llamaba la canción? *la Macarena*

3. ¿Durante qué década era popular su canción? *especialmente en los 90, pero sigue popular hoy en día*

4. ¿Cómo se sabe que también tuvo éxito internacional? *Vendieron 11 millones de discos en poco tiempo*

5. ¿En qué eventos norteamericanos se tocó la canción? *en el Superbowl y la convención del partido demócrata*

6. ¿Cuánto dinero habían recibido Los del Río diez años después de salir la canción? *más de 85 millones de dólares*

 1-27 Debate: Las modas. Formen dos grupos para debatir uno de los siguientes temas. Utilicen el vocabulario de este capítulo e incluyan comparaciones con el pasado.

Resolución: En las escuelas públicas debe haber normas sobre el modo de vestir de los estudiantes y se debe prohibir que los chicos tengan tatuajes y perforaciones corporales.

Resolución: Debemos boicotear la ropa hecha en países donde no se respetan los derechos humanos de los trabajadores.

Frases comunicativas
En mi opinión,…
Con todo respeto,…
(No) Estoy de acuerdo…

MODELO: *En el pasado, los chicos siempre se vestían de una manera apropiada en las escuelas. Ahora no…*

Suggestion: 1-27
Allow each side some time to meet and prepare a plan. Give students 10–15 minutes to prepare 10 statements in support of their position. You may also want to give them certain verbs that they must use, or remind them to try to make comparisons with the past using the preterit and the imperfect.

Note: *Resolución*
In a cross-examination debate (also called policy debate or team debate), two teams (two students each), one representing the affirmative position and one representing the negative position, will present their positions on topics of public or government policy. Explain to students that in some cases they may be asked to defend a position that is not their own.

CONÉCTATE

Suggestion: You may wish to have students film themselves giving their arguments about fashion. Encourage them to use gestures and facial expressions similar to the people in the video. Choose a few of the videos to view in class and have the rest of the class take notes and decide which set of arguments is the most convincing or the most humorous.

Videoblog   *La moda*

Antes de verlo

1-28 La moda.   ¿Conoces personas que estén obsesionadas con la moda? Explica algunas de sus obsesiones. ¿Tienes algún amigo o amiga que tenga un estilo propio y único de vestir? ¿Cómo es? ¿Conoces personas a quienes no les importe estar de moda? ¿Cómo expresan falta de interés en la moda?

Note: Video segment
This segment is filmed in Mexico City and in Barcelona, Spain. It includes people from all walks of life—from students to fashionistas—who share their thoughts on the latest fashion trends and the importance of being in style. Students will hear speakers compare style and color preferences for different occasions, for both men and women.

Suggestion: Video segment
Have students complete **1-28** and view the video outside of class. They should take notes while watching the video, and come to class prepared to discuss the *A verlo* activity.

A verlo

1-29 En este segmento vas a ver a varias personas con diferentes opiniones sobre la moda. Toma nota de lo que dicen. ¿Cuál de las opiniones se parece más a la tuya? Prepárate para explicarle tu respuesta a la clase.

Después de verlo

1-30 ¡A la moda!   Identifiquen a dos personas en el video con puntos de vista opuestos y tomen cada uno/a de ustedes una posición. Presenten y defiendan sus ideas sobre la moda para que la clase decida con cuál de las dos perspectivas está de acuerdo. Incluyan información sobre la importancia de estar de moda en diferentes contextos (en el trabajo, en la universidad, en una fiesta, en la calle, etc.).

Comparaciones

1-31 En tu experiencia. ¿Cuáles son algunos de los diseños que se incorporan en las camisetas, las camisas y las blusas que son populares entre tus amigos y tú? ¿Son imágenes contemporáneas de la música, de personas famosas, de animales o de otros símbolos? ¿Cuáles colores son más populares, los fluorescentes, los claros o los oscuros? ¿Es popular llevar gorra o sombrero hoy en día? Explica.

La casa Pineda Covalín

Este diseño con su rico plumaje representa al dios Quetzalcóatl.

Si quieres una prenda original, con historia y estilo, los diseños de Pineda Covalín son para ti. La casa de diseño Pineda Covalín fue fundada por dos jóvenes diseñadores mexicanos, Cristina Pineda y Ricardo Covalín. Al principio sus prendas solo se vendían en los museos del Distrito Federal, pero hoy, su marca se ha difundido por las Américas, Asia y Europa.

El secreto de su éxito ha sido la incorporación en ropa y accesorios de varios elementos del patrimonio cultural del país, incluyendo diseños inspirados en las tradiciones prehispánicas, la naturaleza y las pinturas de los grandes artistas mexicanos como Frida Kahlo y Diego Rivera.

Entre sus estilos encontrarás diseños florales, geométricos, de animales y un rico colorido propio de un país como México. Así rinden homenaje al pasado indígena del país a la vez que modernizan los diseños al llevarlos a los cuellos, hombros y pies de las personas más interesadas en la moda, como, por ejemplo, Salma Hayek.

¿Qué te apetece? ¿Una bufanda de seda pintada con hermosas mariposas monarcas? ¿Una bolsa de piel y seda que brilla como un jardín lleno de rosas? ¿Una corbata con la imagen del dios Quetzalcóatl, el ser supremo de muchas culturas prehispánicas? ¿Zapatos para hombre o mujer? Hasta en muebles para la casa encontrarás los diseños más originales en Pineda Covalín.

1-32 En su opinión. Conversen sobre sus preferencias en la moda.

1. ¿Cuáles son algunos de los personajes históricos y contemporáneos que figuran en la ropa popular entre los jóvenes de hoy?

2. ¿Por qué es interesante incluir elementos culturales en la moda?

3. ¿Llevan ustedes ropa que incluya la marca en su diseño, por ejemplo Nike, Aéropostale o Ralph Lauren? ¿Qué opinan del uso de la marca de una manera destacada *(prominent)* en la ropa?

4. Imagínense que son diseñadores de una marca semejante a la de Pineda Covalín, pero norteamericana. ¿Qué elementos históricos y culturales incluirían y por qué?

Expansion: 1-32
Have students research Pineda Covalín on the Internet to see other examples of their designs. Have them choose one and describe it in detail, its fabric, design and colors, and their opinion of it. In class, they can describe their fashion to each other or in small groups and decide which one they like best.

Note: *Pineda Covalín*
Students can find interviews on the Internet in which these designers explain their interest in traditional motifs in their designs.

Ritmos

*Un de vez en cuando**
(Las Ketchup, España)

Las hermanas Lola, Pilar, Lucía y Rocío Muñoz de Córdoba, España forman el grupo, Las Ketchup. Tomaron su nombre para honrar a su padre, quien era un guitarrista famoso de flamenco y cuyo apodo era "el Tomate". Su sencillo, *Asereje* conocido en inglés como *The Ketchup Song* fue un éxito mundial.

*Every so often

Antes de escuchar

1-33 Cuando necesitas levantar tu ánimo, ¿vas de compras? Muchas veces uno se siente mejor cuando va de compras. Haz una lista de lo que te hace sentirte mejor cuando sufres una desilusión.

A escuchar

1-34 *Un de vez en cuando.* Busca una versión de esta canción en Internet y anota qué hacen las cantantes cuando se desilusionan. ¿Has hecho algo semejante alguna vez?

BUSCA www

las ketchup un de vez en cuando video/ letra

Después de escuchar

 1-35 En su opinión. Den su interpretación sobre el tema de esta canción de Las Ketchup.

1. Expliquen la filosofía de la canción sobre el amor y los hombres.
2. ¿Qué hacen ustedes para salir de una relación fracasada?
3. El ritmo de esta canción tiene influencia flamenca. ¿Pueden nombrar a otro músico de estilo flamenco?

SEGUNDA PARTE
¡Así es la vida!

El automóvil
y la moda

Los años 30

1. __b__

Los años 50

2. __d__

Los años 70

3. __e__

4. __c__

La década actual

5. __a__

El automóvil ha cambiado mucho a lo largo de los años y ha llegado a ser no solo una parte integral de la situación económica de su dueño, sino también un símbolo de su personalidad.

A ver si puedes emparejar estos automóviles con algunas modas y acontecimientos de la época.

a. Eran populares los carros híbridos, los teléfonos inteligentes y la imagen de Justin Bieber captó el interés del mundo. Se estrenó la última película de Harry Potter.

b. Dos pasatiempos populares eran coleccionar estampillas y jugar al minigolf. Se consideraba a Frank Lloyd Wright uno de los mejores arquitectos; este diseñó "Falling Waters".

c. El programa Los Simpson era popular en la televisión. Se bailaba la Macarena. Se inventó Internet.

d. La cultura "Beat" era evidente en la literatura, en la moda y en el jazz. En el cine, la novedad de las películas 3D atraía a miles de espectadores. Rosa Parks se negó a levantarse de su asiento en un autobús. Se decoraban las furgonetas con imágenes psicodélicas.

e. Millones de niños gastaban 4 dólares en mascotas de piedra. Se estrenó la película *El padrino*. Murió Elvis Presley, conocido por el apodo "El Rey".

**Warm-up: ¡*Así es la vida!*
Using the preterit and the imperfect, have students discuss the cars that were popular when they were children. They can talk about a specific car or cars that members of their family owned.

Comprehension Assessment: *¡Así es la vida!*
Have students work in pairs to match the car models with their decade. Have them discuss which passtimes and products they remember or know.

Vocabulario básico

el concepto
considerar
el exterior
el interior
el invento
la preferencia

Vocabulario clave: Los autos

Verbos

conducir(zc)/manejar	*to drive (a vehicle)*
estacionar	*to park*
gastar	*to spend*
negar (ie)	*to refuse; to deny*

Sustantivos

el apodo	*nickname*
el/la dueño/a	*owner*
la época	*era*
la imagen	*image*
la novedad	*innovation, novelty, news*

Adjetivos

ágil	*agile, quick*
espacioso/a	*spacious*
lujoso/a	*luxurious*
manejable	*manageable*
potente	*powerful*

Para hablar de los automóviles

los asientos (de cuero)	*(leather) seats*
el auto compacto	*compact car*
las bandas decorativas	*decorative stripes*
la camioneta	*pickup truck*
el descapotable/convertible	*convertible*
la furgoneta*	*van*
el híbrido	*hybrid*
los kilómetros por hora (km/h)	*kilometers per hour*
los kilómetros por litro/galón	*kilometers per liter/gallon*
el todoterreno	*all-terrain vehicle (ATV)*
el cuatro por cuatro	*four-wheel drive vehicle*
el vehículo deportivo utilitario	*sport utility vehicle (SUV)*
la velocidad	*speed*

*Also *el monovolumen*: minivan

Ampliación

Verbos	Sustantivos	Adjetivos
fabricar	la fabricación	fabricado/a
gastar	el gasto	gastado/a
inventar	el invento	inventado/a
preferir (ie, i)	la preferencia	preferido/a

¡Cuidado!

Dejar

- **Dejar + direct object** means *to leave (something)*.

  Dejé mi auto en el estacionamiento. — *I left my car in the parking lot.*

- **Dejar + infinitive** means *to allow* or *to let*.

  Mis padres no me **dejaban** conducir de noche. — *My parents didn't let me drive at night.*

- **Dejar de + infinitive** means *to stop doing (something)*.

  ¿**Dejaste de** buscar un auto nuevo? — *Did you stop looking for a new car?*

Speech bubbles: ¿Has dejado de usar tu móvil mientras manejas? / Sí, pero es porque lo dejé en casa.

Comprehension Assessment: *¡Cuidado!*
Have students write sentences on the board telling about something that they: 1. left at home or elsewhere; 2. were or were not allowed to do; 3. stopped doing.

1-36 Tu personalidad y tu auto.   ¿Eres un auto importado exótico o un auto norteamericano musculoso? ¿Un auto clásico o un cuatro por cuatro? Completa esta encuesta para descubrir tu vehículo interior.

1. ¿Eres apasionado/a?
2. ¿Cambias mucho de dirección?
3. ¿Eres fuerte?
4. ¿Haces mucho ruido?
5. ¿Necesitas mucha atención?
6. ¿Pierdes control fácilmente?
7. ¿Te gusta sentir la brisa en el pelo?
8. ¿Eres competitivo/a?
9. ¿Eres práctico/a?
10. ¿Tienes gustos lujosos?
11. ¿Te gusta pasear por el campo?
12. Si fueras una herramienta (*tool*), ¿cuál serías, un martillo (*hammer*) o un bisturí (*scalpel*)?

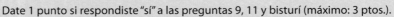

Date 1 punto si respondiste "sí" a las preguntas 9, 11 y bisturí (máximo: 3 ptos.).

Date 2 puntos si respondiste "sí" a las preguntas 1, 5, 7, 8, 10 (máximo: 10 ptos.).

Date 3 puntos si respondiste "sí" a las preguntas 2, 3, 4, 6 y martillo (máximo: 12 ptos.).

3–9.   Eres práctico y te importa el valor más que el lujo. Sin embargo, te gusta un estilo fluido (*sleek*). Tal vez seas un auto híbrido o eléctrico. Si praticas un deporte, juegas al golf o haces jogging.

10–19.   Eres un auto rápido deportivo. No te importa el costo de la gasolina. Es probable que seas descapotable. Si practicas un deporte, juegas al tenis o te gusta nadar.

20–25.   Eres un vehículo deportivo utilitario grande y poderoso cuatro por cuatro. Si practicas un deporte, juegas al fútbol americano o al rugby.

Ahora explica si estás de acuerdo con el análisis de tu personalidad.

1-37 ¿Lujoso, económico o práctico?   Trabajen juntos para describir los siguientes vehículos. Usen todas las expresiones posibles de *¡Así es la vida!* y otras palabras descriptivas.

MODELO: el todoterreno – *divertido, cuatro por cuatro, no muy potente…*

1. la furgoneta
2. el auto compacto
3. el auto deportivo
4. el vehículo deportivo utilitario
5. la camioneta

1-38 Una encuesta (*poll*) del periódico.   Vas a escuchar un informe que apareció en el periódico basado en una encuesta que hizo *The Associated Press*. Indica si las siguientes afirmaciones son ciertas o falsas. Corrige las oraciones falsas.
Según la encuesta…

1. __F__ La mayoría de los estadounidenses cree que su auto tiene una personalidad.
2. __C__ Hay varios apodos populares para los autos.
3. __C__ La personalidad y los apodos son típicamente femeninos.
4. __F__ Los hombres generalmente bautizan (*baptize*) sus autos.
5. __C__ A los norteamericanos les gusta conducir su auto.
6. __F__ Les gusta conducir más a los que tienen entre 30 y 39 años.
7. __C__ La marca de auto indica la personalidad de su dueño.

1-39 ¿En onda o fuera de onda? A continuación hay una lista de novedades que se introdujeron en la industria automovilística a partir de los años 50. Hablen de la función de cada novedad (estilo, utilidad, comodidad, seguridad) y si son positivas o negativas en su opinión. ¿Cuáles han perdurado?

las aletas de los años 60	los autos con ocho cilindros
el combustible biodiesel	los autos eléctricos
las ventanillas eléctricas	el estacionarse automáticamente
la casetera	los cinturones de seguridad
el navegador *GPS*	la tecnología *Bluetooth*

1-40 A explorar: Los autos. El estilo de los autos pasa rápidamente de moda según los gustos personales y las campañas publicitarias de las empresas de automóviles. Investiga en Internet algunos autos clásicos de otras épocas. Elige uno y escribe un párrafo en el que lo compares con el que tienes ahora o el que quieres tener algún día.

BUSCA www

carros de los 50; carros de los 60; etc.

1-41 Conexiones. ¿Un modelo duradero? ¿Creen ustedes que cuando compramos un carro lo debemos tener durante diez años o más? Hablen de las razones en pro y en contra para tener automóviles duraderos que siempre están en boga.

 1-42 De nuevo: Una marca de automóvil que ya no se fabrica (*Preterit*). Elige una marca que se haya dejado de fabricar, por ejemplo, el Oldsmobile, el Yugo, el MG o el Corvair, e investiga en Internet eventos que ocurrieron durante su apogeo (*height*) en algún país hispano. Diseña una línea de tiempo con algunos eventos relacionados a la época en que ese auto era popular.

MODELO: El SEAT 600 (1957–73)

- *1957 La empresa española SEAT introdujo el modelo 600, un auto que llegó a formar parte de la vida española. El mismo año, el partido final de la Copa Europa de Fútbol tuvo lugar en Madrid…*

- *Los 60 El gobierno español montó una iniciativa para producir energía nuclear. El General Franco anunció que el gobierno iba a construir 37 plantas por toda España…*

- *1973 Se dejó de fabricar el SEAT 600. Ese año en España empezó el movimiento antinuclear, el que pudo impedir la construcción de plantas nucleares…*

Reto: Incluye por lo menos cinco puntos en tu línea de tiempo y cinco eventos del mundo hispano.

Los carros con aletas eran populares en los años 60.

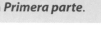

RECUERDA

Para escribir la línea de tiempo necesitas utilizar el pretérito de la *Primera parte*.

01-32 to 01-37

3. Preterit vs. imperfect

Warm-up: Preterit vs. imperfect
Have students add other events to this scene. Ex. *Bond paró su carro; se bajó del carro y pronto vio al villano. Este tenía una pistola en la mano…*

Hacía un sol brillante. Era un día perfecto y Bond iba paseando en auto por la carretera de la costa cuando de repente se encontró con una enorme roca en el camino.

The **preterit** and the <u>imperfect</u> reflect the way the speaker views an action or event. The **preterit** informs about a finished action. The <u>imperfect</u> describes people, objects, or situations and informs about unfinished actions in the past.

- When used together, the **preterit** refers to actions that took place while the <u>imperfect</u> describes the surroundings or what was happening.

Note: The underlined verbs are in the imperfect tense and the verbs in bold are in the preterit.

Todo <u>estaba</u> oscuro. A lo lejos <u>había</u> una puerta. La **abrí**, **entré** y **encontré** un automóvil T-bird de 1955. <u>Era</u> el auto de mis sueños.	*Everything <u>was</u> dark. In the distance there <u>was</u> a door. **I opened** it, **entered**, and **found** a 1955 T-bird. It <u>was</u> my dream car.*

- Actions may occur while others are under way. The events going on are in the **imperfect**, and events that occurred are in the **preterit**.

<u>Inspeccionaba</u> el interior del auto que <u>pensaba</u> comprar cuando **vi** un billete de cien dólares en el piso.	*I <u>was inspecting</u> the interior of the car that <u>I was planning</u> to buy when I **saw** a hundred-dollar bill on the floor.*

Preterit

1. **completed actions**

   El cliente **pagó** mucho por su auto.
   The customer paid a lot for his car.

2. **beginning/end**

   Los diseñadores **llegaron** temprano para la reunión y **se fueron** muy de noche.
   The designers arrived early for the meeting and left very late into the night.

3. **series of completed actions**

   Henry Ford **fundó** la empresa, **diseñó** los automóviles y **pudo** vender millones.
   Henry Ford founded the business, designed the cars, and managed to sell millions.

4. **time frame/weather event**

   El SEAT 600 **fue** popular por veinte años.
   The SEAT 600 was popular for twenty years.

5. **mental, emotional, and physical changes**

   La marca SEAT **se convirtió** en un icono español.
   The make SEAT became a Spanish icon.

Imperfect

1. **background/description**

   El auto **era** descapotable y **tenía** dos puertas.
   The car was a convertible and had two doors.

2. **ongoing action**

   Mientras **conducíamos**, **escuchábamos** la radio.
   While we drove (were driving) we listened (were listening) to the radio.

3. **habits**

   Todas las noches **oíamos** los todoterrenos.
   Every night we heard the ATVs.

4. **time/weather as background**

   Eran las dos de la tarde y **llovía**.
   It was two in the afternoon and it was raining.

5. **mental, emotional, and physical conditions**

   El auto híbrido **era** pequeño y económico. Su dueño **estaba** muy contento con él.
   The hybrid car was small and economical. Its owner was very happy with it.

Suggestion: Preterit vs. imperfect
Describe a scene from a movie that students are likely to recognize: *Había una muchacha que se llamaba Dorotea. Vivía con sus tíos. Un día, hubo un tornado que destruyó su casa, y ella se encontró en un lugar lleno de fantasía. Había un mago que vivía en una ciudad de esmeraldas. Era muy poderoso y muy bajo. También había varias brujas, algunas buenas y otras malas…*

Comprehension Assessment: Preterit vs. imperfect
Have students write their own suspense story, using the following words and phrases: **Era…, Hacía…, Había…, De repente, apareció…, Caminó hacia…, Y me dijo…**

Comprehension Assessment: Preterit vs. imperfect
Write on the upper part of the board the following questions: *¿Qué pasó en los años 90?* and *¿Cómo era la vida en los años 90?* Ask students to name events using the preterit and write them under the first question. Then ask students to describe life during the 90s. Using the imperfect, write their descriptions under the second question. Using the questions and the answers as examples, explain why they need the preterit and the imperfect respectively to answer each question.

1-43 El auto del agente 007. Muchas veces los automóviles se convierten en personajes de películas. Esto sucedió con las películas de James Bond. Lee sobre sus autos, subraya los verbos en el pretérito y haz un círculo alrededor de los verbos en el imperfecto.

Los vehículos del
agente 007

A través de sus misiones James Bond tenía varios vehículos con lo ultimo en aparatos tecnológicos y armas que le servían bien. Todo comenzó a partir de los años 50 durante la Guerra Fría con el Sunbeam Alpine. Después, consiguió el famoso Aston Martin DB5 de 1963, el que se convirtió en el vehículo oficial de James Bond. En los años 70 conducía el fabuloso Lotus Esprits de 1977. En los 80 volvió el Aston Martin, esta vez el modelo V8 de 1987. En la época actual, lo encontrarán o en un BMW o en un Aston Martin. Sin lugar a duda el Aston Martin con su asiento de eyección[1] y ametralladoras bajo el capó[2] se identifica como el vehículo de James Bond 007. En 1970, se vendía este auto por menos de $10.000. Sin embargo, en el 2006, se vendió uno por más de dos millones de dólares.

A lo largo de sus misiones el agente 007 pudo escapar gracias a un medio de transporte especial, ya fuera[3] por aire, mar o tierra. No siempre utilizaba James Bond su propio vehículo. En ocasiones usaba el que le proporcionaba su jefe, Q, o uno alquilado. Varias veces Bond era solo pasajero en un vehículo que conducía una de sus espectaculares amigas.

[1]*ejection seat*
[2]*machine guns under the hood*
[3]*be it*

Suggestion: 1-43
Have students explain the different uses of the preterit and the imperfect in the paragraph.

1-44 Los autos del agente 007. Contesta las preguntas basadas en el artículo anterior.

1. ¿En qué época empezó la historia de James Bond? *Empezó durante la Guerra Fría.*
2. ¿Cuál fue el primer auto que tuvo? *Fue un Sunbeam Alpine.*
3. ¿Qué vehículo se convirtió en "su auto oficial"? *El Aston Martin DB5 de 1963 se convirtió…*
4. ¿Qué opciones especiales tenía su Aston Martin? *Tenía un asiento de eyección y ametralladoras bajo el capó.*
5. ¿Cuánto costaba un Aston Martin en 1970? *Costaba menos de $10.000.*
6. Cuando Bond era pasajero, ¿quiénes lo ayudaban a escaparse? *Sus amigas lo ayudaban a escaparse.*
7. En tu opinión, ¿tenía personalidad su auto? *Answers may vary.*

1-45 Los jefes de estado que vivieron la historia. Identifica quién era el presidente de Estados Unidos cuando ocurrieron los hechos siguientes. Asocia a los presidentes con los siguientes eventos y conjuga los verbos usando el pretérito o el imperfecto para formar oraciones completas.

MODELO: *William McKinley* <u>*era*</u> *presidente en 1898 cuando* <u>*se hundió*</u> *el Maine en el puerto de La Habana.*

1. __b__ John F. Kennedy
2. __c__ George W. Bush
3. __f__ Bill Clinton
4. __a__ Ronald Reagan
5. __e__ Richard Nixon
6. __d__ Franklin Roosevelt
7. __h__ George H. W. Bush
8. __g__ Barack Obama

a. La CIA ___apoyó___ (apoyar) el movimiento antisandinista (los Contras) en Nicaragua en los 80.

b. ___Hubo___ (Haber) un bloqueo del puerto de La Habana para impedir la entrada de barcos soviéticos.

c. Algunos militares venezolanos ___quisieron___ (querer) derrocar (*overthrow*) al presidente Hugo Chávez en el 2002.

d. ___Terminó___ (Terminar) la guerra civil española y el General Francisco Franco ___se declaró___ (declararse) presidente.

e. ___Murió___ (Morir) el presidente chileno Salvador Allende durante un golpe de estado (*coup*) en 1973.

f. ___Se aprobó___ (Aprobarse) el Tratado de Libre Comercio (*NAFTA*) entre Canadá, México y Estados Unidos en 1994.

g. España ___ganó___ (ganar) la Copa Mundial de Fútbol en Sud África en el 2010.

h. ___Mandó___ (Mandar) tropas a Panamá a deponer al presidente Manuel Noriega en 1989.

1-46 *Y tu mamá también.* Esta película mexicana salió en el 2001. Completa su descripción con la forma correcta del pretérito o del imperfecto del verbo.

La película mexicana, *Y tu mamá también* (**1**) __tuvo__ (tener) mucho éxito, primero en su país de origen y después internacionalmente. Su director (**2**) __fue__ (ser) el famoso Alfonso Cuarón, quien también (**3**) __dirigió__ (dirigir) *Harry Potter and the Prisoner of Azkaban*. En *Y tu mamá también* había dos jóvenes que (**4**) __hacían__ (hacer) un viaje en carro con una mujer que (**5**) __tenía__ (tener) veinte y tantos años. El año (**6**) __era__ (ser) 1999, un tiempo cuando México (**7**) __iba__ (ir) a pasar por una transición política importante, el fin del partido PRI que duró 71 años en el poder.

El primer fin de semana la película (**8**) __ganó__ (ganar) $2,2 millones de dólares en México, llegando a ser la película con mayores ganancias de todos los tiempos en el país.

La película fue bastante controversial por su fuerte tema sexual, y la *Motion Picture Association of America* la (**9**) __calificó__ (calificar) *R* en Estados Unidos. Sin embargo, (**10**) __recibió__ (recibir) varios premios importantes y nominaciones *Oscar* y *Golden Globe*.

1-47 La piloto hispana en la Indie 500. Lee el siguiente artículo sobre una pionera de la Indie 500 y prepara cinco preguntas sobre esta destacada conductora. Usa el pretérito y el imperfecto en tus preguntas.

> MODELO: *¿Cuántas conductoras compitieron en la Indie 500?*

Talentosa, bella e inteligente son algunos adjetivos que se pueden utilizar para describir a la venezolana Milka Duno, una de las conductoras de autos de carreras más exitosas del mundo. Milka es ingeniera naval y bióloga marina, y tiene cuatro maestrías. En el 2004, Milka llegó a ser la primera mujer en ganar una carrera internacional importante cuando triunfó en la carrera *Grand American Rolex Sports Car Series Grand Prix* en Miami. Ella repitió este éxito con una segunda victoria en el mismo circuito siete meses más tarde. Es más, en el 2005 Milka consiguió su tercera victoria en la misma carrera.

La piloto Milka Duno volvió a hacer historia en el 2007 como la primera mujer hispana en competir en la Indianápolis 500. Ella fue una de solo tres mujeres que compitieron en la carrera. Condujo un Honda y terminó la carrera en el lugar número 31.

"Este es el día más asombroso de mi carrera", les dijo la Srta. Duno a los periodistas después de calificar para la carrera. "Nunca he experimentado tanta presión ni tanta tensión como en los últimos dos días".

 1-48 ¿Qué saben de Milka Duno? Háganse y contesten las preguntas que escribieron para la actividad 1-47.

 1-49 ¿Qué hacías cuando...? Piensen cada uno/a en cinco momentos importantes de su vida. Escriban los detalles: dónde estaban entonces, cómo eran y qué hacían; luego compártanlos con su compañero/a.

> MODELO: *Tenía dieciséis años cuando obtuve el permiso de conducir y estaba muy nerviosa porque mi padre era muy estricto. Y tú, ¿a qué edad lo obtuviste?*

 1-50 Otro pasado juntos. Imagínense que eran uno de los autos de James Bond e inventen una aventura que tuvieron. ¿Qué año era? ¿Dónde estaban? ¿Qué les pasó? ¿Qué hicieron? ¿Cómo terminó el incidente?

Preterit and imperfect with different meanings

Certain Spanish verbs change meaning in the preterit depending on whether the emphasis is given to the beginning of the action, or the effort put forth in doing the action.

Preterit: Beginning of an Action and Effort put Forth	Imperfect: Ongoing Action (no Particular Beginning or End)
• **conocer: Conocí** a la conductora en una fiesta. *I met the driver at a party. (beginning of knowing)*	• **conocer: Conocía** a varios conductores de autos de carreras. *I used to know (was acquainted with) several racecar drivers.*
• **saber: Supimos** que viajaríamos en el Porche azul. *We found out we would travel in the blue Porche. (beginning of knowing about it)*	• **saber: Sabíamos** que subía el precio de la gasolina. *We knew that gas prices were going up.*
• **tener: Tuve** una noticia muy emocionante. *I received (beginning of having) very exciting news.*	• **tener:** Mi mamá **tenía** talento para diseñar autos deportivos. *My mom had a talent for designing sports cars.*
• **tener que:** El diseñador de la Nissan **tuvo que** contarme sus planes. *The Nissan designer had to tell me his plans. (He acted upon it.)*	• **tener que: Teníamos que** comprar una carro nuevo. *We had to buy a new car. (We didn't necessarily follow through with the purchase.)*

Aplicación

1-51 Las carreras de Milka Duno. Combina las preguntas con las respuestas más adecuadas.

1. __c__ ¿Cuándo supo Milka que quería estudiar biología marítima?
2. __e__ ¿Cuándo conoció al alcalde de Indianapolis?
3. __b__ ¿Pudo terminar la Indie 500?
4. __d__ ¿Por qué quería ser conductora de autos de carreras?
5. __a__ ¿Cuánto costó el auto que manejó para Citgo?

a. Muchos miles de dólares.
b. Sí, pero no ganó.
c. Cuando decidió integrarse a las fuerzas navales.
d. Siempre soñaba con ser la conductora más rápida del mundo.
e. Se conocieron cuando este le dio la llave de la ciudad.

1-52 En la universidad. Contesta las siguientes preguntas prestando atención al uso del pretérito y el imperfecto.

MODELO: ¿Cuándo supiste que España ganó la Copa Mundial de Fútbol?
Lo supe en el 2010 cuando vi el partido contra Alemania en la televisión.

1. ¿A quiénes conociste la primera vez que visitaste la universidad?
2. ¿Qué tuviste que hacer para ser admitido/a a esta universidad?
3. ¿Cuándo supiste que ibas a asistir a esta universidad?
4. ¿Estabas un poco nervioso/a el primer día? Explica.
5. ¿Ya conocías a tu compañero/a de cuarto o lo/la conociste el primer día?
6. ¿Tuviste suerte en la selección de tus clases? Explica.

Comprehension Assessment: Different meanings for preterit vs. imperfect
Have students personalize these different meanings by creating their own questions. Ex., *¿Qué supiste ayer? ¿Quién lo sabía antes que tú? ¿Cuándo conociste a…? ¿Se conocían cuando empezaron la universidad? ¿Qué tuviste que hacer hoy? ¿Qué tenías que hacer, pero que no hiciste?*

Expansion: Preterit and imperfect with different meanings
Emphasize to students that the change in meaning is very subtle. You may wish to include other verbs that imply beginning or special effort in the preterit:

- **costar:** El auto **costó** muchísimo dinero. (*The car cost a lot of money; effort required and purchase made.*) En esa época un auto deportivo **costaba** $50.000. (*At that time a sports car cost (was) $50,000; implies not bought.*)
- **poder:** Los japoneses **pudieron** dominar el mercado. (*The Japanese managed to dominate the market; could and did— effort put forth.*) El vendedor **podía** vender autos cuatro por cuatro. (*The salesman could sell 4-wheel drive cars; had the ability and/or opportunity.*)
- **no poder: No pude** conducir un auto con transmisión manual. (*I couldn't (failed to) drive a car with standard transmission; a special effort and failure implied.*) Los clientes **no podían** acostumbrarse a los autos pequeños. (*The clients couldn't get used to small cars; no reference to a specific effort or failure.*)
- **querer:** La señora **quiso** comprar un auto de lujo. (*The woman tried to buy a luxury car; and acted upon it.*) Las empresas **querían** convencer al público que cuanto más grande, mejor. (*The companies wanted to convince people that bigger was better; no reference to success.*) El agente **no quiso** venderle una marca económica. (*The agent refused to sell her an economical make; acted upon the desire not to.*) **No querían** promover los modelos más económicos. (*They didn't want to promote more economical models, but perhaps did.*)

Sergio García,
golfista español

 1-53 Preguntas discretas e indiscretas. Escojan un personaje famoso a quien les gustaría entrevistar. Preparen una lista de ocho preguntas para la entrevista. Usen los verbos de la lista en el pretérito o en el imperfecto. Luego túrnense para entrevistarse.

Suggestion: 1-53
Have students perform in front of the class

conocer	saber	tener (que)

MODELO: REPORTERO/A: *¿Cuándo supo usted que quería ser jugador de golf?*

SERGIO: *Cuando tenía diez años y asistí a una competencia de golf.*

R: *¿Conoció usted a mucha gente famosa?*

S: …

Suggestion: 1-53
Have students write a report or article based on the interview.

1-54 A explorar: Sergio García. Investiga los éxitos de este importante golfista. Escribe un párrafo en el pasado en el que cuentes algunos de sus logros (*achievements*) personales y profesionales. ¿Qué hizo en el 2011?

BUSCA www

sergio garcía golf

Composition: 1-55
You may use this activity as a topic for a composition.

 1-55 Algunas experiencias personales. Usen los siguientes verbos para contarse algunas experiencias personales. Averigüen (*Find out*) también cómo se sentía su compañero/a en ese momento.

conocer	saber	tener (que)

MODELO: *Desde niña, <u>sabía</u> que iba a jugar al béisbol en el mismo equipo de mi hermano mayor pero…*

1-56 Debate: Los autos. Formen dos grupos para debatir uno de los siguientes temas.

Resolución: Las personas que compran automóviles eléctricos o híbridos deben recibir un reembolso (*rebate*) del gobierno.

Resolución: Se debe prohibir mandar mensajes de texto mientras se maneja un carro.

MODELO: *Escúchenme. Tenemos que conservar la gasolina; antes los carros gastaban más gasolina que ahora, pero…*

Suggestion: 1-56
Divide the class in groups of 6 (3 students in favor and 3 against). Have students prepare their position beforehand. The groups will debate in front of the class (3 students sit facing the other 3). The class can vote on the best group/debate. You can act as moderator or choose a student to play the role of the moderator/timekeeper.

Suggestion: 1-56
Try this activity with other contexts such as *aumentar el límite de velocidad en las carreteras a 80 millas por hora; mantener el límite de velocidad en las carreteras a 55 millas; obligar a usar el cinturón de seguridad en los asientos traseros; prohibir el uso de entretenimientos como iPad, que puedan distraer al conductor.*

¡ASÍ LO EXPRESAMOS!

 Imágenes

 El arte de la moda (El Corte Inglés, España)

Suggestion: *Imágenes*
Have students research the work of Antonio Gaudí and of Pablo Picasso. Show pictures of Parque Güell and of Picasso portraits of Dora Maar or Marie-Thérèse Walter so that students can better understand and appreciate the pictures they see here.

A veces los anuncios de publicidad usan cuadros o imágenes clásicos, como en este caso. Los dos son carteles de publicidad para El Corte Inglés, un almacén español muy conocido.

En el primer cartel, el vestido de la mujer refleja un diseño que hizo el famoso arquitecto español, Antonio Gaudí en el Parque Güell de Barcelona.

En el segundo cartel vemos parte de un cuadro de un pintor español muy famoso. ¿Sabes quién es?

Suggestion: 1-57
Siguiendo los modelos de Imágenes, *diseña tu propio traje o vestido basándote en el estilo de tu artista o arquitecto favorito. Muéstraselo al resto de la clase y explica de quién se trata y por qué te gusta. ¿Hay alguien en la clase que se pondría tu traje o vestido?*

Perspectivas e impresiones

1-57 El arte en la moda. Usen las preguntas a continuación para comparar los dos carteles.

1. Describan los dos cuadros. ¿Cúales son los colores predominantes?
2. ¿En qué sentido se diferencian?
3. ¿Por qué creen que se usaron diseños conocidos en los carteles?
4. En su opinión, ¿el arte crea la moda o la moda crea el arte?
5. ¿Es la moda un arte? Expliquen sus razones.

1-58 A explorar: Las fuentes artísticas. Investiga más sobre uno de estos artistas en Internet y elige una pieza de arte que te guste. Inventa un contexto original que pueda explicar en qué se inspiró el artista para crear su obra.

> MODELO: *Cuando Gaudí era joven, soñaba con dragones y otros seres fantásticos. Un día soñó con un dragón gigantesco que tenía un solo ojo en la cabeza…*

BUSCA www

antonio gaudí biografía/obra; pablo picasso biografía/obra

1-59 Un diseño suyo. Diseñen un anuncio publicitario en el que combinen la obra de un artista o arquitecto famoso con la imagen de un producto que quieran vender. Expliquen por qué han elegido esa obra y lo que representa para ustedes. Pueden dibujar su anuncio o usar recortes de fotos si lo prefieren.

Páginas

01-39 to 01-41

Warm-up: *Páginas*
¿Has leído o lees algún blog?
¿Sobre qué? ¿Tienes tú un blog?
¿Cuál crees que es la función
principal de un blog?

isabel_la_fantasiosa

Isabel la Fantasiosa (Imaginativa) es el seudónimo de una escritora en Internet. Generalmente escribe sobre temas serios, pero de vez en cuando le gusta dejar correr la imaginación en un foro donde critica sutilmente las pretensiones del día. En el pequeño drama a continuación, la autora se burla de la hipocresía de los que critican a otros cuando tienen los mismos defectos, como el dicho español, «es más fácil ver la paja (*piece of straw*) en el ojo ajeno que la viga (*plank*) en el propio».

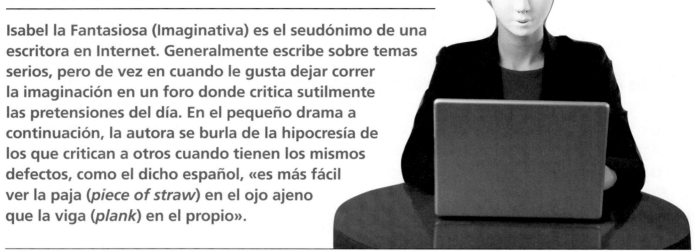

Note: refrán
"Those who live in glass houses shouldn't throw stones."

1-60 ¿Esclavo/a a la moda?   Todos sentimos a veces la presión de tener el aparato más moderno o los estilos más de moda. ¿Qué sueles comprar cuando tienes el dinero? ¿Ropa? ¿Zapatos? ¿Aparatos electrónicos? Explica lo que crees que necesitas para estar en boga.

1-61 La paja y la viga.   Lee el pequeño drama a continuación y explica la crítica de la autora. ¿Quién, en tu opinión, tiene la razón? ¿Ana, Camila o Ignancio? ¿Por qué?

Escena

Un café popular entre los estudiantes. Acaban de comenzar las clases. Se encuentran en una mesa tres compañeros de clase.

Personajes

ANA   5

Una chica un poco seria, obviamente le presta poca intención a su aspecto físico. Lleva ropa de segunda mano, nada combinada. Está sentada frente a su computadora portátil y parece estar concentrada escribiendo. Está algo despeinada.

CAMILA

Una chica algo más abierta y simpática, tiene el cabello muy estilizado, lleva unos   10
vaqueros *True Religion* y una blusa casual, pero de un estilo muy contemporáneo. Lleva una mochila y unos tenis *Coach* combinados y de último modelo.

IGNACIO

Un chico callado y observador. Lleva una camiseta negra, unos jeans y unos *Converse verdes*. Lleva lentes.   15

CAMILA: (*Se aproxima a la mesa donde está Ana.*) ¿Te molestaría si me siento aquí?

ANA: (*Aún concentrada en la computadora*) No, no, siéntate.

CAMILA: (*Mirando a Ignacio que se acerca, le hace una señal con la mano y le dice en voz alta*) ¡Ignacio ven, siéntate! (*Ignacio llega y se sienta.*)

CAMILA: Ana, te presento a Ignacio, está también en nuestra clase.   20
(*Ambos se saludan.*)

ANA: (*A Camila, sin prestarle mucha atención*) Ah, ah, ah, sí, ya te había visto… Disculpa, es que tengo que terminar esto antes de las 3:00.
(*Ignacio saca un sándwich de su mochila y va comiendo mientras observa a ambas chicas y escucha su conversación.*)   25

ANA: (*Se sonríe ante la computadora y aprieta una tecla como satisfecha de lo que acaba de escribir y la cierra.*) Es mi blog (*les dice a los chicos sonriente*). Es sobre la moda.
(*Ellos la miran y se miran. Suena el teléfono de Ana. Es un mensaje de texto. Lo lee rápido y en silencio. Después, lo pone en su bolsa.*)

CAMILA: ¿La moda? (*Le pregunta evidentemente extrañada mientras saca una botella de agua   30
mineral de su mochila, la abre y toma un sorbo.*)

ANA: Sí, la esclavitud que es la moda. Sin ofender, (*dirigiéndose a Camila*) pero pienso que la gente que siempre quiere estar a la moda tiende a ser más superficial. Además, viven obsesionados con el último grito de la moda para ir a satisfacer este deseo y tienen que comprarse todo… todo lo último… lo del momento… tienen que tener   35
lo más reciente, lo más nuevo… no… no… no…. Si les digo… la moda es una verdadera esclavitud. Hay gente que solo trabaja para mantenerse constantemente a la moda.Viven moda, respiran moda… (*Camila la mira extrañada y, un poco incómoda, se mira a sí misma.*) Miren, voy a leerles mi entrada de hoy…

IGNACIO: (*Mientras Ana abre su laptop*) Ana, disculpa, ¿escribiste en tu *blog* que la computadora   40
que tienes es el último modelo del *MacBook Air*?, ¿que tu móvil es el *iPhone* del momento y que en las clases tomas notas con la *tablet* 3D más caliente del mercado?

Después de leer

 1-62 ¿Quién es quién? Identifica a los personajes según las características a continuación.
Ana: **A**   Camila: **C**   Ignacio: **I**

1. _C_ Se viste muy de moda.
2. _A_ Ve las faltas de los demás pero no las suyas.
3. _A_ No le importan las modas actuales de ropa.
4. _A_ Le importa tener lo último en los aparatos electrónicos.
5. _I_ Se da cuenta de la contradicción de otra persona.

 1-63 ¿Una costumbre justificable? Elijan una moda que se intente prohibir por razones de salud, seguridad u otras. Preséntenle su opinión al resto de la clase.

> MODELO: Hablar por móvil mientras uno maneja un automóvil.
> *No tiene sentido prohibir hablar por móvil cuando uno maneja un automóvil. Si hacemos eso, debemos también prohibir comer mientras uno maneja…*

Taller

Un reportaje para una revista popular

Vas a escribir un artículo para una revista popular en el que describas un evento de otra época. El tema puede ser la moda, los carros o el diseño. Haz el papel de reportero/a que informa sobre dónde tuvo lugar, quiénes asistieron, qué llevaban y qué ocurrió.

Antes de escribir

Idear. Piensa en una década del pasado y en un evento que te interese (un desfile de moda, una exposición de automóviles nuevos, etc.). Haz una lista de las personas y las cosas que estaban allí y una descripción de ellos. Haz también una lista de los eventos que ocurrieron.

A escribir

Describir. Usa el imperfecto en cinco o seis oraciones que describan el evento. Incluye tus impresiones del ambiente, de los participantes y del tiempo.

Inventar los sucesos. Usa el pretérito para narrar qué pasó, qué hicieron los participantes, cómo reaccionaron, etc. Usa las siguientes expresiones para dar continuidad a la acción.

al final	de repente	finalmente
al mismo tiempo	después	inmediatamente
al principio	durante	tan pronto como
al rato	entonces	
de pronto	en seguida	

Ampliar el estado psicológico, el suspenso. Indica, al mismo tiempo que narras los eventos, cómo se sentían los participantes, qué pensaban, qué iban a hacer, qué pensaban que iba a pasar, etc.

MODELO: *Anoche fue la exposición de autos nuevos del año 1950. Sin duda, la estrella era el modelo T-Bird…*

Después de escribir

Revisar. Revisa tu reportaje para verificar los siguientes puntos:

☐ el uso del pretérito y del imperfecto

☐ la concordancia y la ortografía

Responder. Intercambia tu ensayo con el de un/a compañero/a y comenta el contenido del otro ensayo.

Entregar. Pon tu ensayo en limpio y entrégaselo a tu profesor/a.

Vocabulario

Primera parte

a la moda	*in style/fashion (a person)*
con todo respeto	*with all due respect*
darse cuenta de	*to realize, to recognize*
de moda	*in style/fashion (something)*
la demanda	*demand*
destacar	*to stand out*
diseñar	*to design*
el diseño	*design*
durar	*to last*
en mi opinión	*in my opinion*
en onda/boga	*in fashion/vogue*
(no) estoy de acuerdo	*I (don't) agree*
fuera de onda/boga	*out of fashion/vogue*
el género	*type, genre*
hacerse popular	*to become popular*
imitar	*to imitate*
influir en/sobre	*to influence*
lograr	*to achieve*
mantenerse (ie)	*to maintain oneself*
el maquillaje	*makeup*
la marca	*brand (of a product), make of a car*
la moda (pasajera)	*(passing) fad*
el/la modelo	*model*
el modo (de vestir, de bailar, etc.)	*way (of dressing, dancing, etc.)*
el movimiento	*movement*
negar (ie)	*to refuse; to deny*
pasado/a de moda	*out of style*
pegar fuerte	*to catch on*
el peinado	*hairstyle*
realizar	*to carry out, to achieve*
la tendencia	*tendency*

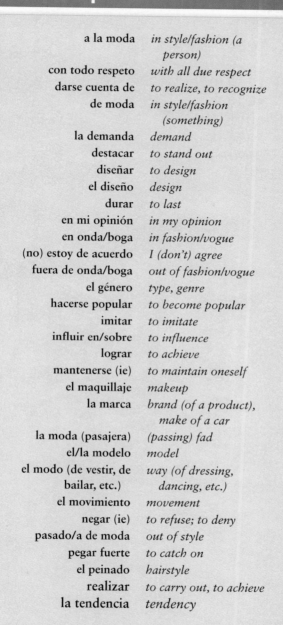 Segunda parte

ágil	*agile, quick*
el apodo	*nickname*
los asientos de cuero	*leather seats*
el auto compacto	*compact car*
las bandas decorativas	*decorative stripes*
conducir (zc)	*to drive (a vehicle)*
la camioneta	*pickup truck*
el cuatro por cuatro	*4-wheel drive vehicle*
el descapotable/ convertible	*convertible*
el/la dueño/a	*owner*
la época	*era*
espacioso/a	*spacious*
fabricar	*to manufacture*
la furgoneta	*van*
gastar	*to spend, to waste*
el híbrido	*hybrid*
la imagen	*image*
inventar	*to invent*
los kilómetros por hora	*kilometers per hour (km/h)*
los kilómetros por litro/galón	*kilometers per liter/gallon*
lujoso/a	*luxurious*
manejable	*manageable*
manejar	*to drive (a vehicle), to handle*
la novedad	*novelty, news*
potente	*powerful*
preferir (ie, i)	*to prefer*
el todoterreno	*all-terrain vehicle (ATV)*
el vehículo deportivo utilitario	*sport utility vehicle (SUV)*
la velocidad	*speed*

¡Cuidado! solo(a) - solo - solamente; realizar - darse cuenta de *See page 31.*
Irregular preterit verbs *See pages 37-39.*
Frases comunicativas: En mi opinión,…; Con todo respeto,…; (No) Estoy de acuerdo… *See page 46.*

¡Cuidado! dejar *See page 51.*

2 Por un mundo más verde

OBJETIVOS
COMUNICATIVOS

✔ **OBJETIVOS COMUNICATIVOS**

- Discussing environmental issues affecting your world
- Describing people, places, and things
- Describing what will or might be
- Predicting future issues
- Expressing hopes, desires
- Speculating

Madrid Río

A empezar

¿Qué haces para conservar energía? ¿Montas en bicicleta o caminas en vez de usar el carro? ¿Respetas el límite de velocidad en la carretera? ¿Tienes un carro híbrido o eléctrico?

El coco-taxi es un medio de transporte económico que te llevará por toda La Habana.

Curiosidades

¿Sabes...

el país que produce la mayor cantidad de energía solar per cápita?

a. España
b. Alemania
c. EE. UU.

el orden de éxito en cuanto a su política medioambiental de los tres países a continuación, según un estudio de la universidad de Yale?

a. EE. UU.
b. Colombia
c. Costa Rica

el porcentaje de todos los empleados que trabajan en empresas micro, pequeñas o medianas en América Latina?

a. 25 por ciento
b. 40 por ciento
c. 70 por ciento

Answers: *Curiosidades*
b. *Según Greenopolis.com, el número 1: Alemania; el número 2: España; el número 3: Japón; el número 4: EE. UU.*
c. *Según el índice de Environmental Protection, EE. UU. es el número 39 de 100, el peor de los tres. Costa Rica es el número 5, Colombia, el número 9. El país número 1 es Suiza.*
c. *Según la Organización para la Cooperación y el Desarrollo Económico, las microempresas (menos de 10 empleados), las pequeñas y las medianas (hasta 200 empleados) representan más del 70% del empleo en América Latina.*

Chapter warm-up
Ask students: *¿Qué es más importante para ti: el progreso o un medioambiente saludable? ¿Crees que nosotros causamos el cambio climático o crees que es un fenómeno natural? ¿Cuáles son las ciudades menos contaminadas que conoces? ¿Qué tipos de contaminación existen? ¿Sabes de alguna especie de animal que haya desaparecido o que esté desapareciendo? ¿Qué fuentes de energía usamos hoy? ¿Qué otras fuentes de energía debemos usar? ¿Qué soluciones propones para mejorar la calidad del medioambiente? ¿Qué deben hacer los políticos? ¿Piensas que es importante reciclar? ¿Es obligatorio reciclar en tu ciudad? ¿Qué materiales pueden reciclarse?*

E².org

E² es una sociedad independiente de comerciantes, empresarios, inversionistas y profesionales de todos los sectores de la economía. Creemos que es posible proteger el medioambiente a la misma vez que trabajamos para mejorar nuestro bienestar económico. Nuestra misión es promover un desarrollo económico sostenible.

¿Cuál es su opinión?

Para entender mejor cómo piensan nuestros lectores con respecto al medioambiente, les pedimos que completen la siguiente encuesta.

1. La adopción de medidas para proteger el medioambiente tiene que ser...
- ○ inmediata.
- ○ a medio plazo.
- ○ a largo plazo.

2. El cambio climático...
- ○ es uno de los desafíos más importantes de nuestra generación.
- ○ es una fabricación de algunos científicos renegados.

3. Nuestro futuro nacional depende de...
- ○ las fuentes domésticas de combustibles fósiles (el carbón, el gas natural y el petróleo).
- ○ el desarrollo de recursos renovables e inagotables.
- ○ una combinación de recursos renovables y combustibles fósiles.

4. El gobierno federal debe...
- ○ implementar reglas que protejan el medioambiente aunque no favorezcan el desarrollo económico.
- ○ proteger el desarrollo económico aunque perjudique el medioambiente.
- ○ dejar que cada estado o provincia implemente sus propias reglas medioambientales.

5. Para el año 2025, las empresas automovilísticas deben diseñar y fabricar autos...
- ○ que alcancen un mínimo de 60 millas (100 kilómetros) por galón de gasolina.
- ○ puramente eléctricos.
- ○ que funcionen por energía solar.

6. Para reducir la contaminación, en el futuro habrá que...
- ○ multar a las fábricas que produzcan humos tóxicos.
- ○ premiar a las empresas y a los individuos que implementen tecnología que use recursos renovables.
- ○ invertir más dinero en la investigación y desarrollo de la energía verde.

7. Para concienciar a la gente sobre la importancia del medioambiente, la organización E² debe...
- ○ montar una campaña publicitaria.
- ○ organizar programas educativos en las escuelas primarias y secundarias.
- ○ presionar a los legisladores y al gobierno para que aprueben leyes estrictas para proteger el medioambiente.

Comprehension Assessment: ¡Así es la vida!
Follow up with **2-1** to discuss students' answers. You may take a poll and have students debate their points of view.

Vocabulario básico

el cambio climático
conservar
la contaminación
la energía eléctrica,
    nuclear, solar
generar
la ley
montar (en bicicleta,
    a caballo)
el petróleo
el plástico
reciclar

Note: cambio climático
You may wish to mention that although it is common to use **calentamiento global,** the term **cambio climático** is more precise since not all changes include warming.

Suggestion: *Vocabulario básico*
You may want to teach students the names of other recyclable materials: **el aluminio, la hojalata, el cartón, el papel,** etc., as well as other kinds of energy: **la eólica (del viento), la oceánica, la hidráulica,** etc.

Assessment: *Vocabulario clave: Verbos*
Have students make up sentences in the preterit, imperfect, present indicative, and in the present subjunctive using the verbs listed. They can do this as an oral or written activity explaining their family's recycling habits. Ex. *En casa cuando era niño/a solo reciclábamos papel, ahora reciclo mucho porque…*

Vocabulario clave: El medioambiente

Verbos

agotar	*to exhaust*
alcanzar	*to reach*
aumentar	*to increase*
calentar (ie)	*to warm*
concienciar	*to make aware*
desechar	*to throw away, to discard*
destruir (y)	*to destroy*
dificultar	*to make difficult*
disminuir (y)	*to diminish*
favorecer (-zc)	*to favor*
invertir (ie, i)	*to invest*
multar (a)	*to fine*
perjudicar	*to harm*
premiar	*to reward*
presionar	*to pressure*
prevenir (ie)	*to prevent*
promover (ue)	*to promote*
proteger (j)	*to protect*
renovar (ue)	*to renew*
rescatar	*to rescue*

Sustantivos

el agujero	*hole*
la basura	*trash*
el bosque	*forest*
la calidad	*quality*
la capa de ozono	*ozone layer*
el carbón	*coal*

el combustible	*fuel*
el desafío	*challenge*
el desecho	*waste*
la (des)ventaja	*(dis)advantage*
el efecto invernadero	*greenhouse effect*
las especies en peligro de extinción	*endangered species*
la fuente	*source*
el humo	*smoke*
la leña	*firewood*
la medida	*measure*
el medioambiente	*environment*
el recurso	*resource*
la regla	*rule*
la selva	*jungle*
la sequía	*drought*
el vidrio	*glass*

Adjetivos

(in)agotable	*(in)exhaustible*
medioambiental	*environmental*
potable	*safe to drink*
renovable	*renewable*
sostenible	*sustainable*

Otras expresiones

a corto/medio/largo plazo	*in the short/mid/long term*
sin embargo	*however, nevertheless*

Ampliación

Verbos	Sustantivos	Adjetivos
agotar	el agotamiento	agotable
calentar (ie)	el calentamiento	caliente
desechar	el desecho	desechable
destruir (y)	la destrucción	destruido/a
extinguir	la extinción	extinto/a
proteger	la protección	protegido/a
reciclar	el reciclaje	reciclado/a

¡Cuidado!

un poco de, pocos/as, poco/a, pequeño/a

- Use **un poco de** + noun, or **un poco** + adjective to express *a little*.

  Necesitamos **un poco de** combustible.   *We need a little fuel.*

  Estoy **un poco** preocupado por el cambio climático.   *I'm a little worried about climate change.*

- Use **pocos/as** to say *few*, with respect to a limited number.

  Quedan **pocas** fuentes de energía.   *There are few energy sources left.*

> Con un molino pequeño podemos generar un poco de energía.

• Use **poco/a** to express *little*, with respect to amount, scope, or degree.

Tristemente, usamos **poca** energía solar.   *Sadly, we use little solar energy.*

• To express *small* or *little* in size, use **pequeño/a(s)**.

Hasta los bosques **pequeños** son importantes.   *Even small forests are important.*

Aplicación

2-1 En su opinión.   Comparen sus respuestas a la encuesta en *¡Así es la vida!* Defiendan sus diferencias de opinión.

e **2-2 Una campaña de Ecoverde.**   Usa la forma correcta de los verbos para completar los apuntes sobre las posiciones de Ecoverde, una organización medioambiental.

desechar	multar	presionar
destruir (y)	perjudicar	prevenir (ie)
invertir (ie, i)	premiar	promover (ue)

1. La lluvia ácida *destruye/perjudica* los bosques.

2. El humo de los carros y las fábricas _____*perjudica*_____ la salud de los niños.

3. Es importante _____*invertir*_____ en la energía renovable; por eso el gobierno debe favorecer las industrias de energía solar, eólica y geotérmica.

4. Ecoverde *promueve/premia* el uso de las fuentes de energía renovable.

5. La EPA debe _____*multar/presionar*_____ a las empresas que contaminan el medioambiente y _____*premiar*_____ a las que lo protegen.

6. Es fácil _____*desechar*_____ el vidrio y el aluminio, pero es mucho más importante reciclarlos.

7. Tenemos que _____*prevenir*_____ el cambio climático.

8. Debemos _____*presionar*_____ a los gobiernos para que protejan y rescaten las especies en peligro de extinción.

2-3 El reciclaje y la contaminación medioambiental.   Clasifica estos problemas de 1 a 6 según la gravedad de su efecto en el medioambiente, en la economía y en tu vida. (El número 1 representa el más grave en tu opinión.)

Desechos reciclables

PROBLEMA	EFECTO EN EL MEDIOAMBIENTE	EFECTO EN LA ECONOMÍA	EFECTO EN MI VIDA
la contaminación del agua por desechos tóxicos			
el cambio climático			
la contaminación del aire por las emisiones de los autos			
el sobreuso de pesticidas			
el sobreuso de artículos hechos de plástico			
la disminución de las reservas de petróleo			

Answers to 2-6
Answers will vary, but may include:
Estableció el sistema de transporte Transmilenio; estableció zonas peatonales en el centro de la ciudad; prohibió el estacionamiento de carros en las aceras; creó el sistema de parques con kilómetros de sendas ciclistas; sembró 100.000 árboles; fundó un sistema amplio y accesible de bibliotecas; restringió la circulación de carros durante las horas de más tráfico. Según el documental Bogotá Change, *junto con otro alcalde de Bogotá, Antanas Mockus, los dos pudieron convertir una de las ciudades más peligrosas y corruptas en una ciudad pacífica y modelo para la sostenibilidad. Uno de los proyectos más controversiales ha sido prohibir el estacionamiento de los carros en las aceras.*

2-4 En mi opinión. Comparen el orden de importancia que dieron a los problemas de la actividad 2-3. ¿En qué aspectos están de acuerdo y en cuáles difieren de opinión?

MODELO: *En mi opinión, el problema más grave para el medioambiente es… porque… El segundo en importancia es…*

2-5 Madrid Río. Vas a escuchar un informe sobre Madrid Río, un proyecto recién inaugurado en España. Primero, indica si las afirmaciones a continuación son ciertas (**C**) o falsas (**F**) y corrige las falsas. Luego, explica si te parece un proyecto positivo y si te interesaría visitarlo.

1. _____F_____ El proyecto Madrid Río se encuentra cerca de Madrid.
   falso: Se encuentra en la ciudad.
2. _____C_____ Antes de inaugurar el proyecto, el espacio estaba contaminado por el humo y el ruido de los automóviles. *cierto*
3. _____F_____ Es un parque privado para todos los que tienen la ciudadanía española. *falso: Es público.*
4. _____C_____ Los que visitan el lugar pueden hacer ejercicio o simplemente descansar. *cierto*
5. _____F_____ La "playa" tiene diecisiete espacios donde puedes tomar el sol o bañarte en el río.
   falso: Hay 3 espacios en la playa; hay 17 paseos.
6. _____C_____ La idea de la playa es fruto de un concurso para niños madrileños. *cierto*
7. _____F_____ En el futuro tendrán que plantar árboles y flores.
   falso: Ya plantaron 37.000 árboles y muchos arbustos y flores.
8. _____C_____ Madrid Río está al alcance de todos los que viven en la ciudad; puedes llegar a pie, en metro o en bicicleta. *cierto*

2-6 A explorar: Bogotá verde. Al comienzo de este siglo, y bajo la dirección del alcalde Enrique Peñalosa, la ciudad de Bogotá hizo grandes esfuerzos para mejorar la calidad de vida de sus ciudadanos. Busca más información sobre estos esfuerzos y anota tres de ellos. ¿Cuál te parece el más importante? ¿Cuál te parece el más controversial? Explica.

BUSCA www
enrique peñalosa
bogotá 1998–2001

Bogotá es una ciudad modelo por sus esfuerzos verdes.

2-7 Comunidades. Un cartel de servicio público. Diseñen un cartel (*poster*) con un anuncio publicitario para proteger el medioambiente o ahorrar energía en su universidad o comunidad. Usen infinitivos para dar por lo menos diez sugerencias para el público.

MODELO: *Debes apagar los aparatos electrónicos.*

2-8 De nuevo: Así era (*Imperfect*). Piensa en una zona verde que antes era una zona industrial, comercial o en desuso. Primero, descríbela brevemente usando el presente. Después, en un párrafo describe cómo era antes: la naturaleza, el aire, el agua, el nivel de ruido, etc. ¿Qué no se podía hacer allí? ¿Qué había antes en esa zona que ya no hay?

MODELO: *Bilbao es una ciudad que tiene muchas zonas históricas, un impresionante museo Guggenheim…, etc.*
Antes, Bilbao era una ciudad industrial que dependía de la fabricación del acero. El aire estaba sucio…, etc.

Reto: Trata de hacer tu descripción en forma de poema. Usa muchas palabras de *¡Así lo decimos!*

Bilbao antes era una ciudad industrial.

¡Así lo hacemos!

1. Uses of **ser**, **estar**, and **haber**

02-07 to 02-14

El agua es la vida.

Warm-up: Ser or estar
Have individual students stand in front of the class and pretend they are in charge of protecting the environment at their university. Have the rest of the class ask him/her questions about his/her plans to protect the environment using **ser** or **estar**. *¿Es usted conservador/a o liberal en sus opiniones? ¿Está usted a favor o en contra de multar a los estudiantes que tiran basura en el campus? ¿Está de acuerdo con prohibir tener carros en el campus? etc.*

Uses of **ser**

- with a noun or pronoun that identifies the subject:

Juan **es** una persona que lucha por las especies en peligro de extinción.	*John is a person who fights for endangered species.*
Nosotros **somos** conservacionistas.	*We are conservationists.*
Los expertos **eran** científicos.	*The experts were scientists.*

- with adjectives to express characteristics of the subject such as nationality, religious and political affiliations, size, color, or shape:

¿**Eres** costarricense?	*Are you Costa Rican?*
La selva amazónica **es** inmensa.	*The Amazon jungle is immense.*
El petróleo **es** negro.	*Oil is black.*

- with the preposition **de** to indicate origin or possession, and to tell what material something is made of:

El activista **es de** Guatemala.	*The activist is from Guatemala.*
La ventana **es de** vidrio.	*The window is made of glass.*

- to indicate where and when events take place:

La conferencia **fue** en el auditorio.	*The lecture was in the auditorium.*
Las entrevistas **son** a las ocho de la mañana.	*The interviews are at eight in the morning.*

- with the preposition **para** to tell for whom or for what something is intended:

¿**Para** quién **es** el combustible?	*For whom is the fuel?*
Es para el señor Ramírez.	*It's for Mr. Ramírez.*

¡OJO!

Use **ser** to express time, dates, and days of the week, months, and seasons of the year.

Son las cinco de la tarde.

Era miércoles, 26 de junio de 2013.

Es invierno y hace mucho frío.

Comprehension Assessment: Impersonal expressions
Using impersonal expressions, make a list of six or more important, urgent, or necessary actions that need to take place in order to protect the environment. Keep in mind that since many will take the subjunctive in a subordinate clause (**Segunda parte**), you may wish to limit practice to the infinitive here. Ex. *Es importante reciclar la basura.*

- in impersonal expressions:

Es alarmante que se disminuya la capa de ozono.	*It is alarming that the ozone layer is getting smaller.*
Es necesario invertir en la energía renovable.	*It's important to invest in renewable energy.*

Note: Use of ser or estar with a past participle
Because the passive voice is less common in Spanish than in English, it is presented later (**Capítulo 10**). However, you may wish to distinguish between the use of **ser** or **estar** with the following examples that distinguish between an obvious doer (passive voice: **ser** + past participle + **por**) and the resultant condition of a previous action (**estar** + past participle). In all cases, the participle agrees with the subject:

Los desechos **son reciclados por** los trabajadores.	*The waste products are recycled by the workers.*
Los desechos en el cubo **están reciclados.**	*The waste products in the can are recycled.*

Uses of **estar**

- to indicate the location of objects and persons:

El agujero de la capa de ozono **está** sobre el Polo Sur.	*The hole in the ozone layer is over the South Pole.*

- with progressive (**-ndo** form) constructions to indicate an ongoing action:

La organización Paz Verde **estaba rescatando** los osos polares.	*The organization Green Peace was rescuing the polar bears.*

- with adjectives to express a physical or mental/emotional state or condition of the subject:

El científico **estaba** emocionado cuando habló.	*The scientist was excited when he spoke.*
El agua del mar **está** fría para ser agosto.	*The ocean water is cold for August.*

Comprehension Assessment: Ser vs. estar
Have students ask each other the following questions: *¿Cómo eres? ¿Cómo estás?*, then report to the rest of the class. Ex. *Ana es inteligente. Está cansada.*

Comprehension Assessment: Ser vs. estar
Using 4 sentences with **estar** and 4 with **ser**, have students describe the person they most admire. This can be done orally or as a written activity.

Comprehension Assessment: Different meanings of adjectives with ser or estar
Using **ser** and **estar**, have students write on the board 2 sample sentences for each of the adjectives given. Ex. *El dictador es muy malo y ahora está malo con pulmonía. El profesor es aburrido y por eso nosotros estamos aburridos. Juan es muy listo pero no está listo para el examen.*

- to express change from the norm, whether perceived or real:

Estás muy flaca. ¿Comes bien?	*You're (You look) thin. Are you eating well?*
El director del programa **está** muy simpático hoy.	*The program director is being/acting very nice today.*

Some adjectives have different meanings when used with **ser** or **estar**:

WITH SER	ADJECTIVE	WITH ESTAR
to be boring	**aburrido/a**	*to be bored*
to be clever	**listo/a**	*to be ready*
to be bad, evil	**malo/a**	*to be sick, ill*
to be smart, lively	**vivo/a**	*to be alive*

Note: Ser vs. estar with adjectives
Additional adjectives that change meaning when used with **ser** or **estar** include:

to be good, kind	bueno/a	*to be good (tasting), in good condition*
to be funny	divertido/a	*to be amused*

Uses of **haber**

- in the third-person singular form, **hay** (**había/hubo/habrá,** etc.), to signal the existence of one or more nouns (there is/are/was/were/will be, etc.):

Hay bosques pluviales en Ecuador.	*There are rain forests in Ecuador.*
Había aire contaminado en esa ciudad.	*There used to be polluted air in that city.*
Si conservamos ahora, **habrá** menos problemas ecológicos para nuestros nietos.	*If we conserve now, there will be fewer ecological problems for our grandchildren.*

- in the expression **hay** (**había/hubo/habrá**) **que** + infinitive to convey *to be necessary to...* or *one (we) must...*:

Hay que conservar electricidad.	*We must conserve electricity.*
En el futuro **habrá que** usar carros eléctricos.	*In the future it will be necessary to use electric cars.*

Aplicación

2-9 Los Jardines de la Reina. Usa la forma correcta de **ser, estar** o **haber** en el presente para completar la descripción de esta magnífica reserva ecológica.

Algunos de los arrecifes (*reefs*) más prístinos (1) _están_ en la costa sureña de Cuba, protegidos celosamente por el gobierno cubano. Aquí (2) _hay_ especies de coral y de peces que no se encuentran en ninguna otra parte del mundo. Por su belleza natural y sus vivos colores, Cristóbal Colón los llamó los Jardines de la Reina en el siglo XV. Según los científicos, esta (3) _es_ la reserva marina más grande del Caribe porque aquí no se permite ni a pescadores ni a turistas. Aquí (4) _hay_ especies de peces que (5) _están_ casi extintas, como el mero (*grouper*) de Nassau. Para los pocos científicos norteamericanos que reciben permiso para visitarlo, el lugar (6) _está_ lleno de sorpresas. "¡(7) _Es_ increíble!", dijo uno de ellos recientemente, "(8) _es_ casi como un parque Jurásico. (9) _Es_ un experimento ecológico con coral, peces, cocodrilos y tortugas. El agua (10) _es_ de un azul cristalino donde no (11) _hay_ contaminación de los seres humanos. Además, (12) _hay_ una abundancia de espesos manglares (*mangroves*) que protegen los peces pequeños y los pájaros. (13) (Yo) _estoy_ convencido de que esta (14) _es_ nuestra oportunidad para aprender a salvar nuestro medioambiente".

Warm-up: Haber
Using **hay, había** or **hubo,** and **habrá,** have students make up sentences comparing the environmental situation of a real or imaginary place in the past, present, and future. Write the following example on the board: *Antes había una fábrica y contaminación y desechos. Ahora hay árboles y un río de agua clara. En el futuro (o dentro de poco) habrá paseos, árboles y...*

Comprehension Assessment: Haber que
Have students write sentences on the board using **haber que** + an action that must take place in order to improve the environment. Ex. *Hay que reciclar toda la basura. En el futuro habrá que encontrar nuevos combustibles. En el pasado no había que hervir el agua,* etc.

Comprehension Assessment: Ser, estar, haber
Have students use words and expressions from *¡Así lo decimos!* and the verbs **ser, estar,** and **haber** to describe a place that is in danger of losing its ecological balance or whose ecosystem is threatened by humans. Ex. *Los polos norte y sur, la selva amazónica, los ecosistemas del Amazonas y la Patagonia,* etc. *¿Cuál es la situación actual? ¿Cuáles son las causas de su deterioro? ¿Quiénes tienen la responsabilidad de cambiar la situación?*

2-10 La mejor energía.   La energía renovable es la que se obtiene de fuentes naturales que son virtualmente inagotables. Contesten las preguntas según la información sobre la energía renovable.

1. ¿Qué desventajas tiene el uso de algunas de estas formas de energía renovable?

2. En su opinión, ¿qué fuente de energía es la más práctica para el futuro?

3. La energía biomasa es de origen orgánico: animal o vegetal. Un ejemplo de esta energía es el biodiesel. ¿Qué importancia tiene el biodiesel en Estados Unidos o en Canadá?

4. ¿Cuál es la energía renovable que más perjudica el medioambiente? ¿La usan en su casa o en su carro?

5. Si viven cerca de la costa, ¿qué tipo de energía pueden utilizar? Si viven en una zona desértica, ¿qué fuentes de energía pueden usar?

6. La energía geotérmica usa el calor natural de la tierra. ¿Por qué es una fuente de energía renovable? ¿Creen que es posible usarla en una región no volcánica?

7. ¿Hay instalaciones solares o eólicas donde viven? ¿Hay instalaciones solares en los edificios de su universidad? ¿Saben el porcentaje de la energía de la universidad que generan?

Tipo de energía	Tiempo para renovarse	Importancia actual ¿Verde?	Tipo de energía	Tiempo para renovarse	Importancia actual ¿Verde?
la eólica	*continua, pero variable*	★★ ★★★★★	la mareomotriz	*dos veces al día*	★ *poca* ★★★★★
la hidroeléctrica	*depende de la cantidad de lluvia*	★★★★★ ★★★★★	la biomasa	*continua (La caña de azúcar y el maíz (etanol) cada año; la leña, cada 7 años)*	★★ ★★ *Cualquier combustible contribuye a la contaminación.*
la solar	*todos los días, cielos claros o nublados*	★★ ★★★★★	la geotermal	*continua*	★★★★★ ★★★★★

BUSCA www ⬇

proyectos energía renovable chile (argentina, uruguay, colombia, etc.)

2-11 A explorar: Proyectos de energía renovable en América Latina.   Busca en Internet más información sobre un proyecto para desarrollar la energía renovable en un país latinoamericano. En un párrafo, describe el proyecto, si es algo planeado para el futuro o ya establecido y cuánta energía espera generar.

2-12 ¿Dónde? ¿Cómo?   Piensa en un lugar y descríbeselo a tu compañero/a sin identificarlo. Explica dónde está, qué hay en él, por qué es famoso y/o por qué ha recibido atención últimamente. Puede ser tu ciudad o pueblo, una ciudad hispana o de EE. UU., o donde estudias. Tu compañero/a debe adivinar qué lugar es.

MODELO: E1: *Está en los Andes de Sudamérica. Es una zona con mucha actividad volcánica; por eso su energía geotérmica es importante. También hay baños termales. Es un país relativamente pequeño. Está entre Colombia y Perú. Su capital es Quito. Guayaquil, su puerto principal, está cerca del mar Pacífico…*

E2: *Es Ecuador.*

2-13 Premio Autoridad Nacional Nicaragua. El gobierno nicaragüense estableció este premio para honrar a las organizaciones que se dedican a mejorar la condición de las playas y los pueblos costeros. Premia a comunidades que logren evitar la contaminación del mar, mantengan la limpieza de las playas y den a la población acceso al agua potable. Imagínense que se encuentran en San Juan del Sur, que acaba de recibir el premio nacional. En un día típico, describan lo que hay en la playa, quiénes están allí y qué están haciendo. Usen los verbos **ser, estar** y **haber (hay)** en su descripción.

MODELO: *Hay…*

2-14 Una crisis ecológica. A continuación tienen una lista de posibles causas de desastres ecológicos. Elijan una y expliquen cuáles son los peligros que se asocian con ella. Usen los verbos **ser, estar** o **haber** para comunicar la seriedad del problema.

MODELO: *El sobreuso de fertilizantes es peligroso porque puede perjudicar los animales y a las personas que habitan la región. Hay una campaña para controlar la cantidad y tipo de fertilizantes que se emplean. Es importante…*

- el cambio climático
- las plantas nucleares
- la bioingeniería
- la construcción de tuberías para llevar petróleo a través de Canadá
- la excavación del petróleo en el mar

2. Future tense

- The Spanish future tense, like the English *will* + verb structure, expresses what will happen in the future.
- There is only one set of endings for all verbs. Note that all endings, except for the **nosotros** form, have a written accent mark.

¡Pronto llegaremos a Marte!

	TOMAR	COMER	VIVIR
yo	tomaré	comeré	viviré
tú	tomarás	comerás	vivirás
Ud., él, ella	tomará	comerá	vivirá
nosotros/as	tomaremos	comeremos	viviremos
vosotros/as	tomaréis	comeréis	viviréis
Uds., ellos, ellas	tomarán	comerán	vivirán

En enero **hablaremos** con el científico.　　*In January we will talk with the scientist.*

¿**Asistirás** a la conferencia conmigo?　　*Will you attend the lecture with me?*

Suggestion: Future tense
Remind students that they already know two very common ways Spanish speakers express future actions: the simple present tense, and **ir a** + infinitive. You may wish to write the following examples on the board, then have students substitute these verbs with future tense forms.
—*Los nuevos filtros para el acueducto llegan mañana.*
—*¡Qué bien! Porque estaba preocupado con la posible contaminación del agua.*
—*¿Cuándo se instalan los filtros?*
—*Vamos a llamar al técnico en cuanto lleguen los filtros para que los instale enseguida.*

¡OJO!

The Spanish future tense never expresses the idea of willingness, as does the English future.

¿Quieres ayudarme/Me ayudas a buscar otras fuentes de energía?

Will you help me find other sources of energy?

Comprehension Assessment: Future tense
A good way to practice the present and the future, along with their grammatical and semantic relationship, is by briefly introducing students to the **If** + present / future clause (**Si** + **presente / futuro**). Have students write a political speech using present/future **si** clauses in which they promise to do great things for the environment of their country, imaginary or real. Explain to them that they will use the **si** clauses to warn the country of the dangers of not doing anything about its environmental problems. Students can read the speech in class and have the class vote for the best speech.
MODELOS: *Si no detenemos la contaminación de nuestro río, los pescadores pronto perderán su trabajo porque los peces morirán. Si no formamos una comisión para la defensa del medioambiente, nuestros bosques desaparecerán. Nuestros hijos no tendrán un lugar donde jugar si no cuidamos los espacios verdes.*

Comprehension Assessment: ir a + infinitive
Using **ir a** + infinitive, have students predict the negative effects of pollution and the positive effects of recycling or using clean energy in the year 2050.

- There are several Spanish verbs that have irregular stems in the future. The irregular stems can be grouped into three categories:

1. The future stem is different from the stem of the regular verb.

decir	**dir-**	diré, dirás, dirá…
hacer	**har-**	haré, harás, hará…

2. The **e** of the infinitive is dropped to form the stem of the future.

haber	**habr-**	habré, habrás, habrá…
poder	**podr-**	podré, podrás, podrá…
querer	**querr-**	querré, querrás, querrá…
saber	**sabr-**	sabré, sabrás, sabrá…

3. The **e** or the **i** of the infinitive is replaced by **d** to form the stem of the future.

poner	**pondr-**	pondré, pondrás, pondrá…
salir	**saldr-**	saldré, saldrás, saldrá…
tener	**tendr-**	tendré, tendrás, tendrá…
venir	**vendr-**	vendré, vendrás, vendrá…

- In Spanish, the future tense can often express probability or conjecture in the present.

¿**Estará** contaminado el aire?	*Could the air be contaminated?*
Sí, **será** por el humo de las fábricas.	*Yes, it's probably because of the smoke from the factories.*

¡OJO!

In English, we can use the progressive to express future intent. However, Spanish uses the simple present or the phrase **ir a** + infinitive.

Mañana **llevo** la basura al reciclaje.	*Tomorrow I'm taking the trash for recycling.*
Voy a proteger el medioambiente.	*I am going to protect the environment.*

Aplicación

2-15 La Comisión Europea y la energía renovable. Lee el artículo sobre la posición de la Comisión Europea en cuanto a la energía, y conjuga los verbos en el futuro.

Según la Comisión Europea, "la energía es la sangre vital de nuestra sociedad" y (**1**) _será_ (ser) la labor de todos asegurar el bienestar del mundo. Durante los próximos diez años, la Unión Europea (**2**) _invertirá_ (invertir) más de un trillón de euros en el desarrollo de recursos renovables de energía: se (**3**) _diversificarán_ (diversificar) los recursos actuales y se (**4**) _modernizarán_ (modernizar) las instalaciones y la tecnología para producir aún más energía renovable. La seguridad económica, política y social (**5**) _dependerá_ (depender) de la creación de recursos seguros y a buen precio. Sin embargo, uno de los recursos que todos (nosotros) (**6**) _podremos_ (poder) implementar inmediatamente es el ahorro de energía. Primero, (**7**) _habrá_ (haber) que apagar los electrodomésticos (la computadora, el televisor, el estéreo, etc.), después todos (**8**) _tendremos_ (tener) que bajar el termostato de la casa en el invierno y subirla en el verano, finalmente (**9**) _desenchufaremos_ (desenchufar [*unplug*]) los aparatos electrónicos (el móvil, la tableta). Estas y otras medidas fáciles de hacer en el hogar (**10**) _podrán_ (poder) reducir nuestros gastos de energía un 30 por ciento anualmente. La Comisión Europea dice que para el 2020 se (**11**) _reducirán_ (reducir) las emisiones de gases de efecto invernadero un 20 por ciento, se (**12**) _crecerán_ (crecer) los recursos renovables un 20 por ciento y se (**13**) _mejorará_ (mejorar) la eficiencia un 20 por ciento. ¿Qué (**14**) _harás_ (hacer) tú para contribuir a esta causa vital y salvar nuestro futuro?

2-16 Los esfuerzos de la Comisión Europea. Ahora, contesta las preguntas basadas en el artículo de la actividad 2-15.

1. ¿Por qué es la energía la "sangre vital" de la sociedad, según la Comisión Europea? ¿Estás de acuerdo con esta afirmación?

2. ¿Cuántos euros invertirá la Unión Europea en la energía renovable? ¿Te parece suficiente? En tu opinión, ¿qué incentivos podrá dar un gobierno para promover el desarrollo de los recursos renovables?

3. ¿Qué podremos hacer todos para usar menos energía?

4. ¿Crees que es mejor desarrollar los recursos renovables, o los agotables? ¿Por qué?

5. ¿Qué harás tú para contribuir a un futuro sostenible?

2-17 ¿Pasará en el futuro? Primero, completa las oraciones en el futuro. Luego, indica tu opinión sobre cada afirmación.

MODELO: Los políticos no *harán* (hacer) nada para proteger el medioambiente. *(No) estoy de acuerdo porque...*

1. En el futuro, todos nosotros _desecharemos_ (desechar) el plástico y el vidrio.

2. El gobierno _multará_ (multar) a las empresas que no reciclen sus desechos.

3. Las empresas _invertirán_ (invertir) más en la protección del medioambiente.

4. Las plantas de energía _generarán_ (generar) menos electricidad que hoy.

5. Todos nosotros _promoveremos_ (promover) medidas para prevenir el efecto invernadero.

6. Los científicos _sabrán_ (saber) frenar (*curb*) el cambio climático.

7. Todos nosotros _querremos_ (querer) encontrar una solución viable.

8. Yo _haré_ (hacer) mi parte.

Composition: 2-18
You may use this activity for a composition. Make sure students cover the areas of technology, household items, sociology, education, medicine, and others. You may increase the number of verbs that students must use in the future tense. Encourage them not to repeat any verb.

2-18 Predicciones. Hagan un mínimo de diez predicciones para el mundo en el año 2025. Preséntenselas luego a la clase.

Algunos temas:

la vida universitaria	el medioambiente	la política	la tecnología
los medios de transporte	la economía	la población mundial	la calidad de vida

MODELO: *Todas las clases universitarias tendrán lugar en casa por computadora. Los estudiantes se comunicarán con los profesores solo por correo electrónico. Solo verán su imagen en la pantalla.*

Connections: 2-19
Have students make political or ecological predictions based on information from other classes or the news. MODELO: El presidente establecerá una comisión para estudiar la contaminación de las playas de la costa del Atlántico.

2-19 Logros suyos en el futuro. ¿Qué harán ustedes en el futuro? Hablen de sus sueños y deseos a ver si tienen algunos en común.

2-20 ¿Cómo será este producto? A continuación escucharás una invitación a considerar un producto ecológico. Completa cada oración lógicamente según el anuncio.

1. Este anuncio se emite de…
2. La empresa se especializa en…
3. Entre los beneficios de este producto, se incluyen estos dos…
4. Entre los avances que se incluyen, son estos dos…
5. Este producto costará…
6. El beneficio psicológico de este producto es que…
7. La exposición será en la ciudad de…
8. En mi opinión, este producto…

Algún día seré ingeniera medioambiental. Trabajaré para proteger el hábitat de las especies en peligro de extinción…

Answers: 2-20
1. México.
2. la construcción de casas ecológicas (sostenibles).
3. Answers may vary: Mejorarán la calidad de la vida; disminuirán el costo de mantenimiento y alimentación; alcanzarán un mejor nivel de confort.
4. Answers may vary: Usará los fotovoltaicos, el sistema geotérmico, el eólico, la recogida de la lluvia, la biomasa, el tratamiento de agua residual, y el compost de los desechos de la cocina.
5. más que una casa normal, pero se recuperará el costo en menos de 10 años.
6. sabrán que están haciendo su parte para conservar el bienestar del planeta.
7. Guadalajara.
8. Answers may vary.

2-21 ¿Y ustedes? Vuelvan a escuchar el anuncio en la actividad **2-20** y expliquen en detalle si les interesa o no el producto.

2-22 Debate: Resoluciones para el futuro. Preparen su posición a favor o en contra de uno de estos temas.

Resolución: Con una población mundial de más de 9 mil millones de personas para el año 2050, todos tendremos que ser vegetarianos.

Resolución: Dejaremos de usar el automóvil en los próximos 25 años.

Resolución: No se permitirá producir artículos que no sean reciclables.

Frases comunicativas

Creo que…	Es cierto que…	Pienso que…

MODELO: *Creo que todos seremos vegetarianos para el año 2050. Primero, no habrá suficiente carne para alimentar a todos y…*

CONÉCTATE

Videoblog   *Proyectos verdes en la capital de México*

Antes de verlo

2-23 Proyectos verdes. Muchas universidades y otras organizaciones promueven proyectos verdes o sostenibles. ¿Qué proyectos ecológicos tiene tu universidad u otra organización en tu comunidad? ¿Cómo participas tú en estos proyectos?

A verlo

2-24 A verlo. En este segmento vas a acompañar a Mauricio a la Ciudad de México. Mientras ves el video, toma nota de los problemas ambientales de la metrópolis y un mínimo de tres proyectos verdes que se han implementado. ¿Cuáles de ellos podrían implementarse en tu comunidad? Explica tu opinión.

Note: Video segment
In this segment Mauricio explores green projects in México, D.F., a teeming metropolis of some 22 million people. At one time, the D.F. was considered one of the most polluted cities in the world. However, with a series of eco projects, the air is clearing and, more importantly, the public is becoming educated on sustainable living. Students will learn about the **ecobici** and other forms of green transportation, **techos verdes** and organic gardens, and how environmental education has been introduced into schools and hospitals.

Suggestion: Video segment
Have students complete **2-23** and view the video outside of class. They should use the *A verlo* activity **2-24** as a guide for taking notes while watching the video, so that in class they can quickly summarize the content before they complete **2-25** in pairs.

Después de verlo

2-25 Un proyecto sostenible. Imagínense que su universidad quiere implementar un proyecto sostenible en el que participen el mayor número de personas posible. Trabajen juntos para decidir cuál será el proyecto, cuáles serán los beneficios del programa, y cómo van a educar a los estudiantes y al personal de la universidad para que colaboren. Pueden incluir algunos de los puntos del video en su presentación al resto de la clase.

Conéctate **83**

Comparaciones

2-26 En tu experiencia. ¿Qué significa para ti la idea de la energía verde? Escribe dos características.

2-27 Energía individualmente renovable. Ahora lee sobre este novedoso proyecto en la capital de México. ¿Crees que es una posible alternativa en tu ciudad? ¿Cuáles son otros beneficios de este tipo de transporte?

ECOBICI, la manera inteligente de moverse

ECOBICI es el nuevo sistema de transporte urbano individual que puedes utilizar como complemento a la red de transporte público de la Ciudad de México. Con él podrás moverte de manera cómoda, divertida y ecológica en viajes cortos. En una ciudad de más de ocho millones de personas, hay 64.000 usuarios todos los días.

Recuerda:

Los usuarios tienen que ser mayores de dieciséis años y contar con tarjeta de crédito y tarjeta de identificación.

- Para utilizar el sistema tienes que activar tu tarjeta de ECOBICI. Ingresa tu nombre de usuario y contraseña, y dentro de la Zona de Usuarios encontrarás la opción para activarla.
- Debes usar casco[1] y ropa de color visible, y manejar con cuidado.
- En caso de accidente debes llamarnos al 5005-BICI(2424) para poder atenderte.

Tarifas

- trayectos ilimitados de 45 minutos durante un año - **$300**[2]
- del minuto 46 al minuto 60 - **$10**
- reposición tarjeta ECOBICI por robo o extravío - **$50**
- por bicicleta no devuelta en 24 horas - **$5.000**

Notas

- El uso de la bicicleta por más de dos horas continuas genera una penalización en el sistema.
- Al acumular tres penalizaciones, el sistema dará de baja[3] la tarjeta del usuario ECOBICI de manera definitiva.

[1]*helmet*   [2]*300 pesos=22.50 USD*   [3]*deactivate*

2-28 En su opinión. ¿Cuáles son los factores a favor o en contra del uso de la bicicleta en los centros urbanos? ¿Viven en una ciudad que apoye el uso de la bicicleta? ¿Qué hacen para acomodarlas? Hace poco una emisora de radio suspendió al comentarista Ángel Verdugo por haber dicho que los conductores de autos deberían "aplastar" a los ciclistas. ¿Cuál es su opinión de tal afirmación?

2-29 A explorar: TuVerde.com. Este sitio da ejemplos de iniciativas para mejorar el medioambiente y la calidad de la vida en varias ciudades latinoamericanas. Busca el sitio en Internet y escribe un párrafo sobre una iniciativa que te interese. Explica qué han hecho y cómo ha mejorado la calidad de la vida.

tuverde iniciativas

Ritmos

Warm-up: *Ritmos*
Have students discuss the kinds of music and rhythms they enjoy. Give them a list including **rapeo, rock, hip hop, pop, reggae, tango, flamenco...** When they listen to the song, ask them to identify the rhythms they hear.

LatinoAmérica (Calle 13, Puerto Rico)

Calle 13 es un grupo de estilo musical ecléctico de Puerto Rico. Los miembros son los hermanastros René Pérez Joglar (cantante principal y cantautor) y Eduardo José Cabra Martínez (instrumentalista y cantante). Su hermana Iliana también los acompaña como vocalista. En el 2011, su álbum, *Entren los que quieran*, ganó ocho premios Grammy Latino, más que cualquier otro álbum en la historia de los premios. La canción *Latinoamérica* recibió el premio "Disco del año". Terminaron el año con 19 premios en total, más que cualquier otro grupo latino.

Antes de escuchar

2-30 El amor por su patria. Esta canción acentúa el amor que tienen los cantautores por la patria grande, Latinoamérica. Expresan este amor por los elementos que uno no puede comprar, es decir, que son parte del patrimonio universal. Escribe una lista de cinco o más cosas o lugares que admires de tu patria y que no se puedan comprar.

> MODELO: *Admiro y amo las calles del Viejo San Juan, el corazón de mi patria.*

A escuchar

2-31 Un banquete visual. El video de esta canción acompaña la letra y la música con vistas impresionantes de Latinoamérica. Al verlo, describe las escenas que más te llamen la atención. ¿En estas escenas, se representan algunos de los elementos que apuntaste en la actividad **2-30**?

BUSCA www

calle 13 latinoamérica video; calle 13 latinoamérica letra

Después de escuchar

2-32 El güiro y el cuatro. Estos son dos instrumentos musicales populares en la música puertorriqueña. Busca más información en Internet sobre ellos, y explica su origen y cómo son. ¿Cuál(es) pudiste ver en el video?

BUSCA www

güiro puertorriqueño; cuatro puertorriqueño

SEGUNDA PARTE

¡Así es la vida!

El desarrollo sostenible

Follow up: *¡Así es la vida!*
Have students follow up with 2-33.

Según la Comisión del Desarrollo y del Medio Ambiente, **el desarrollo sostenible** implica cumplir con las necesidades de las generaciones presentes sin comprometer las oportunidades para satisfacer las necesidades del futuro. Inicialmente se dividía en tres pilares: el económico, el social y el ecológico. El fondo cultural se agregó después, y es el pilar fundamental, el que gobierna los otros tres.

A continuación hay algunos aspectos del desarrollo sostenible importantes para preservar el medioambiente mientras que promueven el bienestar de la sociedad. Pon en orden de 1 a 10 la importancia de estos aspectos para ti personalmente, y para los países en vías de desarrollo.

EN ORDEN DE IMPORTANCIA (ALTA: 1—BAJA: 10)	PARA MÍ	PARA LOS PAÍSES EN VÍAS DE DESARROLLO
• la comida saludable		
• la ropa adecuada y económica		
• una vivienda apropiada		
• el agua potable		
• las condiciones seguras de trabajo		
• un nivel de vida adecuado		
• la alta calidad del medioambiente		
• el acceso a medios rápidos de comunicación		
• la conservación del patrimonio cultural		
• el acceso a la educación		

Vocabulario básico

el acceso
agregar
la conservación
la enfermedad
el resultado

Assessment: Vocabulario clave
Ask students: ¿Qué consideras una comida saludable? ¿Cómo describes una vivienda apropiada? ¿Qué son condiciones de trabajo seguras para ti? ¿Por qué hay más enfermedades si el agua no es potable? ¿Qué condiciones de trabajo piensas que hay en los países en vías de desarrollo?

Vocabulario clave: Actividades para un futuro sostenible

Verbos

aportar	*to contribute, to provide*
avanzar	*to advance, to further*
comprometer	*to compromise*
cumplir (con)	*to fulfill, to satisfy*
dañar	*to damage*
desarrollar	*to develop*
fomentar	*to promote, to further*
mejorar	*to improve*
predecir (i)*	*to predict*
preservar	*to protect, to preserve*
proponer†	*to propose*

*like *decir*
†like *poner*

Sustantivos

el fondo	*background, essence*
la vivienda	*housing*

Adjetivos

beneficioso/a	*beneficial*
en vías de desarrollo	*developing*
factible	*feasible*
grave	*serious*
nutritivo/a	*nutritious*
saludable	*healthy*
seguro/a	*secure, safe*

Ampliación

Verbos	**Sustantivos**	**Adjetivos**
agravar	la gravedad	grave
avanzar	el avance	avanzado/a
dañar	el daño	dañado/a

¡Cuidado!

Calidad/cualidad

Calidad and **cualidad** are both cognates of the English word *quality*, but have different meanings:

- **calidad:** *quality,* as in a measure of worth.

Todo depende de la **calidad** de los materiales.

Everything depends on the quality of the materials.

- **cualidad:** *quality,* as in a characteristic of a person or thing.

Su dedicación es la **cualidad** que más admiro en él.

His dedication is the quality I most admire in him.

Aplicación

Suggestion: 2-34
Discuss students' answers. You may take a poll and have students select the project they think is the most interesting.

 2-33 Encuesta: El desarrollo sostenible. Comparen sus respuestas a la encuesta en *¡Así es la vida!* y conversen sobre ellas. Expliquen por qué están de acuerdo o no están de acuerdo con las afirmaciones.

 2-34 La calidad de vida. Completa cada oración con la forma correcta del presente o del infinitivo de un verbo lógico de la lista.

MODELO: Los científicos creen que pueden *aumentar* el número y calidad de plantas nutritivas por medio de la ingeniería genética.

agravar	cumplir	fomentar	preservar
avanzar	dañar	predecir	proponer

1. Es importante ____cumplir____ nuestras obligaciones con las generaciones futuras, no solo la presente.
2. Los científicos ____predicen____ que podrán eliminar el hambre para el 2030.
3. Es complicado ____avanzar____ los proyectos sostenibles si la gente no entiende sus metas.
4. El gobierno ___fomenta/propone___ proyectos de la energía renovable y la construcción sostenible.
5. A veces el desarrollo industrial ___agrava/daña___ el medioambiente.
6. Es difícil ____preservar____ el medioambiente en zonas donde hay mucha pobreza.
7. Algunas veces, el desarrollo económico puede ___dañar/agravar___ el medioambiente.
8. Por eso, algunos activistas ____proponen____ leyes para proteger el medioambiente.

 **2-35 Algunos proyectos sostenibles.** A continuación tienen algunos proyectos que varias organizaciones sin fines de lucro, junto con organizaciones locales, han llevado a cabo en comunidades latinoamericanas. Expliquen en qué pilar(es) del desarrollo sostenible (el económico, el social o el ecológico) cabe cada uno, y por qué. En su opinión, ¿cuáles les parecen más factibles para la comunidad y por qué?

Un solo panel solar genera suficiente electricidad para conectar un pueblo en los Andes bolivianos con el resto del mundo por medio de un radio.

- En Ecuador, expandir y mejorar el cultivo del cacao.

- En El Salvador, financiar la reforestación para plantar diez mil árboles jóvenes.

- En Colombia, realizar un mapeo por GIS para identificar las pequeñas poblaciones en una zona montañosa.

- En Bolivia, establecer y ayudar en el cultivo de huertos pequeños para suplementar una dieta que depende casi exclusivamente de la papa.

- En Chile, fomentar microempresas para mujeres para fabricar y comercializar artesanías locales.

- En una zona montañosa de Honduras donde no hay escuelas secundarias, darles becas a algunos jóvenes para que vayan a vivir en un pueblo donde puedan continuar su educación.

- En Perú, fomentar el cultivo de abejas y la producción de miel.

 2-36 Conexiones: ¿Un futuro sostenible? ¿Quiénes tienen la responsabilidad de asegurar un futuro sostenible para las próximas generaciones? Den por lo menos un ejemplo de las responsabilidades de las siguientes entidades y personas.

- el gobierno federal, estatal y local
- las organizaciones no gubernamentales como Paz Verde
- las organizaciones internacionales como la ONU
- las grandes empresas como las petroleras
- cada uno de nosotros

 2-37 De nuevo: Un día todo cambió (*Preterit/imperfect*). Imagínate que eres un animal de la selva y que un día todo cambió cuando llegaron los seres humanos. Utiliza el pretérito y el imperfecto para narrar cómo era el lugar, quiénes llegaron, qué hicieron, con qué experimentaron o qué construyeron, cómo afectaron sus acciones tu hábitat y qué tuvieron que hacer tus compañeros y tú para sobrevivir.

MODELO: *Nosotras las ranas, vivíamos en los árboles de la selva de Costa Rica, un lugar donde los únicos sonidos eran de los pájaros y los jaguares. Pero un día llegaron los humanos…, etc.*

Reto: Sé lo más original posible. Usa muchas palabras de la *Primera* y la *Segunda parte* de *¡Así lo decimos!*

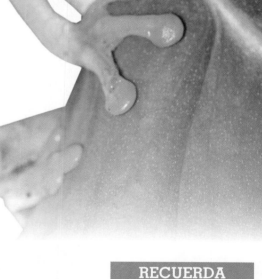

RECUERDA

Para escribir tu historia necesitas consultar la sección de los usos del pretérito y el imperfecto (*Capítulo 1*).

02-33 to 02-38

3. The subjunctive in noun clauses

The subjunctive occurs in a dependent or subordinate clause (one that cannot stand by itself) when the main clause expresses wishes, preferences, recommendations, emotions or feelings, doubt or denial. The dependent clause is usually introduced by **que.**

Main (independent) clause subject + verb		Subordinate (dependent) clause different subject + verb
Necesito Es importante	**+ que**	me **traigas** el análisis del cambio climático.

Me sorprende que las ranas tengan cinco patas.

Temo que sea el resultado de la contaminación.

The present subjunctive of most verbs

- The present subjunctive is based on the first-person singular (**yo**) form of the present indicative: drop the **-o** and add the appropriate subjunctive endings. Most verbs that have an irregular **yo** form in the present indicative use the irregular **yo** form to form the subjunctive.

¡OJO!

-ar verbs have an **e** with the present subjunctive endings, while **-er** and **-ir** verbs have an **a.** Some people find it helpful to think in terms of "opposite vowel," with **a** being the opposite of **e** and **i.**

	HABLAR	COMER	VIVIR	PENSAR	DECIR
yo	habl**e**	com**a**	viv**a**	piens**e**	dig**a**
tú	habl**es**	com**as**	viv**as**	piens**es**	dig**as**
Ud., él, ella	habl**e**	com**a**	viv**a**	piens**e**	dig**a**
nosotros/as	habl**emos**	com**amos**	viv**amos**	pens**emos**	dig**amos**
vosotros/as	habl**éis**	com**áis**	viv**áis**	pens**éis**	dig**áis**
Uds., ellos, ellas	habl**en**	com**an**	viv**an**	piens**en**	dig**an**

¡OJO!

Just like in the indicative, **-ar** and **-er** stem-changing verbs change in all forms except **nosotros** and **vosotros.**

encontrar → enc**ue**ntre, enc**ue**ntres, enc**ue**ntre, encontremos, encontréis, enc**ue**ntren

querer → qu**ie**ra, qu**ie**ras, qu**ie**ra, queramos, queráis, qu**ie**ran

- For **-ir** stem-changing verbs, the unstressed e changes to **i**, and the unstressed o changes to **u** in the **nosotros** and **vosotros** subjunctive forms.

Note: Formation of present subjunctive
The six truly irregular forms are those verbs with **-oy** in the **yo** form, as well as the verbs **haber** and **saber**. Point out that **dé** requires an accent to distinguish it from the preposition **de**.

sentir	→	sienta, sientas, sienta, sintamos, sintáis, sientan
dormir	→	duerma, duermas, duerma, durmamos, durmáis, duerman

¡OJO!

Just as in the preterit, verbs whose infinitives end in **-car, -gar,** and **-zar** have spelling changes in the present subjunctive in order to maintain the original pronunciation.

-car:	c → **qu**	buscar →	bus**que**, bus**que**s, bus**que**, bus**que**mos, etc.
-gar:	g → **gu**	llegar →	lle**gue**, lle**gue**s, etc.
-zar:	z → **c**	empezar →	empie**ce**, empie**ce**s, etc.

Verbs with irregular present subjunctive forms

- Six verbs have irregular present subjunctive forms:

dar	dé, des, dé, demos, deis, den
estar	esté, estés, esté, estemos, estéis, estén
haber	haya
ir	vaya, vayas, vaya, vayamos, vayáis, vayan
saber	sepa, sepas, sepa, sepamos, sepáis, sepan
ser	sea, seas, sea, seamos, seáis, sean

Insisto en que destruyas los clones.

Es cierto que son idénticos.

Subjunctive vs. indicative in noun clauses

- Here are some common expressions in a main clause that can trigger the subjunctive in a subordinate noun clause.

Note: haber
Other forms of **haber** will be presented with the present perfect subjunctive

Note: Decir + subjunctive
Remind students that **decir que** triggers the subjunctive when used as a command, rather than a report: *Ella le dice que él se vaya* (command), as opposed to *Ella dice que él se va* (report).

VERBS AND EXPRESSIONS OF WILL AND INFLUENCE		
decir	mandar	proponer
desear (es deseable)	ojalá*	prevenir
esperar	permitir	querer
importar (es importante)	preferir (es preferible)	recomendar (es recomendable)
insistir en	es preciso	es urgente
necesitar (es necesario)	prohibir (es prohibido)	vale la pena

Ojalá from the Arabic *law šá lláh* denotes the strong desire, "May God will it" and is always followed by the subjunctive. In the present, this is usually translated as "I hope."

Comprehension Assessment: The present subjunctive forms
Have students form two teams and take turns challenging each other to conjugate a verb in the subjunctive and then use it in a meaningful sentence. Have two students keep score and write the sentences on the board.

Comprehension Assessment: The subjunctive
Have students write 5 things that they want politicians to do to promote a better environment. Ex. *Quiero que mi representante presente una ley en el Congreso para el reciclaje de los desechos. Prefiero que mi senador no salga electo si no... , etc.*

VERBS AND EXPRESSIONS OF EMOTION		
alegrarse de	es increíble	es mejor/peor
es bueno/malo	interesar (es interesante)	sentir
es crucial	lamentar	temer
es fácil/difícil	es una lástima	tener miedo

Me alegro de que el gobierno fomente el desarrollo sostenible.

I'm glad the government encourages sustainable development.

Sentimos que no haya agua potable.

We regret that there is no potable water.

¡OJO!

With verbs of influence and emotion, the subject of a subordinate noun clause must be different from the subject of the main clause. If there is only one subject, use an infinitive rather than a subordinate clause.

Es crucial que todos protejamos el medioambiente.	*It is crucial that we all protect the environment.*
Es crucial proteger el medioambiente.	*It is crucial to protect the environment.*

Dudo que llueva hoy. Creo que es por el cambio climático.

Note: Quizá(s) and tal vez
When the expression follows the verb, the indicative is used:

Viene José, quizás.   *José will come, perhaps.*

Note: Expressions of certainty or conviction
When an expression of certainty or conviction is negated in the main clause, the subjunctive typically follows in the subordinate clause. Conversely, a speaker may negate an expression of doubt or denial in the main clause to convey certainty or conviction, and use the indicative in the subordinate clause. However, the choice of subjunctive or indicative can also convey intent on the part of the speaker. In the example, *Como ecologista, no niego que las compañías petroleras hagan todo lo posible para proteger la vida marítima*, the ecologist is not denying that the oil companies take steps to protect marine life, nor is he/she confirming it. You may wish to further illustrate this point with the following example: A young man and his mother are talking about her meeting his fiancée for the first time: —Mamá, Viviana es muy simpática; no dudo que te va a caer bien. —Hijo, no dudo que sea simpática, pero quiero conocerla yo misma.

VERBS AND EXPRESSIONS OF DOUBT, DENIAL AND POSSIBILITY		
no creer	es (im)posible	no estar seguro
no es cierto	es (im)probable	quizá(s)
dudar	es increíble	tal vez
es dudoso	es lógico	negar (ie)

No creo que la planta **purifique** el agua.	*I don't believe that the plant purifies the water.*
Algunos **niegan** que haya lluvia ácida en Costa Rica.	*Some deny there is acid rain in Costa Rica.*
Tal vez sepan la verdad.	*Perhaps they know the truth*

¡OJO!

Unlike with verbs of influence and emotion, the subject of a subordinate noun clause does not have to be different from the subject of the main clause.

Dudas que puedas influenciar un cambio.	*You doubt you can influence a change.*
No creo que tenga toda la información.	*I don't believe I have all the information.*

- When there is no doubt about an action or event, use the indicative in the noun clause to convey certainty or conviction. Expressions of certainty or conviction in the main clause may be **estar seguro, creer, pensar, es evidente, no dudar, es cierto, es verdad, saber,** etc.

Sabemos que **construyen** una casa verde.	*We know (that) they are building a green house.*
Es verdad que el gobierno **fomenta** los recursos renovables.	*It's true (that) the government encourages renewable resources.*

2-38 ¿Desarrollo económico o derechos indígenas?   Lee el artículo sobre un conflicto que tiene lugar en Panamá y subraya los verbos en el subjuntivo. Explica por qué se usa el subjuntivo en cada caso.

Los avances tecnológicos no siempre coinciden con los intereses del pueblo indígena. Tal es el caso en Panamá donde el gobierno fomenta que las industrias realicen importantes proyectos de minería e hidroelectricidad en tierras de tribus originarias de la zona. Sin embargo, un representante de la Organización de las Naciones Unidas (ONU) insiste en que todos los grupos interesados (el gobierno, las industrias y las tribus) se reúnan para acabar con las tensiones y la violencia que ha salido de las protestas. James Anaya de la ONU afirma que es urgente que inicien el proceso para encontrar una solución pacífica aceptable a todos. En las últimas semanas miembros de la tribu ngäbe-buglé ocupan partes de la carretera Panamericana para protestar que el gobierno apoye actividades mineras e hidroeléctricas en sus tierras. Es lamentable que la protesta termine en la muerte de uno y en la detención de muchos más. El señor Anaya insiste en que el gobierno haga lo necesario para garantizar la seguridad de los participantes en la protesta. Dice que los proyectos que explotan los recursos naturales en las tierras de los indígenas representan un abuso de sus derechos. Mientras tanto, las tribus emberá y wounaan también denuncian que el gobierno no respete sus derechos a las tierras indígenas y prometen unirse a la protesta.

Los indígenas emberá de Panamá valoran los recursos naturales de sus tierras.

2-39 Equilibrio ecológico.   Túrnense para contestar las siguientes preguntas que tratan del conflicto entre las tribus indígenas de Panamá, el gobierno y la industria. ¿Qué desea el representante de la ONU? ¿Por qué es importante tener en cuenta la cultura de las tribus indígenas? ¿Por qué es importante explotar los recursos naturales? ¿Cómo creen que pueden resolver el conflicto?

2-40 A explorar: Los kuna de Centroamérica.   La cultura kuna de Centroamérica prospera hoy en día a pesar del desarrollo industrial en su entorno. Busca información en Internet para ver fotos y aprender más sobre su modo de vida, su cultura y su economía. Escribe un párrafo sobre el grupo e incluye una foto que te interese.

BUSCA www

kuna cultura; kuna foto

Las molas de los kuna representan elementos de la naturaleza importantes a su cultura.

2-41 El cultivo del café de comercio justo (*fair trade*). A continuación vas a escuchar los beneficios del café de comercio justo. Completa las oraciones a continuación con la letra de la expresión más lógica para cada una.

1. Es evidente que en este país somos muy __b__ del café.
2. La producción del café usa mucha labor __a__.
3. Los trabajadores suelen __e__ muy poco.
4. Los __f__ de las pequeñas fincas tampoco ganan mucho.
5. El movimiento de __c__ intenta garantizar un precio equitativo por el café.
6. El método de __d__ bajo sombra (*shade grown*) beneficia la tierra.
7. El café cultivado bajo sombra no necesita usar __h__.
8. El café __g__ es mejor para el planeta.

a. a mano
b. amantes
c. comercio justo
d. cultivo
e. ganar
f. productores
g. orgánico
h. pesticidas

2-42 Deseos por un mundo más sostenible. Elige una frase lógica para completar cada oración. Usa el indicativo o el subjuntivo del verbo en la cláusula subordinada, según necesario.

1. Los productores esperan que… / nosotros _tomamos/tomemos_ (tomar) un cafecito esta tarde.
2. Los consumidores prefieren que… / los productores _adoptan/adopten_ (adoptar) métodos verdes para el cultivo del café.
3. Tal vez… / el café cultivado bajo sombra _es/sea_ (ser) superior que el cultivado al sol.
4. Ojalá que… / el público les _da/dé_ (dar) un buen precio por sus granos de café.
5. El comercio justo fomenta que… / yo _voy/vaya_ (ir) a probar café orgánico.
6. Los ecologistas no dudan que… / mi tienda favorita _vende/venda_ (vender) café orgánico.
7. Es cierto que… / su café _tiene/tenga_ (tener) buen sabor.

Una productora de café cultivado bajo sombra.

2-43 Sus opiniones. Túrnense para crear oraciones originales usando los elementos dados y un complemento. Las oraciones pueden ser afirmativas o negativas, lógicas o absurdas. Reaccionen a las afirmaciones de su compañero/a.

Suggestion 2-43
Remind students that they will use the present subjunctive to express the future in these sentences. (The future subjunctive is not used in contemporary Spanish.)

yo / todos nosotros / tú	esperar	fabricar
el gobierno	dudar	encontrar
las industrias petroleras	negar	mejorar
los productores de café	permitir	preservar
los indígenas	prohibir	dañar
las organizaciones sin fines de lucro	insistir en	traer
Ojalá		disminuir
Es mejor		buscar
Es imposible		

MODELO: E1: *Es mejor que protejamos el medioambiente.*
E2: *Ojalá que las industrias petroleras…*

2-44 Para el año 2050. Den su opinión y hagan comentarios sobre las siguientes predicciones sobre la sostenibilidad del planeta. Utilicen algunas de estas expresiones para indicar incertidumbre y añadan otros comentarios.

Dudo que…	Insisto en que…	No es cierto que…
Es importante que…	Niego que…	Prefiero que…
Es sorprendente que…	No creo que…	Temo que…

MODELO: Según las predicciones, para el año 2050 desaparecerá todo el coral del Caribe. *Sin embargo, yo no creo que desaparezca totalmente porque hay campañas para protegerlo…*

1. La población mundial sobrepasará 9 mil millones de personas. *sobrepase*
2. Más del 60 por ciento de la población mundial vivirá en Asia y África. *viva*
3. Habrá más competición por la comida, la tierra, el agua y la energía. *haya*
4. La manipulación genética de las plantas y los animales ayudará a eliminar el hambre del mundo. *ayude*
5. La industria pesquera (*fishing*) estará controlada artificialmente. *esté*
6. La dieta dependerá mayormente de las proteínas vegetales, no animales. *dependa*
7. El cambio climático pondrá en peligro las ciudades costeras. *ponga*
8. Será más importante que nunca usar métodos de producción sostenibles. *sea*

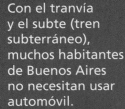

Con el tranvía y el subte (tren subterráneo), muchos habitantes de Buenos Aires no necesitan usar automóvil.

2-45 ¿Qué esperan? A veces no deseamos las mismas cosas que nuestros padres o amigos. Comenten qué esperan ustedes y qué desean sus padres y sus amigos que ustedes hagan. Usen el subjuntivo.

MODELO: *Espero viajar y conocer el mundo. Mis padres desean que (yo) tenga éxito en los estudios, que me gradúe a tiempo y que haga un posgrado. Mis compañeros esperan que yo salga con ellos todas las noches y que lo pasemos bien.*

2-46 En mi opinión… Hagan una lista de seis o más predicciones y opiniones que tengan para los próximos cincuenta años y luego comparen sus listas. ¿Tienen algunas predicciones en común? ¿En cuáles difieren de opinión? Usen frases de la lista u otras para presentar sus opiniones.

alegrarse	desear	(no) estar seguro/a	es mejor
considerar	(no) dudar	gustar	opinar
(no) creer	es escandaloso	es lógico	sugerir

MODELO: *Para conservar energía creo que en cincuenta años no vamos a tener nuestro propio carro, sino que vamos a usar transporte público y caminar a todas partes. Es lógico que hagamos lo posible para proteger el planeta.*

2-47 Una carta al director del periódico. Escribe una carta al director del periódico en la que expreses tu opinión sobre uno de los siguientes titulares. Ten cuidado al usar el indicativo y el subjuntivo cuando expreses tu opinión.

«Muchos protestan por la construcción de una presa hidroeléctrica en la Patagonia»

«Científicos predicen el agotamiento del petróleo para el 2050»

«El gobierno local dona semillas y pequeños terrenos para el cultivo de verduras»

«Investigadores proponen usar el alga verde para suplementar la dieta»

 2-48 Debate: Un futuro sostenible. Preparen su posición a favor o en contra de uno de estos temas.

Resolución: Es importante que preservemos los recursos naturales para las futuras generaciones.

Resolución: Hay que subir los impuestos de la gasolina y de los carros grandes para financiar un transporte público rápido, accesible y económico.

Alternate debate theme
Resolución: Se etiquetarán todos los comestibles que hayan sido manipulados genéticamente.

MODELO: *Es cierto que la vida marina está en peligro por el exceso de pesca. Por eso, es crucial que controlemos la industria pesquera para no agotar su viabilidad en el futuro…*

¡ASÍ LO EXPRESAMOS!

02-39 to 02-40 Imágenes

Mar, 2010 (Alejandro Durán, 19—, México, EE. UU.)

Alejandro Durán es fotógrafo, cineasta y poeta, nacido en México y residente de Nueva York. Su obra fotográfica se ha centrado en la naturaleza, incluyendo una serie que salió de sus viajes a lo largo de Latinoamérica. El proyecto *Washed up* es una colección de fotos de la basura que encontró por la costa de Sian Ka'an, México, una reserva ecológica protegida y designada Patrimonio de la Humanidad por la Unesco.

Perspectivas e impresiones

2-49 Su interpretación. Primero identifiquen algunos de los objetos que el fotógrafo encontró en esta playa. Luego, hablen de sus impresiones y el mensaje de la foto. En su opinión, ¿cuáles son las causas de esa situación? ¿Qué relación hay entre el tema de la obra y la actitud de una sociedad que tira todo a la basura (*throw-away society*)?

2-50 A explorar: *Washed up*. Visita Internet para ver otras fotos de esta colección de Alejandro Durán. Describe una y comenta el tema y tu opinión sobre ella. Comparte tu información con el resto de la clase.

BUSCA www ⬇

alejandro durán washed up

Mar, 2010

2-51 Los pasos de la contaminación. Ilustren cada uno de ustedes el orden de factores que han contribuido a la contaminación en la sociedad por medio de un esquema (*outline*) o dibujo. Después, explíquenle su visión particular al resto del grupo.

> MODELO: *el petróleo → el motor →*
> *la industrialización → …*

Páginas

02-41 to 02-42

Marco Denevi (1922–1998, Argentina)

Marco Denevi nació en Buenos Aires, Argentina. Tiene fama por sus excelentes cuentos, siempre con un estilo juguetón, ingenioso e irónico, y por sus temas fantásticos y universales. Su originalidad y su extraordinario dominio del lenguaje le han otorgado un lugar importante en las letras hispanas.

Warm-up: *Páginas*
¿Cómo imaginas el fin del mundo? ¿Cómo imaginas el génesis o el comienzo de la humanidad después de un desastre ecológico?

Antes de leer

2-52 Estrategias para la lectura.   Varios elementos de una lectura pueden facilitar tu comprensión: las imágenes, el género, el primer párrafo y, sobre todo, el título, que es la portada (*doorway*) de la lectura. Apunta todo lo que el título de cada fragmento te sugiera. Piensa en su uso histórico y en su sentido metafórico, y luego haz una predicción sobre el contenido de estas dos piezas. Averigua al leer si tus predicciones son acertadas (*true*).

A leer

GÉNESIS

    Con la última guerra atómica, la humanidad y la civilización desaparecen. Toda la tierra es como un desierto calcinado°. En cierta región de oriente sobrevive un niño, hijo del piloto de una nave espacial. El niño come hierbas y duerme en una caverna.

5 Durante mucho tiempo, aturdido° por el horror del desastre, solo sabe llorar y llamar a su padre. Después, sus recuerdos oscurecen, se vuelven arbitrarios y cambiantes como un sueño, su horror se transforma en un vago miedo. A veces recuerda la figura de su padre, que le sonríe o lo amonesta° o asciende a su nave espacial, envuelta en fuego y en ruido, y se pierde entre las nubes. Entonces, loco de soledad, cae de rodillas y le ruega° que vuelva. Mientras tanto, la tierra se cubre nuevamente de

10 vegetación; las plantas se llenan de flores; los árboles, de fruto. El niño, convertido en un muchacho, comienza a explorar el país. Un día ve un pájaro. Otro día ve un lobo. Otro día, inesperadamente, encuentra a una joven de su edad que, lo mismo que él, ha sobrevivido los horrores de la guerra atómica.

    —¿Cómo te llamas? —le pregunta.

15   —Eva —contesta la joven.

    —¿Y tú? —Adán.

*Adaptado

Glosses:
- quemado
- confundido
- admonishes
- begs

ghostly picture	El fin de la humanidad no será esa fantasmagoría° ideada por
el Apocalipsis de San Juan de la Biblia	San Juan en Patmos°. Ni ángeles con trompetas, ni monstruos,
	ni batallas en el cielo y en la tierra. El fin de la humanidad será
pathos	lento, gradual, sin ruido, sin patetismo°: una agonía progresiva.
will annihilate 5	Los hombres se extinguirán uno a uno. Los aniquilarán° las
	cosas, la rebelión de las cosas, la resistencia, la desobediencia de
evict	las cosas. Las cosas, después de desalojar° a los animales y a las
	plantas e instalarse en todos los sitios y ocupar todo el espacio
	disponible, comenzarán a mostrarse arrogantes, despóticas,
unstable / whimsical 10	volubles°, de humor caprichoso°. Su funcionamiento no se
	ajustará a las instrucciones de los manuales. Modificarán por sí
se… *quieran*	solas sus mecanismos. Luego funcionarán cuando se les antoje°.
	Por último se insubordinarán, se declararán en franca rebeldía,
se… *will go wild /* harán… *no seguirán*	se desmandarán°, harán caso omiso de° las órdenes del hombre.
add / subtract 15	El hombre querrá que una máquina sume°, y la máquina restará°.
	El hombre intentará poner en marcha un motor, y el motor se
	negará. Operaciones simples y cotidianas° como encender la
daily	televisión o conducir un automóvil se convertirán en maniobras
	complicadísimas, costosas, plagadas° de sorpresas y de riesgos.
full	Y no sólo las máquinas y los motores se amotinarán°: también
se… *will riot* 20	los simples objetos. El hombre no podrá sostener ningún objeto
	entre las manos porque se le escapará, se le caerá al suelo, se
	esconderá en un rincón donde nunca lo encuentre. Las
locks / will get stuck	cerraduras° se trabarán°. Los cajones se aferrarán a los montantes°
Los… *the drawers will grab their frames and* 25	y nadie logrará abrirlos. Modestas tijeras° mantendrán el pico
stick tight / Modestas… *Humble scissors /*	tenazmente apretado°. Y los cuchillos y tenedores, en lugar de
tenaciously tight	cortar la comida, cortarán los dedos que los manejen.
	No hablemos de los relojes: señalarán cualquier hora. No hablemos
	de los grandes aparatos electrónicos: provocarán catástrofes.
scalpel / slide 30	Pero hasta el bisturí° se deslizará°, sin que los cirujanos puedan
	impedirlo, hacia cualquier parte, y el enfermo morirá con sus
torn / will languish	órganos desgarrados°. La humanidad languidecerá° entre las
lucha	cosas hostiles, indóciles, subversivas. El constante forcejeo° con
wearing out	las cosas irá minando° sus fuerzas. Y el exterminio de la raza de
will result 35	los hombres sobrevendrá° a consecuencia del triunfo de las
	cosas. Cuando el último hombre desaparezca, las cosas frías,
polished	bruñidas°, relucientes, duras, metálicas, sordas, mudas, insensibles,
	seguirán brillando a la luz del sol, a la luz de la luna, por toda la
	eternidad.

*Adaptado

2-53 ¿Es Génesis o Apocalipsis? Indica si estas oraciones describen *Génesis* (**G**) o *Apocalipsis* (**A**).

1. _G_ Hay una guerra.

2. _G_ La niña se llama Eva.

3. _A_ Las cosas dominan a los animales y las plantas.

4. _G_ El niño está desesperado.

5. _A_ El hombre es víctima de la tecnología.

6. _G_ Hay una nave espacial.

7. _G_ La tierra vuelve a ponerse verde.

8. _A_ La eternidad brilla fríamente.

2-54 ¿Cómo lo interpretas? Contesta las preguntas sobre los cuentos según el propio texto o con tu interpretación personal.

1. En *Génesis*, ¿qué simboliza la nave espacial? ¿Encuentras otros símbolos o metáforas en este relato? ¿Cuáles son?

2. En *Apocalipsis*, ¿cómo termina el mundo? ¿Cómo se diferencia este fin del que se describe en la *Biblia*?

3. ¿Qué o quién sobrevive la destrucción del mundo?

4. ¿Qué simbolizan para ti estas cosas?

5. En tu opinión, ¿qué vino antes: el génesis o el apocalipsis? Explica.

2-55 El peligro de nuestras creaciones. En *Apocalipsis* los objetos creados por el hombre se vuelven animados y controlan a sus creadores. Piensen en escenarios fantásticos para ilustrar esta pesadilla (*nightmare*).

MODELO: *Mi reloj me controla. No puedo resistir el sonido de su timbre por la mañana. Me obliga a levantarme y me apresura para salir para las clases. Obedezco el tic tac de su marcha, sea lenta o sea rápida. No puedo escaparme de su influencia.*

2-56 Génesis ecológico. Muchos proyectos de regeneración urbana nacen del deseo de mejorar el nivel de vida y el atractivo turístico de un lugar. Al abrir el capítulo, viste el ejemplo de Madrid Río. Otro ejemplo impresionante es la ciudad de Bilbao, España. Busca fotos de Bilbao en Internet. Usa cinco de las expresiones a continuación para comentar lo que veas y los posibles efectos económicos, sociales y políticos de tal transformación.

Dudo que…	Me sorprende que…	Tal vez…
Es fascinante que…	Niego que…	Vale la pena que…
Es posible que…	Ojalá que…	Recomiendo que…

MODELO: *Me impresiona que la ciudad de Bilbao tenga tanto espacio verde…*

bilbao fotos

02-43

Taller

Expresa tu opinión

En cualquier periódico encontrarás editoriales y cartas al director donde la gente expresa su opinión con el propósito de influir en los demás. Muchas veces los temas son algo controversiales.

Antes de escribir

Idear. Piensa en algo que consideres un problema para ti y para la sociedad en que vives.

Completar. Completa esta oración en español.

Yo creo firmemente que…

> MODELO: *Yo creo firmemente que tenemos que mantener las zonas verdes, los bosques y las selvas de nuestro mundo.*

A escribir

Abrir el tema. Usando tu opinión como base, escribe una oración para plantear el problema y para atraer el interés del lector.

> MODELO: *Para el año 2025, vamos a perder un 25 por ciento de la selva amazónica por la tala (cutting) de árboles y la construcción de carreteras. Esto no es desarrollo sostenible, sino destrucción de un ecosistema único en nuestro mundo.*

Explicar y respaldar (*support*). Escribe cinco o seis oraciones para explicar por qué esto es un problema. Incluye razones específicas.

Sugerir. Escribe cinco o más recomendaciones para explicar qué hay que hacer para solucionar el problema.

Resumir. Escribe tres o cuatro oraciones para resumir el problema y su solución.

Concluir. Escribe una oración para convencer al público de la crisis y concluir tu ensayo.

Después de escribir

Revisar la comunicación. Vuelve a leer tu composición. ¿Son lógicas tus opiniones?

Revisar la gramática y el vocabulario.

☐ ¿Has incluido una variedad de vocabulario?

☐ ¿Has incluido algunas acciones usando el futuro?

☐ ¿Has usado bien el subjuntivo y el indicativo?

☐ ¿Has verificado la concordancia y la ortografía?

Intercambiar. Intercambia tu trabajo con el de un/a compañero/a. Mientras lees la composición de tu compañero/a, comenta sobre el contenido, la estructura y la gramática. ¿Ha seguido bien los procesos de la escritura? Incluye una evaluación de la comunicación y otra de la mecánica.

Entregar. Incorpora las sugerencias de tu compañero/a y pon tu ensayo en limpio. Luego, entrégaselo a tu profesor/a.

El parque nacional Tayrona en Colombia hospeda un rico ecosistema tropical.

Vocabulario

Primera parte

Segunda parte

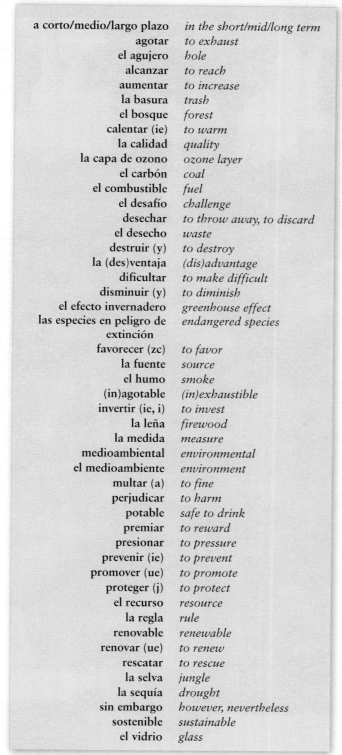

a corto/medio/largo plazo	*in the short/mid/long term*
agotar	*to exhaust*
el agujero	*hole*
alcanzar	*to reach*
aumentar	*to increase*
la basura	*trash*
el bosque	*forest*
calentar (ie)	*to warm*
la calidad	*quality*
la capa de ozono	*ozone layer*
el carbón	*coal*
el combustible	*fuel*
el desafío	*challenge*
desechar	*to throw away, to discard*
el desecho	*waste*
destruir (y)	*to destroy*
la (des)ventaja	*(dis)advantage*
dificultar	*to make difficult*
disminuir (y)	*to diminish*
el efecto invernadero	*greenhouse effect*
las especies en peligro de extinción	*endangered species*
favorecer (zc)	*to favor*
la fuente	*source*
el humo	*smoke*
(in)agotable	*(in)exhaustible*
invertir (ie, i)	*to invest*
la leña	*firewood*
la medida	*measure*
medioambiental	*environmental*
el medioambiente	*environment*
multar (a)	*to fine*
perjudicar	*to harm*
potable	*safe to drink*
premiar	*to reward*
presionar	*to pressure*
prevenir (ie)	*to prevent*
promover (ue)	*to promote*
proteger (j)	*to protect*
el recurso	*resource*
la regla	*rule*
renovable	*renewable*
renovar (ue)	*to renew*
rescatar	*to rescue*
la selva	*jungle*
la sequía	*drought*
sin embargo	*however, nevertheless*
sostenible	*sustainable*
el vidrio	*glass*

aportar	*to contribute*
avanzar	*to advance*
beneficioso/a	*beneficial*
comprometer	*to compromise*
cumplir (con)	*to fulfill, to satisfy*
dañar	*to damage*
desarrollar	*to develop*
en vías de desarrollo	*developing*
factible	*feasible*
fomentar	*to promote, to further*
el fondo	*background, essence*
grave	*serious*
mejorar	*to improve*
nutritivo/a	*nutritious*
predecir (i)	*to predict*
preservar	*to protect, to preserve*
proponer	*to propose*
saludable	*healthy*
seguro/a	*secure, safe*
la vivienda	*housing*

¡Cuidado! calidad - cualidad *See page 87.*
Expressions often followed by the subjunctive
See pages 91-92.

¡Cuidado! un poco de - pocos/as - poco/a - pequeño/a *See page 71.*
Frases comunicativas: Creo que…, Es cierto que…, Pienso que… *See page 82.*

3 Por un mundo mejor

El Banco Interamericano de Desarrollo, y la Fundación Pies Descalzos de la artista colombiana Shakira apoyan al gobierno de Haití en la reconstrucción de una histórica escuela pública en Puerto Príncipe.

A empezar

¿Por qué es importante respetar los derechos humanos? ¿Qué organizaciones defienden los derechos de los niños?

Curiosidades

¿Sabes...

cuándo se fundó Amnistía Internacional?

a. 1961
b. 1973
c. 1952

qué país fue el primero en legalizar el matrimonio entre parejas homosexuales?

a. Francia
b. Suiza
c. los Países Bajos (Holanda)

cuándo se celebra el Día Internacional de la Mujer?

a. el 1° de mayo
b. el 7 de julio
c. el 8 de marzo

PROPOS

PRIMERA PARTE

Libertad, igualdad y fraternidad

Los derechos humanos son aquellas libertades y derechos básicos que les garantizan una vida digna a todos. La división original seguía el lema[1] de la revolución francesa: libertad, igualdad y fraternidad.

1ra La libertad. Los derechos civiles y políticos básicos (la libertad de expresión, de prensa, de religión, el sufragio universal, etc.)

2da La igualdad. Los derechos económicos, sociales y culturales básicos (un salario mínimo establecido, elecciones periódicas y honestas, centros culturales para el pueblo, etc.)

3ra La fraternidad. Los derechos que tratan de incentivar el progreso social y elevar el nivel de los pueblos (el avance de las ciencias y la tecnología para alimentar y educar a todos, la calidad del medio ambiente, una vida digna con un futuro mejor para los hijos, etc.)

A continuación leerás una muestra de los derechos que se incluyen en la *Declaración Universal de los Derechos*

Humanos aprobada por la Organización de las Naciones Unidas (ONU). Escoge los cinco más importantes para ti personalmente y los cinco más importantes, en tu opinión, para un país en vías de desarrollo.

	Para ti	País en vías de desarrollo
el trabajo en condiciones equitativas y satisfactorias	☐	☐
los derechos y libertades fundamentales sin distinción de raza, etnia, idioma, posición social o económica	☐	☐
el uso de los avances de las ciencias y de la tecnología para beneficio mundial	☐	☐
la libertad de expresión, la libertad de movimiento y la libertad de religión	☐	☐
la seguridad social y el acceso a los derechos económicos, sociales y culturales	☐	☐
la protección del medioambiente	☐	☐
la preservación del patrimonio común de la humanidad	☐	☐
la formación de sindicatos para la defensa de los trabajadores	☐	☐
un nivel de vida adecuado	☐	☐
el poder obtener asilo político en cualquier país	☐	☐
el libre desarrollo de la personalidad	☐	☐
la vida, la libertad y la seguridad jurídica	☐	☐

[1] motto

Vocabulario básico

el derecho
desarrollar
la libertad
el país en vías de desarrollo
promover (ue)
proteger
la sociedad

Vocabulario clave: Los derechos humanos

Verbos

asegurar(se)	*to assure (to make sure)*
dar por sentado	*to take for granted*
desaparecer (zc)	*to disappear*
disfrutar (de)	*to enjoy*
escoger (j)	*to choose*
exigir (j)	*to demand*
garantizar	*to guarantee*
luchar	*to struggle, to fight*
oprimir	*to oppress*
tomar conciencia	*to become aware*

Sustantivos

el asilo (político)	*(political) asylum*
el bienestar	*well-being*
el desarrollo	*development*
la (des)igualdad	*(in)equality*

el esfuerzo	*effort*
el juicio	*trial*
la meta	*goal*
el nivel de vida	*standard of living*
el patrimonio	*heritage*
la paz	*peace*
el sindicato	*union*
el sufragio universal	*universal suffrage*
el trato	*treatment*
el voluntariado	*volunteering*

Adjetivos

equitativo/a	*fair*
jurídico/a	*judicial*

Otras expresiones

sin fines de lucro	*non-profit*

Ampliación

Verbos	Sustantivos	Adjetivos
desarrollar	el desarrollo	desarrollado/a
garantizar	la garantía	garantizado/a
oprimir	la opresión	oprimido/a
proteger (j)	la protección	protegido/a

Recordamos cuando la policía acordó respetar los derechos civiles de los manifestantes.

¡Cuidado!

recordar/acordarse de/acordar

- While the verbs **recordar** and **acordarse (de)** are synonymous, **acordar** means *to agree.*

- **recordar:** *to remind; to remember*

  Recuerdo cuando Óscar Arias ganó el Premio Nobel.

  I remember when Óscar Arias won the Nobel Prize.

- **acordarse de:** *to remember, recollect*

  Me acuerdo del día que visité la ONU.

  I remember the day I visited the UN.

- **acordar:** *to agree; to resolve by common consent*

  Acordaron no hablar más de sus diferencias políticas.

  They agreed not to talk anymore about their political differences.

3-1 Lo más importante. Comparen sus respuestas a la encuesta en *¡Así es la vida!* ¿Hay una diferencia entre los derechos que ustedes consideren los más importantes personalmente y los más importantes para un país en vías de desarrollo? Expliquen.

3-2 ¿Garantías o protecciones? En la *Declaración Universal de los Derechos Humanos* hay garantías y protecciones. Las garantías son derechos básicos que deben tener todos los seres humanos; las protecciones son estipulaciones que protegen a los seres humanos contra algún tipo de abuso. Aquí tienes algunas de las garantías y las protecciones de la *Declaración Universal de los Derechos Humanos*. Indica si los derechos a continuación son garantías (**G**) o protecciones (**P**) y sigue el modelo para expresar los derechos.

MODELO: **G**: la vida   **P**: los abusos

Suggestion: 3-2
Divide students into two groups, one for **protecciones** and the other for **garantías**. Have students add other **garantías** and **protecciones** to the list. Representatives of each group will share their work with the class.

Se garantiza el derecho a la vida. Se protege contra los abusos.

1. ___G___ la libertad
2. ___G___ un día laboral de ocho horas
3. ___P___ el trato cruel
4. ___G___ la propiedad
5. ___P___ la detención arbitraria
6. ___G___ la presunción de inocencia
7. ___G___ el juicio público
8. ___P___ la intrusión arbitraria en la vida privada
9. ___G___ la libertad de culto (*freedom of religion*)
10. ___G___ la libertad de movimiento

La ciudad de Bogotá subvenciona el arte público que apoya los valores de la *Declaración Universal de los Derechos Humanos*.

3-3 Los derechos humanos. Completa las oraciones con la forma correcta de las expresiones de *¡Así lo decimos!*

1. Es importante no ___dar por sentado___ nuestros derechos civiles.
2. ___Los sindicatos___ negocian contratos para los trabajadores para mejorar las condiciones de trabajo.
3. Las organizaciones ___sin fines de lucro___ trabajan para mejorar el nivel de vida en los países en vías de desarrollo.
4. El gobierno debe garantizar ___el trato___ equitativo de sus ciudadanos, no importa ni su etnia ni su sexo.
5. Muchos estudiantes hacen un proyecto de ___voluntariado___ antes de graduarse.
6. Es común que las víctimas de conflictos armados pidan ___asilo (político)___ en otro país.
7. ___La meta___ de la Cruz Roja es aliviar el sufrimiento de las víctimas de desastres naturales.
8. ___El sufragio universal___ es el derecho a participar en elecciones sin temor a repercusiones políticas o sociales.

3-4 ¿Las damos por sentado? De todas las garantías y protecciones que identificaron en la actividad **3-2,** ¿hay algunas que muchas personas dan por sentado? ¿Cuáles son, en su opinión, y por qué creen ustedes que es natural darlas por sentado?

> MODELO: la educación
> *El derecho a recibir una instrucción básica gratis es importante para poder ganarse la vida y tener una vida feliz. Algunas personas lo dan por sentado porque no lo tienen que pagar. Sin embargo…*

3-5 A explorar: Los dedicados a la paz. A continuación hay algunas organizaciones sin fines de lucro. Busca en Internet más información sobre una de ellas y escribe un párrafo en el que incluyas esta información:

- cuándo se fundó o empezó su misión
- cuál es su meta
- cuál es uno de sus logros más significativos
- qué puedes hacer para apoyar su causa

Unicef
Pies Descalzos
Acción por los Niños
Hábitat para la Humanidad
Amnistía Internacional

La Casa de la Paz
La Fundación Mi Sangre
La Fundación Ricky Martin
La Fundación Milagro
La Cruz Roja

BUSCA www

unicef; pies descalzos, acción por niños, etc.

La organización Médicos Sin Fronteras se fundó en 1971.

Suggestion: 3-5
Ask students to name famous people who have founded or support humanitarian organizations or causes, such as Shakira, Juanes, Carlos Santana, Juan Luis Guerra, Angelina Jolie, Brad Pitt, George Clooney, Oprah Winfrey, Ludicrous, and others. Have students describe what these celebrities have done. You may also want the students to answer the following questions: *¿Crees que una celebridad puede ayudar más que una persona no famosa a crear conciencia sobre una causa determinada? ¿Por qué? ¿De qué otras maneras una persona famosa puede ayudar a resolver o a aliviar una situación precaria en cuanto a los derechos humanos? ¿Es importante su trabajo?*

3-6 La Federación Internacional de la Cruz Roja. La cruz roja, la media luna roja y el cristal rojo son emblemas humanitarios reconocidos oficialmente por casi todos los países del mundo. Expliquen qué simbolizan para ustedes y en qué partes del mundo tienen mucha presencia en estos días.

3-7 Comunidades: Una organización humanitaria. Investiga qué organizaciones humanitarias hay en tu comunidad y cómo sirven a la comunidad hispana o a las comunidades del mundo hispano. ¿Qué tienes que hacer para ser voluntario/a? ¿Cuáles son los recursos que más necesitan? ¿Te gustaría colaborar en un proyecto de voluntariado? Explica.

Voluntarios de todo el mundo donan su tiempo y materiales a Hábitat para la Humanidad.

3-8 De nuevo: Un informe a la Comisión de Derechos Humanos (*Ser, estar,* and *haber*). Imagínate que eres el líder de una de las organizaciones mencionadas en la actividad 3-5. Utilizando oraciones con **ser**, **estar** y **haber**, escribe un informe breve en el que describas los esfuerzos de tu organización para mejorar el bienestar de la gente.

MODELO: *MADRE es una organización que defiende los derechos de la mujer. Desde el 2008 ha estado en Colombia donde hay un conflicto que perjudica el bienestar de muchas personas...*

Reto: Trata de usar los verbos **ser**, **estar** o **haber** en casi todas las oraciones. Usa muchas palabras de *¡Así lo decimos!*

RECUERDA

Consulta el *Capítulo 2* para repasar los usos de **ser, estar** y **haber.**

1. **Nosotros** commands

Nosotros commands express the idea "let's" plus an action. In the affirmative, they can be expressed two ways, using the present subjunctive of the verb, or the phrase **Vamos a +** infinitive.

> **Desarrollemos** un programa de auto ayuda.
>
> **Vamos a desarrollar** un programa de auto ayuda.

} *Let's develop a self-help program.*

- Object pronouns are attached to affirmative commands and precede negative commands.

¿Las víctimas de persecución? **¡Protejámoslas!**	*Victims of persecution? Let's protect them!*
¿Los criminales financieros? **¡No los liberemos!**	*Financial criminals? Let's not release them!*

- The verb **ir** uses the the indicative when it is affirmative, and the subjunctive when it is negative.

¡Vamos a la reunión!	*Let's go to the reunion!*
¡No vayamos a asistir a la manifestación!	*Let's not attend the demonstration!*

- With reflexive verbs in affirmative commands, drop the **s** before the pronoun **nos.**

¡Vámonos!	*Let's go!*
¡Acordémonos de los desaparecidos!	*Let's remember those who have disappeared!*

¡OJO!

Add a written accent in order to maintain the stress on the correct syllable when attaching pronouns to commands.

Note: Nosotros commands with two object pronouns
You may wish to point out that Spanish generally avoids *ss* hence, *Démosle el libro a Juan→ Démoselo.*

3-9 ¿Cómo reaccionas? Forma el mandato de **nosotros** y emparéjalo con un contexto lógico.

MODELO: ¡ *Escuchemos* (Escuchar) el discurso del Secretario General! En la ONU.

1. ¡ *Disfrutemos* (Disfrutar) del tiempo que tenemos con nuestros padres!

2. ¡ *Elijamos* (Elegir) al mejor candidato!

3. ¡ *Veamos* (Ver) una película de intriga!

4. ¡No les *gritemos* (gritar) a los policías! ¡ *Hablémosles* (Hablarles) con calma!

5. ¡ *Volvamos* (Volver) a casa! ¡No *trabajemos* (trabajar) más!

6. ¡ *Vámonos* (Irnos)! ¡No *esperemos* (esperar) más!

a. __2__ En las elecciones presidenciales.

b. __4__ En una manifestación.

c. __1__ En una fiesta familiar.

d. __5__ Después de muchas horas en la biblioteca.

e. __3__ En el cine.

f. __6__ Al recibir una invitación para ir a la playa.

3-10 Invitaciones. Individualmente escriban tres actividades divertidas a las que les gustaría invitarse. Después, túrnense para aceptar o rechazar las invitaciones con mandatos de **nosotros.** Expliquen su decisión.

MODELO: ¿Quieres ver la última película de Almodóvar?
¡Sí, *veámosla! Dicen que es muy buena.* (¡No, *no la veamos! No me cae bien Almodóvar.*)

3-11 Sugerencias constructivas. Ustedes planean la reconstrucción de un país después de un desastre natural o político. Preparen una lista de seis o más mandatos de **nosotros** que propongan ideas para ayudar al país y a sus habitantes. Luego, preséntenle el plan al resto de la clase.

MODELO: *Haití necesita materiales y provisiones para reconstruir el país.*
¡Recaudemos fondos para contribuir a una organización sin fines de lucro!
¡Pongamos anuncios en Facebook!...
¡Llamemos a...! ¡No...!

¡Construyámosles casas de buena calidad!

2. Indirect commands

You can order someone to do something directly with a direct command or with an indirect command. Indirect commands use the subjunctive in all persons.

Es inocente.
¡Que lo dejen libre!

No quiero trabajar más de ocho horas diarias. **Que trabajen los jefes.**	*I don't want to work more than eight hours a day. Let the bosses work.*
No tenemos tiempo para terminar el informe. **Que lo haga Laureano.**	*We don't have time to finish the report. Let Laureano do it.*

- Indirect commands are formed by truncating a noun clause that uses the subjunctive to order or wish someone to do something while maintaining the original meaning.

~~Ojalá~~ que venga Óscar Arias.	*Let Óscar Arias come.*
~~Es necesario~~ que dejen de maltratar a los prisioneros.	*Have them stop mistreating the prisoners.*

Aplicación

3-12 Deseos por un mundo mejor. Empareja cada organización con el mandato indirecto que mejor se relacione con su misión.

MODELO: *La Unesco… "Que proteja el patrimonio cultural y natural de todas las naciones".*

1. ___b___ Amnistía Internacional

2. ___a___ La Cruz Roja

3. ___e___ La Paz Verde

4. ___c___ Médicos sin Fronteras

5. ___d___ Unicef

Teruel, España, Patrimonio de la humanidad de la Unesco

a. "Que todos donen dinero para ayudar a reconstruir las casas dañadas por el huracán".

b. "Que no se maltrate a los prisioneros políticos".

c. "Que los más necesitados en zonas de conflicto reciban atención médica".

d. "Que logre proteger a todos los niños contra el maltrato".

e. "Que pueda cambiar la pasividad de los humanos con respecto a la protección del medioambiente para asegurar el futuro del planeta".

3-13 Cartas al director del periódico. Estos comentarios han aparecido en las páginas editoriales del periódico. Indica si estás de acuerdo o no con ellos y escribe tu opinión sobre cada comentario con un mandato indirecto.

> MODELO: Los representantes buscan soluciones diplomáticas a los conflictos.
> *Estoy de acuerdo. Que todos busquemos soluciones diplomáticas.*

1. El gobierno desea proteger las industrias nacionales.
2. Representantes de la ONU van a observar nuestras elecciones.
3. Se necesitan leyes para garantizar el derecho a votar.
4. El conflicto entre Israel y los países árabes amenaza la paz mundial.
5. El gobierno propone un mejor nivel de educación en las escuelas públicas.
6. Hay que garantizarles servicios médicos a todos.

Note: 3-14
Audioscript appears in AIE, *Appendix AS*.

Suggestion: 3-14
Have students use indirect commands to discuss the availability and usefulness of internships for them in preparing for a career or graduate school. Ex. *¡Que la universidad nos ayude a encontrar prácticas! ¡Que haya más prácticas en mi campo de estudio!* etc.

3-14 Prácticas (*internships*) con WOLA. Escucha la información sobre el Programa Yudelman en WOLA e indica si las afirmaciones a continuación son ciertas (**C**) o falsas (**F**). Corrige las falsas.

WOLA promueve los derechos humanos, la democracia y la justicia social por medio del trabajo conjunto con nuestras contrapartes locales en América Latina y el Caribe para influenciar las políticas en Estados Unidos y el exterior.

WOLA

¿Cierto (C) o falso (F)?

1. ___F___ WOLA es una organización del Departamento de Estado de Estados Unidos. *Es una organización sin fines de lucro.*
2. ___F___ Los practicantes (*interns*) tienen reuniones regulares con la Casa Blanca. *(con organizaciones no gubernamentales y con el Congreso)*
3. ___C___ Ofrece una buena oportunidad para familiarizarse con la política actual en América Latina.
4. ___C___ Una parte importante de la práctica es un proyecto de investigación.
5. ___F___ El programa está abierto a estudiantes norteamericanos y latinoamericanos de posgrado. *(No está abierto a estudiantes de posgrado.)*
6. ___C___ El practicante no recibe ningún salario.
7. ___F___ El practicante trabajará cuarenta horas a la semana. *(entre veinticuatro y treinta y dos horas)*

3-15 Debate: ¿Hay que respetar o no? Preparen su posición a favor o en contra de uno de estos temas.

Resolución: En casos de desastre, el gobierno y las organizaciones sin fines de lucro tienen la responsabilidad de ayudar a las víctimas.

Resolución: Las diferencias culturales juegan un papel importante en la interpretación de los derechos humanos y se deben respetar esas diferencias.

Frases comunicativas
   (No) Tienes razón.
   Primero,… Segundo,… Finalmente,…
   En resumen,… (*In summary,…*)

> MODELO: *Cuando hay un desastre natural, las organizaciones sin fines de lucro tienen más experiencia que los gobiernos para ayudar a las víctimas. Primero, que vaya la Cruz Roja…*

CONÉCTATE

Videoblog   *Un hogar digno*

Antes de verlo

3-16 ¡A construir!   ¿Qué sabes de los proyectos de Hábitat para la Humanidad en tu comunidad? ¿Has participado en uno de sus proyectos o conoces a alguien que haya participado? ¿Cómo ha sido la experiencia? Si no conoces los proyectos en tu comunidad, busca información en Internet.

A verlo

3-17 En este segmento Mauricio conoce a diferentes personas que trabajan con Hábitat para la Humanidad, una fundación que construye casas para los más necesitados. Toma apuntes de los esfuerzos que hacen y beneficios que reciben las cuatro personas entrevistadas.

Después de verlo

3-18 La construcción de un hogar.   Imagínense que ustedes van a ser voluntarios en la construcción de una casa para Hábitat para la Humanidad. Hablen sobre qué experiencia tienen en construir una casa, cómo esperan participar en la construcción, cuánto tiempo van a dedicar al proyecto y cuáles serán los desafíos y beneficios de hacer voluntariado. Refiéranse a las escenas del video para ayudarlos a generar ideas.

Comparaciones

3-19 En tu experiencia. ¿Conoces alguna organización sin fines de lucro que realice servicios sociales? ¿Has servido de voluntario/a en un proyecto para ayudar a personas necesitadas? ¿Cómo era?

Hábitat para la Humanidad

Hábitat para la Humanidad ofrece ayuda en todas partes del mundo, incluso en Estados Unidos.

En la segunda generación de los derechos humanos se garantiza el derecho a un nivel de vida adecuado que asegure la salud, la alimentación, el vestido, la vivienda, la asistencia médica y los servicios sociales necesarios. Hábitat para la Humanidad es una fuerza importante para que se llegue a esa meta. La organización fue fundada en 1976 por Millard y Linda Fuller y bajo su dirección se han construido más de 500.000 casas en todo el mundo, proporcionando un techo (*dwelling*) seguro, decente y económico a más de dos millones de personas. Hábitat tiene presencia en más de noventa países, entre ellos, Estados Unidos. Sus voluntarios son personas de todas las edades y sectores de la sociedad: estudiantes, profesionales y jubilados (*retired persons*).

Con el trabajo de voluntarios y donaciones de dinero y materiales, Hábitat colabora con familias para construir y rehabilitar casas sencillas y decentes. La familia compra la casa financiándola con préstamos a bajo interés. Lo que pagan cada mes contribuye a la construcción de otras casas. Las familias se identifican sin considerar su religión o su etnia. Se aceptan voluntarios que deseen trabajar para eliminar la vivienda inadecuada en el mundo.

 3-20 El valor del voluntariado. Es cada vez más común que los jóvenes participen como voluntarios en su comunidad, en otras partes del país y hasta en el extranjero. Conversen sobre dónde y por qué ustedes han hecho o querrán hacer servicio social como voluntarios.

3-21 A explorar: Hábitat para la Humanidad en América Latina. Investiga en Internet uno de los sitios en América Latina donde Hábitat para la Humanidad tiene proyectos. Escribe un párrafo en el que expliques las condiciones socioeconómicas del país y cómo son las casas que están construyendo.

BUSCA www

habitat latinoamérica

Ritmos

¡Ay, Haití!
(Carlos Jean, España)

El músico y productor español Carlos Jean es de ascendencia española y haitiana. Con siete nominaciones para el premio Grammy Latino, se le considera uno de los productores más importantes de música española y latinoamericana. En el 2010 produjo ¡Ay, Haití!, el *hit* número uno en España, en solidaridad con las víctimas del terremoto en Haití. Los 20 artistas de fama internacional que aparecen en el video lo hicieron voluntariamente;

Carlos Jean y Marta Sánchez durante la grabación de *¡Ay, Haití!*

todos los fondos se donan a la organización Intermón Oxfam, la que apoya los esfuezos humanitarios en Haití. Los cantantes que participaron son los españoles

Alejandro Sanz, Enrique Iglesias, Marta Sánchez, Bebe y Miguel Bosé; también cantaron los colombianos Shakira y Juanes, entre otros.

Follow-up: *Ritmos*
En parejas, identifiquen los sustantivos (nouns) de la canción y escríbanlos sin ningún orden en particular (randomly). Luego identifiquen los verbos y hagan lo mismo. Usando algunos de estos sustantivos y estos verbos, escriban su propia canción o poema sobre algún aspecto de la lucha por los derechos humanos que consideren importante. Compartan su poema o su canción con el resto de la clase.

Antes de escuchar

3-22 Tus deseos. Usa mandatos indirectos para crear cinco deseos indispensables para personas necesitadas en el mundo. Además de amor, ¿qué más debemos tener para alcanzar la paz mundial? ¿Qué debemos hacer lo antes posible?

MODELO: *Que todos tengan un hogar digno.*

A escuchar

3-23 Los deseos del artista. Mientras escuchas la canción, anota lo que tenemos que hacer, o lo que hay que hacer, según los cantantes.

BUSCA www

ay haití video; ay haití letra

Después de escuchar

 3-24 El mensaje. Túrnense para hacer y contestar las siguientes preguntas sobre la canción.

1. ¿Cómo caracterizan la canción? ¿Qué tono tiene? ¿melancólico? ¿alegre? ¿nostálgico? ¿enérgico? ¿bailable? Expliquen.
2. ¿Qué necesita Haití para sentirse en paz?
3. Expliquen la frase "hay que volver a nacer".
4. ¿Crees que es la obligación de las celebridades darles voz a las personas necesitadas? ¿Qué impacto tiene? ¿Cómo reacciona el público? Expliquen.
5. ¿Crees que los cantantes son pesimistas, optimistas o realistas, según la letra de la canción? ¿Por qué?

3-25 Un foro. Lee los siguientes comentarios sobre la canción ¡Ay, Haití! en un foro dedicado a la reconstrucción de Haití. Luego inventa un nombre de usuario y escribe tu propio comentario.

lucia99honduras
La canción está muy linda, Carlos Jean. Espero que haya más personas como tú en este mundo. Gracias y sigue así, amigo, que yo también quiero que renazca Haití.

fernandogarcia0776
El bien de la humanidad está en nuestras manos. ¡Muy bonita la canción! Y así como tú hay muchísimas personas que claman por ayudar. De todo corazón, ¡felicitaciones y paz! Me gustan mucho los versos que dicen "volver a creer, empezar otra vez".

Suggestion: *Ritmos*
Have students read the lyrics of the song before listening to the music to help them focus on the meaning. See search box terms given.

¡ÉCHALE UNA MANO!

Responde a la encuesta sobre tus opiniones respecto al trabajo voluntario. Puedes indicar más de una respuesta, si quieres.

Indica por qué o para qué crees que es importante trabajar como voluntario.

- ☐ para ayudar a los necesitados
- ☐ para contribuir a la comunidad
- ☐ por creencias religiosas
- ☐ para sentirme útil
- ☐ para hacer algo provechoso
- ☐ para conocer gente/hacer amistades
- ☐ para ser reconocido/a, valorado/a por los demás
- ☐ porque el gobierno no ayuda y hay que hacer algo
- ☐ para erradicar la pobreza
- ☐ por un compromiso moral
- ☐ No es importante. (Explica.)

  _____

¿Qué tipo de trabajo voluntario has hecho o esperas hacer?

- ☐ trabajar con las manos
- ☐ cuidar a los necesitados
- ☐ recaudar fondos
- ☐ enseñar o entrenar a los pobres
- ☐ organizar eventos
- ☐ lanzar campañas de información
- ☐ trabajar en una oficina
- ☐ otro _____

¿Para qué tipo de organización has trabajado o vas a trabajar como voluntario?

- ☐ una iglesia o un grupo religioso
- ☐ una escuela
- ☐ un grupo médico
- ☐ un hogar de ancianos
- ☐ un club deportivo o recreativo
- ☐ una organización que sirva a jóvenes o a niños
- ☐ una que sirva a mujeres
- ☐ una de arte, música, cultura
- ☐ una organización de derechos humanos
- ☐ una dedicada al medioambiente
- ☐ otra: _____

¿Con qué frecuencia has trabajado, trabajas o vas a trabajar como voluntario?

- ☐ todos los días
- ☐ una vez por semana
- ☐ solo esporádicamente
- ☐ nunca

En general, ¿cómo ha sido la experiencia de hacer trabajo voluntario?

- ☐ Excelente. He aprendido mucho.
- ☐ Satisfactoria, pero voy a dedicarme más en el futuro.
- ☐ Poco satisfactoria porque…

  _____

- ☐ No sé todavía.

Suggestion: *¡Así es la vida!*
You may want to follow-up with activity **3-26**.

Vocabulario básico

apoyar
ayudar
educar
la explotación
la fundación
   humanitaria
mostrar (ue)

Vocabulario clave: La justicia social

Verbos

constituir (y)	*to constitute*
donar	*to donate*
echar/dar una mano	*to lend a hand*
erradicar	*to erradicate*
lanzar	*to launch, to put forth*
patrocinar	*to sponsor*
recaudar fondos	*to raise funds*

Sustantivos

la alianza	*alliance*
la campaña	*campaign*
el compromiso	*obligation, pledge, commitment*
el hogar/la residencia de ancianos	*nursing home*
el/la huérfano/a	*orphan*

la labor	*task, effort*
los necesitados	*the needy*
la propuesta	*proposal*
el valor	*courage*

Adjetivos

benéfico/a	*charitable*
digno/a	*worthy*
provechoso/a	*beneficial*

Otras expresiones

año tras año	*year after year*
esporádicamente	*sporadically*

Ampliación

Verbos	Sustantivos	Adjetivos
constituir (y)	la constitución	constituido/a
donar	la donación	donado/a
educar	la educación	educado/a
erradicar	la erradicación	erradicado

¡Cuidado!

quedar/quedarse

- **quedarse:** *to stay* (in a place)

José **se quedó** en Chile hasta el 2012.	*José stayed in Chile until 2012.*

- **quedar:** *to be left/remain* (with an adjective)

Laura **quedó** esperanzada con la noticia.	*Laura was left feeling hopeful with the news.*

- **quedar:** *to be located* (colloquial = **estar**)

La oficina de la Cruz Roja **queda** cerca del centro.	*The Red Cross office is (located) close to downtown.*

El Hostal Santiago es económico y queda cerca de la estación de trenes. Vamos a quedarnos allí.

Note: ¡Cuidado!
Remind students of the meaning of indirect object + **quedar** (to suit, to fit + adjective of size) as in "These shoes are too small.": *Estos zapatos me quedan pequeños.* That dress suits you: *Ese vestido te queda bien/bonito.* To practice this meaning of *quedar*, you can ask: *¿Te quedan bien las minifaldas? ¿Te quedan bien los sombreros? ¿Te quedan grandes los zapatos de X (a classmate)? ¿Cómo le queda la camisa a X (a classmate)?*

Comprehension Assessment: ¡Cuidado!
Ask students quick questions like the following: *¿Dónde te quedas cuando viajas fuera de la ciudad? ¿Dónde se queda tu familia cuando viene a visitarte? ¿Dónde queda la Oficina de Admisiones en la universidad? ¿Cómo queda un país después de una guerra?*

3-26 El trabajo voluntario. Refiéranse a la encuesta en *¡Así es la vida!* para comparar sus opiniones sobre trabajar como voluntarios/as para una organización benéfica. En su opinión, ¿es la obligación de todos dedicarse a estas labores? Expliquen su opinión.

 3-27 El servicio a los demás. Completa las oraciones a continuación con la forma correcta de las expresiones de *¡Así lo decimos!*

1. Todos los años las organizaciones sin fines de lucro lanzan campañas para _recaudar fondos_ para sus causas.
2. La educación de los niños es _la labor_ de todos.
3. Nos alienta ver las obras _benéficas_ de la Cruz Roja.
4. Nosotros _donamos_ ropa de segunda mano y aparatos usados al Ejército de Salvación.
5. Hacemos voluntariado para _echarles una mano_ a los necesitados.
6. Los _huérfanos_ son especialmente necesitados.
7. Muchas fundaciones sin fines de lucro _patrocinan_ causas benéficas.
8. Las personas que hacen voluntariado en zonas peligrosas del mundo tienen mucho _valor_.

3-28 El primer trabajo como voluntario/a. Escribe un párrafo en el que expliques la primera vez que tú u otra persona que conozcas trabajaron como voluntarios/as. Usa el pretérito y el imperfecto en tu descripción.

MODELO: *Cuando tenía quince años trabajé como voluntario/a en un hogar para ancianos…*

3-29 A explorar: Unidos por la niñez. La meta de esta importante organización de la ONU es asegurar los derechos y el bienestar de los niños del mundo. Busca en Internet más información sobre una de sus causas y escribe un párrafo en el que incluyas la siguiente información:

- la causa o la campaña
- dónde tiene lugar
- cómo se desarrolla
- si hay Embajadores de Buena Voluntad que participen en el esfuerzo
- el número de niños que se benefician
- quiénes participan en el esfuerzo

BUSCA www

unicef causas; unicef embajador buena voluntad

3-30 *Save the Children*. Lean la descripción de la misión y actividades de esta organización y expliquen por qué es importante su labor en América Latina.

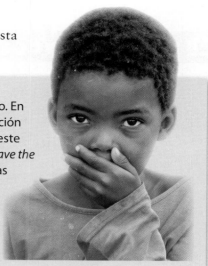

Save the Children es una organización benéfica que tiene programas en todo el mundo. En América Latina hay 60 millones de niños menores de cinco años de edad. La organización se dedica a echarles una mano a los niños que viven en los países más pobres de este hemisferio: Bolivia, El Salvador, Guatemala, Haití y Nicaragua. Además, colabora con *Save the Children Alliance* en Honduras, México y República Dominicana, donde lanza campañas y patrocina programas educativos. Con su base en la comunidad, *Save the Children* se enfoca en las necesidades de las madres, los niños y los adolescentes para mejorar su estado de salud y bienestar. Su compromiso con las comunidades incluye cuatro prioridades: la salud neonatal y reproductiva, el desarrollo preescolar y la educación primaria, la nutrición y, por último, la preparación para emergencias.

 3-31 Una causa suya. Decidan entre ustedes cuál sería una causa que les gustaría patrocinar. Conversen sobre estos detalles y compartan sus conclusiones con la clase.

- el nombre de la organización
- sus metas
- cómo van a participar en ella
- los beneficios sociales y personales que van a recibir de su participación
- los problemas que pueda tener la organización
- cómo van a darle publicidad a la causa

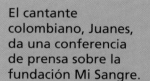

El cantante colombiano, Juanes, da una conferencia de prensa sobre la fundación Mi Sangre.

3-32 Conexiones. El derecho de vivir en un hogar digno. Según Hábitat para la Humanidad, ¿cómo se define un hogar digno? ¿Qué significa para ti vivir en un lugar digno? Escribe por lo menos cinco características y trata de centrarte en los aspectos relacionados con los derechos humanos.

 3-33 De nuevo: Una conferencia de prensa (*Subjunctive in noun clauses*). Imagínate que eres el/la nuevo/a director/a de una organización sin fines de lucro que se dedica a una importante causa internacional. Escribe un discurso dirigido a tus benefactores en el que propongas ideas y programas para avanzar su causa. Usa al menos cinco de las siguientes frases en tu discurso:

Ojalá que…	*Dudo que nuestro gobierno…*
Espero que…	*El gobierno del país niega que…*
Todos necesitamos que…	*No permitiré que…*
Insisto en que…	*Exigiré que…*
Es urgente que…	*Los animo a que…*
Yo sé que ustedes quieren que…	*Les pediremos a ustedes, los benefactores, que…*

Reto: ¡Trata de incluir todas las frases en tu discurso! Usa muchas palabras de la *Primera* y de la *Segunda parte* de *¡Así lo decimos!*

RECUERDA

Para repasar el subjuntivo en cláusulas nominales consulta el *Capítulo 2*.

No fue mi intención ofenderlo.

03-25 to 03-30

3. Direct and indirect object pronouns

Direct object pronouns

Direct object pronouns are used in place of the direct object and help avoid unnecessary repetition. They agree in gender and number with the noun to which they refer.

Comprehension Assessment: Direct object pronouns
Write some sentences on the board using the direct object and have students transform the sentences using an object pronoun. Challenge students to write their sentences on the board. Model: *Quiero cambiar el mundo: Lo quiero cambiar./Quiero cambiarlo. La presidenta ayudó a los refugiados: La presidenta los ayudó. Estamos preparando el informe: Lo estamos preparando./Estamos preparándolo.* etc.

SINGULAR		PLURAL	
me	*me*	nos	*us*
te	*you (informal)*	os	*you (informal)*
lo	*you (masculine), it, him*	los	*you (masculine), them*
la	*you (feminine), it, her*	las	*you (feminine), them*

¡OJO! ▶

When the direct object is a specific person or persons, an **a** precedes the noun in Spanish. This is known as the personal **a.** Remember that **a** + **el** contract to form **al.**

El gobierno apoyó **la alianza con la fundación.**	*The government supported the alliance with the foundation.*
El gobierno **la** apoyó.	*The government supported it.*
No veo a **los voluntarios** en la reunión.	*I don't see the volunteers in the meeting.*
No **los** veo.	*I don't see them.*

¡OJO! ▶

A direct object is the noun that generally follows and is affected directly by the verb. It answers *what* or *who* received the action of the verb. It can be a thing (**la campaña**), a person (**los niños**), or an action or idea (**que hay miles de voluntarios en Centroamérica**).

La fundación lanzó **una campaña educativa.**	The foundation launched an educational campaign.
Tiene como meta proteger a **los niños necesitados.**	It has as its goal to protect needy children.
El informe dice **que hay miles de voluntarios en Centroamérica.**	The report says there are thousands of volunteers in Central America.

Comprehension Assessment: Direct object pronouns
Ask personal questions that students must answer using a direct object pronoun. Ex. *¿Compraste la mochila? Sí, la compré. ¿Usaste mi jabón esta mañana? Sí, lo usé. ¿Tomas el bus para venir a la universidad? Sí, lo tomo./No, no lo tomo. ¿Tienes que hacer la tarea?, Sí, tengo que hacerla/la tengo que hacer. ¿Estás mirando al/a la profesor/a? Sí, estoy mirándolo/la./ Sí lo/la estoy mirando.*

- Object pronouns are usually placed immediately before the conjugated verb.

¿Ves la casa de Hábitat?	*Do you see the Habitat house?*
Sí, **la** veo.	*Yes, I see it.*

- In constructions with the infinitive or the progressive forms, the object pronoun may either precede the conjugated verb or be attached to the infinitive or the present participle (-**ndo** form).

Vamos a patrocinar **a esta niña.**	*We're going to sponsor this child.*
Vamos a patrocinar**la.** **La** vamos a patrocinar.	*We're going to sponsor her.*
No estoy leyendo **el informe.**	*I'm not reading the report.*
No estoy leyéndo**lo.** No **lo** estoy leyendo.	*I'm not reading it.*

¡OJO!

In negative sentences, the **no** does not separate the pronoun from the conjugated verb.

¡OJO!

Note the use of a written accent when attaching the direct object pronoun to the present participle.

Indirect object pronouns

An indirect object indicates:

- to/for/from whom something is given, bought, borrowed, or taken away *or* for whom an action is carried out.

- Indirect object pronouns are identical to the direct object pronouns, except for the third-person singular and plural. They agree in number with the noun to which they refer; there is no gender agreement.

Le quité los cigarrillos hace dos días.

SINGULAR		PLURAL	
me	*(to) me*	nos	*(to) us*
te	*(to) you (familiar)*	os	*(to) you (familiar)*
le	*(to) you (formal)* *(to) him/her/it*	les	*(to) you (formal)* *(to) them*

Le acabo de echar una mano (**al niño**).	*I've just given him a hand (to the child).*

¡OJO!

The familiar plural form **os,** corresponding to **vosotros,** is used in Spain. In Latin America, **les** is used as the plural of **te. Les** is the form that we will use in this text.

Los niños **os** pidieron comida (a vosotros). (*Spain*) Los niños **les** pidieron comida (a ustedes). (*Latin America*)	*The children asked you for food.*

Suggestion: Personal a
Have students identify the direct object in the following sentences: *Estamos buscando a los cinco hombres secuestrados. Vimos a nuestro presidente firmando la nueva ley. Admiro mucho a Juanes por su trabajo humanitario. ¿Esperas al secretario general? ¿Van a llevar a la directora de la organización a la ONU?*

- The indirect object pronouns **le** and **les** are required even when the indirect object noun is expressed. These redundant or repetitive object pronouns have no equivalent in English.

El joven **le** mostró su casa **a la señora.**	*The young man showed his house to the woman.*
Les dije **a los estudiantes** que tenían razón.	*I told the students they were right.*

Note: Personal a
Remind students that when the interrogative **quién(es)** requests information about the direct object, the personal **a** precedes it. Additionally, the personal **a** is not normally used with the verb **tener**.

¿A quiénes está apoyando la fundación? *Whom is the foundation supporting?*

Tenemos un patrocinador muy generoso. *We have a very generous sponsor.*

- To clarify (**le/les**) or add emphasis (**me, te, nos, os**) add a prepositional phrase: **a mí, a ti, a usted, a él, a ella,** etc.

¿**Le** dio cien dólares **a usted**? (*clarification*)	*Did he give 100 dollars to you?*
¡**Me** dio cien dólares **a mí**! (*emphasis*)	*He gave 100 dollars to me!*

Aplicación

3-34 RickyMartinFoundation.org. Lee este artículo sobre la fundación que estableció Ricky Martin. Identifica si las palabras subrayadas son objetos directos (*OD*) o indirectos (*OI*). Si son pronombres, identifica a qué o a quiénes se refieren.

MODELO: Voy a mostrar**te** <u>un</u> <u>artículo</u> sobre Ricky Martin…
        te: OI (a ti)   *un artículo: OD*

El lado humanitario de Ricky Martin

Todos conocemos el talento de Ricky Martin, el cantante de pop puertorriqueño famoso en todo el mundo. Pero no todos conocen el lado humanitario de Ricky. Su valor humano se ha demostrado año tras año en su labor para proteger a los niños de la pobreza y de la explotación sexual y laboral, entre otros males.

Ricky Martin, a través de su fundación, les da voz a los niños que no la tienen. La Fundación Ricky Martin, establecida en el 2004, considera su trabajo un compromiso. Su meta es erradicar la esclavitud de niños globalmente y asegurarse de que todos los niños del mundo reciban educación, servicios de salud y rehabilitación. La Fundación trabaja para educar y denunciar este "crimen abominable", como lo llama Ricky, contra los niños. Unos 27 millones de niños son víctimas anualmente del tráfico humano.

Para Ricky, los niños pobres constituyen la población más vulnerable a la explotación de todo tipo. Por eso la Fundación lanza campañas de educación y de sensibilización en todo el mundo y crea iniciativas de acción ciudadana. También ha hecho alianzas con otras organizaciones protectoras de los niños, incluyendo Unicef, para la que Ricky es Embajador de Buena Voluntad.

Cada día más celebridades se unen a los esfuerzos de Ricky Martin, quien con su espíritu positivo y su dedicación nos está creando a todos cada vez más conciencia de este mal y con ello les ofrece una vida mejor a los niños del mundo.

3-35 Información clave. Empareja las frases para identificar información clave del artículo anterior. Después, resume en tus propias palabras el contenido del artículo. ¿Conoces otra organización con semejantes metas?

1. _e_ la profesión de Ricky Martin
2. _g_ la organización que fundó
3. _c_ dónde nació
4. _h_ su meta
5. _a_ el público a quien desea llegar
6. _d_ el número de víctimas
7. _b_ la organización que lo nombró Embajador
8. _f_ los programas que hace

a. a todo el mundo
b. Unicef
c. en Puerto Rico
d. más de 25 millones de niños
e. cantante
f. son educativos
g. lleva su nombre
h. proteger a los niños

3-36 Ante la comisión. Imagínate que eres director/a de la Fundación Ricky Martin u otra organización sin fines de lucro. Escribe lo que quieres pedirles a las siguientes personas o entidades:

MODELO: al gobierno
Le pido justicia.

1. a la prensa
2. a tu familia
3. a los benefactores
4. al público
5. a tus colegas
6. a los historiadores

 3-37 Un evento para recaudar fondos para la fundación. Completa los espacios en blanco de la conversación entre los organizadores de un evento para recaudar fondos. Usa pronobres indirectos y directos, la **a** personal, o una X, si no se necesita agregar nada. OJO: Hay un espacio en blanco que necesita la contracción **al.**

CLAUDIA: Irene, ¿mandaste todas las invitaciones?

IRENE: Sí, (**1**) _las_ mandé hace dos semanas.

CLAUDIA: ¿(**2**) _Les_ diste a los periodistas toda la información sobre el evento?

IRENE: Claro, y (**3**) _los_ llamé para (**4**) informar_les_ sobre la hora.

CLAUDIA: ¿(**5**)_A_ quién (**6**) _le_ tenemos que pagar por la comida?

IRENE: (**7**) _Al_ señor que (**8**) _nos_ trae (a nosotros) la comida.

CLAUDIA: ¿(**9**) _Me_ mandaste (a mí) la lista de invitados? No (**10**) _la_ encuentro.

IRENE: (**11**) _Te_ mandé (a ti) toda la información que (**12**) _me_ pediste (a mí) ayer. (**13**) _La_ vas a encontrar sobre tu escritorio.

CLAUDIA: Está bien, Irene. Aquí (**14**) _la_ veo.

3-38 Otra evento importante. Usando la actividad **3-37** como modelo, inventen una conversación sobre un evento que tienen que organizar. No se olviden de usar pronombres de objeto directo e indirecto y empleen la **a** personal cuando sea necesario.

MODELO: *Tenemos que organizarle una fiesta sorpresa a Carlos. La vamos a tener…*

Double object pronouns

- When both a direct and an indirect object pronoun are used together in a sentence, the indirect object pronoun precedes the direct object pronoun.

Te traigo la propuesta ahora.	*I'll bring you the proposal now.*
Te la traigo ahora.	*I'll bring it to you now.*

- The indirect object pronouns **le** (to you, to her, to him) and **les** (to you, to them) change to **se** when they appear with the direct object pronouns **lo, los, la, las**.

El periodista **les** dio el nombre del patrocinador.	*The journalist gave them the name of the sponsor.*
El periodista **se lo** dio.	*The journalist gave it to them.*

¡OJO!

Comprehension Assessment: Direct and indirect object pronouns
Ask individual students personal questions which they must answer using both direct and indirect object pronouns. You may ask students to show something they are wearing in class that was given to them. Then ask each student questions like the following: *¿Quién te compró la mochila? (Mi padre me la compró.); ¿Quién te regaló ese anillo? (Mi novio me lo regaló.); ¿Quiénes te dieron la chaqueta? (Mis padres me la dieron.); ¿Quién les explica la gramática española? (Nuestro/a profesor/a nos la explica.); etc.*

As with single object pronouns, double object pronouns may be placed before a conjugated verb or attached to an infinitive or to a present participle. Be sure to add an accent mark to the stressed vowel of the verb when you attach two object pronous.

Joven, ¿puede traer**me** las firmas de los signatarios?	*Young man, can you bring me the signatures of the signatories?*
Enseguida **se las** voy a traer.	
Enseguida voy a traér**selas**.	*I'll bring them to you right away.*
¿El delegado **nos** está preparando la lista de los participantes?	*Is the delegate preparing us the list of participants?*
Sí, **nos la** está preparando.	
Sí, está preparándo**nosla**.	*Yes, he's preparing it for us.*

Aplicación

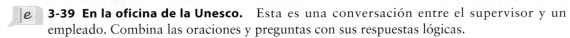

3-39 En la oficina de la Unesco. Esta es una conversación entre el supervisor y un empleado. Combina las oraciones y preguntas con sus respuestas lógicas.

1. _e_ Jaime, ¿dónde están mis apuntes para la última campaña?

2. _c_ Mariana, búscame el número de teléfono de la benefactora.

3. _f_ Ramón, tráeme la nueva propuesta.

4. _b_ Carlos, los participantes tienen hambre. ¿Está listo el almuerzo?

5. _a_ Toña, ¿dónde están las cartas que preparé anoche?

6. _d_ Pepe, ¿puedes pedirles una mano a los voluntarios?

a. Se las puse en su escritorio esta mañana.

b. No se preocupe, se lo preparo ahora mismo.

c. Si quiere, se lo marco (*dial*) ahora.

d. Sí, ahora mismo se la pido.

e. Se los di esta mañana cuando llegué.

f. Ahora mismo se la traigo.

e **3-40 Una misión médica a Honduras.** En esta conversación, dos estudiantes hacen planes para participar en una misión médica en Honduras. Completa la conversación usando los dos objetos.

MODELO: ¿Te mandé la información sobre la misión?
Sí, *me la* mandaste la semana pasada.

1. El director quiere saber cuándo le vamos a entregar la solicitud para el programa.

— _Se la_ entregamos ahora mismo.

2. ¿Sabes cuándo van a darnos el itinerario del viaje?

— Creo que _nos lo_ van a dar en la orientación antes de salir.

3. ¿Les contaste todo sobre el viaje a tus padres?

— Sí, _se lo_ conté después de la primera reunión con nuestros profesores.

4. ¿Cómo vas a servir a la comunidad en Honduras? ¿Les vas a dar exámenes físicos a los pacientes?

— Sí, _se los_ voy a dar si _me lo_ permite (a mí) el director.

5. ¿Te explicó el director que íbamos a pasar algunos días en Tegucigalpa?

— Sí, _me lo_ explicó en la primera reunión.

e **3-41 En una junta de la fundación Pies Descalzos de Shakira.** Completa el diálogo a continuación con pronombres de objeto directo, indirecto o con los dos según el contexto. OJO: Algunos objetos directos están <u>subrayados</u> para ayudarte.

JULIA: Bueno, Ramiro. Mañana es la inauguración de la campaña para recaudar fondos para nuestra causa. ¿Tienes <u>los panfletos</u> para repartir?

RAMIRO: Sí, Julia. (**1**) _Los_ recogí esta tarde. Esta noche (**2**) _se los_ voy a llevar a Manolo para que me ayude a (**3**) repartir_los_ mañana temprano.

JULIA: En el programa *Primer impacto* empieza a primera hora <u>la campaña de televisión</u>. (**4**) _La_ anunciaron en el periódico, pero no (**5**) _lo_ saben todos todavía. Si vamos a tener éxito, tiene que participar todo el mundo. Manolo, ¿por qué no preparas <u>una notificación</u> para la radio? ¿(**6**) _Se la_ podemos mandar al director de noticias esta misma noche para que (**7**) _la_ pueda difundir a partir de la medianoche?

MANOLO: De acuerdo, Julia. Francisca es muy responsable. Además, por ser cuñada del presidente, todos (**8**) _la_ escuchan. Seguramente la gente (**9**) _la_ va a apoyar.

JULIA: ¿A qué hora es la reunión con Shakira?

RAMIRO: Estoy en contacto con su secretario y (**10**) _me_ acaba de informar que llegará en helicóptero. (**11**) _La_ recogeremos para la visita con el presidente.

JULIA: Bueno, todo está en orden. ¡Mañana comienza la campaña! Y con su ayuda, amigos, una nueva época para los niños necesitados.

Note: Shakira
Shakira also won the Person of the Year award in 2011 from the Latin Recording Academy for her work with children in Colombia.

3-42 Una entrevista con Shakira. Usa los pronombres de objeto directo e indirecto en la misma frase para completar la siguiente entrevista ficticia con Shakira Mebarak, la famosa cantante y fundadora de Pies Descalzos.

ENTREVISTADORA: Señorita Mebarak, sabemos que usted se interesa mucho por la educación y el bienestar de los niños, no solo en Colombia sino también en todo el mundo como Embajadora de Buena Voluntad de Unicef. Cuando usted visita un nuevo lugar, ¿los niños le entregan flores?

SHAKIRA: Answers may vary. *Sí, normalmente me las entregan cuando llego.*

ENTREVISTADORA: ¿Usted les regala algo a los niños, como por ejemplo camisetas de Unicef o de su fundación Pies Descalzos?

SHAKIRA: *Sí, se las regalo con mucho gusto.*

ENTREVISTADORA: ¿Las familias le muestran sus casas?

SHAKIRA: *Sí, me las muestran.*

ENTREVISTADORA: ¿El alcalde le da la bienvenida?

SHAKIRA: *Sí, usualmente me la da.*

ENTREVISTADORA: Y usted, ¿le regala al alcalde la bandera de Unicef como recuerdo de su visita?

SHAKIRA: *Sí, se la regalo cuando tengo la oportunidad.*

 3-43 Entrevista a un/a director/a de una fundación. Escojan una organización cuya labor por el bien del mundo reciba mucha atención. Preparen entre ocho y diez preguntas para hacerle al/a la director/a de la fundación. Asegúrense de usar pronombres de objeto directo e indirecto en sus preguntas o respuestas.

MODELO: E1: *Señor/a director/a, ¿cómo les piden ustedes donaciones a las organizaciones que apoyan a su fundación?*

E2: *Se las pedimos según su situación económica. Todas las organizaciones están en la bolsa* (stock market) *y…*

Suggestion: 3-43
Tell students that the purpose of this activity is to practice the use of indirect and direct object pronouns in a regular conversation. Give them an example that they can use as a model: Ask a student to play the role of your president. Ask him/her: *Sr./ Sra. presidente/a: ¿Les dio viviendas a los pobres?* Tell the student he/she must respond with an indirect and a direct object pronoun. (**Sí, se las di.**)

Suggestion: 3-43
Have students role-play this activity.

Composition: Direct and indirect object pronouns
Have students write a letter using the following guidelines.
*Imagínate que eres miembro de una organización que necesita recaudar fondos para una causa importante. Escribe una carta de ocho a diez líneas para explicar el propósito de la organización y por qué solicitas donaciones. Puedes empezar la carta con una variación del modelo.
Modelo: Estimado colega (amigo, compañero, etc.):
Quiero hablarle sobre una organización que va a tener mucha influencia en este siglo…*

 03-31 to 03-36

4. **Gustar** and similar verbs

The verb **gustar** expresses preferences, likes, and dislikes. **Gustar,** however, is not directly equivalent to the English verb *to like*. Literally, it means *to be pleasing*.

Al Secretario General Ban Ki-moon **le gustan** los gobiernos democráticos.	*Secretary General Ban Ki-moon likes democratic governments. (Democratic governments are pleasing to him.)*

- **Gustar** is most often used in the third-person singular or plural forms, **gusta** and **gustan**. It is also accompanied by an indirect object pronoun to express the idea that object(s) or person(s) are pleasing to someone. (That someone is an indirect object.)

> **No me gustan** las campañas negativas.   *I don't like negative campaigns.*

- To express the idea that one likes to do something, use the singular form of **gustar** with an infinitive, a series of infinitives, or a clause.

> **Nos gusta** patrocinar y ayudar a un niño.   *We like to sponsor and help a child.*
>
> ¿**Te gusta** que vaya a servir en el Cuerpo de Paz?   *Do you like that I'm going to serve in the Peace Corps?*

Other verbs used like **gustar**:

caer bien	*to like (a person)*	**importar**	*to matter*
caer mal	*to dislike (a person)*	**impresionar**	*to impress*
encantar	*to love (colloquial; lit., to be enchanting)*	**interesar**	*to be of interest*
faltar	*to be missing*	**molestar**	*to be a bother*
fascinar	*to be fascinating*	**parecer**	*to seem*
hacer falta	*to be needed*	**quedar**	*to be left over; to fit (clothing)*

¡OJO!

To say that you like or dislike someone because of the way that person behaves or acts, use **caer bien** and **caer mal.**

> **Nos cae bien** la presentadora.   *We like the talk show hostess. (She's a great person.)*
>
> **Me caen mal** los que maltratan a los niños.   *I don't like those who mistreat children. (I can't stand them.)*

Aplicación

e   **3-44 Un plan estratégico.** Completa el monólogo usando un pronombre de complemento indirecto y la forma correcta del verbo entre paréntesis.

Compañeros y compañeras, lo que voy a decirles quizás no les va a gustar pero (a nosotros) (**1**)___nos hace falta___ (hacer falta) pensar seriamente en el futuro de esta fundación. (A mí) (**2**)___Me parece___ (parecer) que hemos esperado demasiado tiempo para hacer unos cambios radicales. Primero, (a nosotros) no (**3**)___nos cae___ (caer) muy bien el director de la campaña educativa. A nosotros (**4**)___nos molestan___ (molestar) sus anuncios y circulares (*memos*). Además, (a él) (**5**)___le fascinan___ (fascinar) las peleas entre los empleados. (A nosotros) (**6**)___Nos hace falta___ (hacer falta) un líder fuerte, alguien que sepa actuar en beneficio de la fundación. Por lo tanto, (a mí) (**7**)___me interesa___ (interesar) ser su nueva directora. ¿Qué (**8**)___les parece___ (parecer) a ustedes mi propuesta?

Note: gustar Tell students to be careful when using the verb **gustar** to express likes and dislikes related to people. In Spanish, **gustar** is used with people to express the idea that you feel attracted to a person in a physical or emotional sense.

> **Me gusta** María Luisa.   *I like María Luisa. (I am attracted to her.)*
>
> A muchos votantes **les gustan** los políticos jóvenes.   *Many voters like young politicians. (They are attracted to them.)*

Note: gustar Use **gustar** when referring specifically to qualities or defects of a person.

> **Me gusta** cómo escribe el periodista.   *I like how the journalist writes.*
>
> No **le gustan** las personas inflexibles.   *She doesn't like inflexible persons.*

¡OJO!

With **gustar** and similar verbs, the subject often follows the verb. The person affected is expressed by the indirect object.

Warm-up: gustar
Have students respond quickly to the following phrases using **(no) me gusta(n):** *la política; las noticias; la controversia; el gobierno; el pacifismo; los debates; ir a las manifestaciones políticas; los escándalos; el resultado de las últimas elecciones presidenciales; gritar y discutir.*

Note: gustar
The concept of something being pleasing or displeasing can also be illustrated by using the verb **disgustar.** Ex. *Me gustan los camarones pero me disgustan las ostras.* In this example, it is obvious what is doing the pleasing or displeasing and who is affected by it.

Comprehension Assessment: Other verbs used like gustar
For an immediate practice or assessment of understanding, ask individual students the following questions: *¿Qué frutas te gustan? ¿Qué te gusta más: dormir o comer? ¿Te interesan los chismes? ¿Qué deporte te gusta? ¿Te parece bien o mal que algunos políticos sean divorciados? ¿Te caen bien los políticos? ¿Qué artista o cantante te cae mal? ¿Te impresionan los comerciales de Coca-Cola? ¿Te impresionan las imágenes de violencia? ¿Te molesta la lluvia? ¿A tu mejor amigo o amiga le molestan los tacaños (stingy people)? ¿Te molesta caminar a la universidad? ¿Te encanta el mundo de la moda? ¿Te importa el medio ambiente?*

3-45 En tu opinión.   Usa verbos como **gustar, parecer, fascinar, caer bien/mal**, etc., para dar tu opinión sobre los asuntos siguientes.

MODELO: el sencillo "Rabiosa" de Shakira
Me parece estupendo. Me gusta la versión en español tanto como la que canta en inglés.

1. las organizaciones benéficas
2. Ricky Martin
3. la justicia social
4. las metas imprecisas
5. la falta de alianzas entre los partidos políticos
6. la libertad de prensa
7. los voluntarios de Hábitat
8. las campañas para recaudar fondos

Me cae mal ese candidato.

 3-46 Me parece una idea excelente.   Escríbanle una carta al director de un periódico para expresar su opinión sobre una causa humanitaria que les parezca importante. Usen un mínimo de cinco expresiones con los verbos **gustar, parecer, molestar, importar, impresionar** u otros similares.

 3-47 Me cae bien o me cae mal.   Hagan una lista de diez políticos o celebridades. Háganse preguntas sobre qué tal les caen.

MODELO: E1: *¿Qué tal te cae la administradora de la Cruz Roja?*
E2: *Me cae muy bien porque es muy amable con todas las personas que van a verla. Me impresiona…*

3-48 Un noticiero hondureño.   Escucha el noticiero de Tegucigalpa después de la visita de la Sra. Yoo Soon-taek, esposa del Secretario General de la ONU. Completa la información que falta a continuación.

1. La visita duró…
2. Visitó lugares como…
3. Se reunió con…
4. Después se sintió…
5. Su visita ha recibido…

Note: 3-48
Audioscript in *Appendix AS*.

3-49 Debate: Se necesita ayuda.   Preparen su posición a favor o en contra de uno de estos temas. Usen expresiones como **gustar** cuando sea posible.

Resolución: Se requerirá que todos los estudiantes hagan un año de voluntariado después de graduarse.

Resolución: Las organizaciones humanitarias, como *Save the Children* o la Cruz Roja, recibirán apoyo financiero del gobierno para facilitar su labor.

MODELO: *Me parece que las personas que dicen que el Gobierno Federal debería financiar organizaciones sin fines de lucro no tienen razón…*

¡ASÍ LO EXPRESAMOS!

 Imágenes

Note: *Violeta Morales* The authors were unable to ascertain her date of birth. Her date of death has been reported variously as 2000 and 2006. When her brother was kidnapped in 1974, he was a union organizer, an activity that was considered especially threatening to the Pinochet regime. Newton Morales also worked two jobs in order to provide the sole support for his wife, child, his sister Violeta, and her five children. Making **arpilleras** provided not only an emotional outlet and but also a small income for many women.

Una arpillera chilena (Violeta Morales, †2000, Chile)

El once de septiembre es el aniversario del golpe de estado militar en Chile en 1973. En el pronunciamiento militar, el general Augusto Pinochet se apoderó del gobierno e instaló un régimen autocrático que duró hasta 1989. Durante este tiempo, muchos jóvenes que estaban en contra de la dictadura desaparecieron después de caer en manos de la DINA, la temida policía secreta. Las madres, hermanas y esposas de "los desaparecidos", formaron talleres para crear artesanías que representaban la angustia por sus familiares y denunciaban la desaparición de sus seres queridos. Algunas lograron sacar las arpilleras al extranjero para que el mundo conociera las brutalidades del régimen militar. Estas arpilleras eran generalmente anónimas, pero esta la hizo Violeta Morales, una de las arpilleristas más diestras y activas. Ella murió sin nunca saber qué le había pasado a su hermano, Newton, capturado por la DINA en 1974. Sin embargo, ella siempre consideró que la labor de las arpilleristas era una manera positiva de darle poder a la mujer chilena.

Perspectivas e impresiones

3-50 Observen la arpillera. Comenten estos elementos de la pieza. Usen verbos como **gustar** en su conversación.

1. los colores y el efecto que tienen
2. las víctimas y los culpables (*guilty*)
3. el mensaje sociopolítico
4. el público

Suggestion: *¡Así lo expresamos!* According to Violeta Morales, she was inspired by the Dalí painting, *Muchacha en la ventana*. Have students search for the Dalí painting online and compare it to the **arpillera**.

3-51 A explorar: Otras arpilleras. Busca en Internet otros ejemplos de arpilleras chilenas en la época de Pinochet. Elige una de ellas y describe su tema y su efecto psicológico y emotivo.

BUSCA www

arpillera chilena

Suggestion: 3-50
You may want to begin this activity with more specific questions on the **arpillera**: *¿Qué hace la mujer en la ventana? ¿Quién crees que es el joven en el cuadro? ¿Describe la escena que se ve por la ventana? ¿Qué estará pensando la mujer? ¿Qué edad piensas que tiene el joven? ¿Dónde crees que está el joven?*

Composition: 3-51
You may use this activity as a guide for a composition about another work by Violeta Morales or another **arpillerista**. Have students include a printout of the *arpillera* along with their composition about it. Encourage them to use words from *¡Así lo decimos! I* and *II* in their description or "critique." You can post the photos and the students' comments on the class web page or blog.

Lo peor es no saber.

Suggestion: *Páginas* There are many web sites with images of the Spanish Civil War. Have students search online for an image that interests them and write a paragraph with a literal description of what they see, and then a paragraph elaborating on what they imagine about the people and events they see.

Páginas
03-39 to 03-41

César Vallejo (1892–1938, Perú)

De ascendencia indígena peruana y española, César Vallejo está considerado entre los más grandes innovadores de la poesía del siglo XX. Uno de once hijos, sus padres querían que se dedicara a la Iglesia, y así empezó sus estudios religiosos. Pero cambió de dirección cuando se hizo profesor y luego escritor de poesía, novelas y teatro. Aunque fue miembro del partido comunista, sus poemas son profundamente humanistas, más que izquierdistas.

Antes de leer

 3-52 El escritor y la guerra. Sin duda, la guerra ha sido siempre un importante tema literario. Piensen en algún/alguna autor/a cuya obra tiene como tema la guerra y describan cómo se han sentido al leerla. En general, ¿cómo es la guerra? ¿Es heróica, trágica, romántica? Compartan sus observaciones con la clase.

Answers: 3-52
Answers will vary.
Ex. Ernest Hemingway (*For Whom the Bell Tolls*), Stephen Crane (*Red Badge of Courage*), Charles Dickens (*A Tale of Two Cities*), Homer (*The Iliad*), Robert Graves (*In Flanders Fields*).

A leer

3-53 Estrategias para la lectura. Un poema usa imágenes, símbolos y repetición para comunicar su mensaje. Lee rápidamente el poema y busca palabras que te ayuden a captar el tono. ¿Qué sustantivos, adjetivos y acciones comunican el mensaje del poeta?

battle	Al fin de la batalla°,
	y muerto el combatiente, vino hacia él un hombre
	y le dijo: «¡No mueras, te amo tanto!»
kept on dying	Pero el cadáver ¡ay! siguió muriendo°.
le repitieron 5	Se le acercaron dos y repitiéronle°:
	«¡No nos dejes! ¡Valor! ¡Vuelve a la vida!»
	Pero el cadáver ¡ay! siguió muriendo.
Gathered around	Acudieron° a él veinte, cien, mil, quinientos mil,
	clamando: «¡Tanto amor, y no poder nada contra la muerte!»
10	Pero el cadáver ¡ay! siguió muriendo.
surrounded	Le rodearon° millones de individuos,
plea	con un ruego° común: «¡Quédate hermano!»
	Pero el cadáver ¡ay! siguió muriendo.
	Entonces, todos los hombres de la tierra
15	le rodearon; les vio el cadáver triste, emocionado;
se levantó	incorporóse° lentamente,
empezó	abrazó al primer hombre; echóse° a andar…

10 de noviembre de 1937

MASA

Note: *Masa*
The original text was modified to include the initial exclamation marks (¡).

Note: Word order in poetry
You may wish to point out that word order in poetry is flexible: **echóse = se echó; incorporóse = se incorporó.** Have students read the verse aloud both ways to see which one sounds more poetic.

Note use of le(s) as a direct object
Here Vallejo follows the Spanish usage of **le(s)** as a direct object.

Los restos del pueblo de Belchite, España, son un monumento de la guerra civil española.

3-54 Licencia poética. En la poesía es común cambiar el orden de las palabras para apoyar el ritmo y el tono poético. Busca ejemplos en los que el poeta invierte sujetos y verbos o adjetivos y sustantivos y vuelve a escribirlos en orden tradicional.

> MODELO: muerto el combatiente:
> *el combatiente [estaba] muerto*

3-55 ¿Cómo lo interpretas tú?

1. ¿Dónde se encuentra el cadáver y con quién habla? ¿Qué le dice el hombre, y por qué?
2. ¿Quiénes llegan después del primer hombre y qué hacen? ¿Por qué no les responde el cadáver?
3. ¿Qué pasa al final del poema? En tu opinión, ¿qué simboliza el cadáver? ¿Y el primer hombre?
4. Vallejo escribió este poema poco después de estar en el campo de batalla de la guerra civil española. ¿Te deja el poema con una sensación optimista o pesimista sobre la guerra?

 3-56 ¿Evitar la guerra? A ningún pueblo le gusta la idea de ir a la guerra. En grupos de tres o cuatro estudiantes, discutan los mecanismos y organizaciones que ayudan a evitar los conflictos militares (por ejemplo, la ONU, la Liga Árabe, la Organización de los Estados Americanos). ¿Creen que es la obligación del gobierno intervenir en un conflicto entre otros países o en una guerra civil en otro país? Expliquen sus opiniones.

Organización de los Estados Americanos

3-57 A explorar: El poema interpretado. Hay muchos ejemplos de interpretaciones de este poema. Busca una en Internet para escucharla y verla. ¿Ha cambiado tu impresión del poema o del poeta? Explica.

BUSCA www

césar vallejo masa video

Taller

Suggestion: *Taller*
You may wish to publish the poems in your class newspaper, along with
some of the letters and other short pieces they have written in this lesson.

Crea poesía

La poesía puede expresar los sentimientos más sencillos así como los más
profundos. Puede ser individual o colectiva. Siguiendo el modelo que está
abajo, trabaja solo/a o con un/a compañero/a para crear un poema original.

Antes de escribir

Idea. Piensa en un concepto, imagen u objeto que consideres importante, interesante o
curioso.

Suggestion: *Antes de escribir*
You may want to e-mail or hand
out the poem *La muralla* by Nicolás
Guillén and have students use it
as a model for their poems. (Its
repetitive nature communicates the
poet's beliefs about humanity.)

A escribir

Abre el tema. Abre con un mandato indirecto.

Describe. Describe el concepto (imagen u objeto) con dos o más adjetivos.

Repite. Repite varios mandatos indirectos o frases con **gustar** (u otras expresiones como
gustar) para dar énfasis.

Desarrolla. Escribe una frase para resumir el tema.

Cierra. Con una o dos palabras, resume o cierra el poema.

Puedes usar también el poema de César Vallejo como
modelo.

> **MODELO:** *¡Que vivamos en paz,*
> *una paz sencilla, llena de buena voluntad!*
> *¡Que no nos odiemos!*
> *¡Que hagamos más que solo tolerarnos!*
> *¡Que nos respetemos!*
> *¡Que trabajemos como uno!*
> *¡Que nos queramos en paz!*
> *¡Por un mundo mejor!*

¡Así lo expresamos!   **135**

Después de escribir

Revisa la comunicación. Vuelve a leer tu poema. ¿Expresa lo que esperabas?

Revisa la mecánica.

☐ ¿Has incluido vocabulario de este capítulo?

☐ ¿Has incluido adjetivos descriptivos adecuados?

☐ ¿Has incluido mandatos indirectos o el verbo **gustar**?

☐ ¿Has verificado la concordancia y la ortografía?

A intercambiar. Intercambia tu poema con el de un/a compañero/a. ¿Comunicó bien sus ideas cada uno/a? Háganse una evaluación del mensaje del poema y otra de la estructura.

A entregar. Pon tu poema en limpio, incorporando las sugerencias de tu compañero/a y entrégaselo a tu profesor/a.

Un momento tranquilo en los altos Andes de Bolivia

Primera parte

asegurar (se)	*to assure (to make sure)*
el asilo (político)	*(political) asylum*
el bienestar	*well-being*
dar por sentado	*to take for granted*
desaparecer (zc)	*to disappear*
el desarrollo	*development*
disfrutar (de)	*to enjoy*
la (des)igualdad	*(in)equality*
equitativo/a	*fair*
escoger (j)	*to choose*
el esfuerzo	*effort*
exigir (j)	*to demand*
garantizar	*to guarantee*
el juicio	*trial*
jurídico/a	*judicial*
luchar	*to struggle, to fight*
la meta	*goal*
el nivel de vida	*standard of living*
oprimir	*to oppress*
el patrimonio	*heritage*
la paz	*peace*
sin fines de lucro	*non-profit*
el sindicato	*union*
el sufragio universal	*universal suffrage*
tomar conciencia	*to become aware*
el trato	*treatment*
el voluntariado	*volunteering*

Segunda parte

la alianza	*alliance*
año tras año	*year after year*
benéfico/a	*charitable*
la campaña	*campaign*
el compromiso	*obligation, pledge, commitment*
constituir (y)	*to constitute*
digno/a	*worthy*
donar	*to donate*
echar/dar una mano	*to lend a hand*
erradicar	*to erradicate*
esporádicamente	*sporadically*
el hogar/la residencia de ancianos	*nursing home*
el/la huérfano/a	*orphan*
la labor	*task, effort*
lanzar	*to launch, to put forth*
los necesitados	*the needy*
patrocinar	*to sponsor*
la propuesta	*proposal*
provechoso	*beneficial*
recaudar fondos	*to raise funds*
el valor	*courage*

¡Cuidado! recordar - acordarse de - acordar
See page 107.
Frases comunicativas: (no) tener razón,
Primero,... Segundo,... Finalmente,...
En resumen,..., *See page 114.*

¡Cuidado! quedar - quedarse
See page 119.
Verbs like **gustar** *See page 128.*

Suggestion: Chapter vocabulary
To review the chapter vocabulary
you can play a Spanish version of
Win, Lose, or Draw™, Pictionary™
or Charades with the class.

4 Somos lo que somos

☑ **OBJETIVOS COMUNICATIVOS**

- Talking about yourself and others: personality and routines
- Talking about styles of communication and relationships with friends and family
- Talking about what has happened
- Expressing an opinion about what has happened
- Making predictions and describing what had happened before, or will have happened by some time in the future

A empezar

Note: *Objetivos comunicativos*
These objectives are fulfilled in activities using reflexive verbs in *Primera parte*, and the perfect tenses in *Segunda parte*.

¿Te consideras conformista o no conformista? En tu tiempo libre, ¿te gusta estar con otra gente o prefieres estar solo/a? ¿Qué tipo de persona te cae bien?

Suggestion: ¡A empezar!
Use cognates and *yes* or *no* questions before asking students more open-ended questions about themselves: *¿Eres egoísta o generoso/a? ¿Eres independiente o dependes de otra persona o personas?*

¿Te consideras egocéntrico/a o humilde y sencillo/a; cómico/a o serio/a? Students can pretend they are someone else or talk about people they know.

Curiosidades

¿Sabes...

cuál es el color que más anima la pasión en una persona?

(a.) el rojo
b. el negro
c. el anaranjado

Suggestion: ¡A empezar!
Encourage students to share their ideas as to why some people choose to follow the norm and others feel it is important to express themselves through clothing, makeup, behavior, etc.

a qué edad puede distinguir un bebé su idioma natal de otros idiomas?

(a.) al nacer
b. a las tres semanas
c. a los seis meses

Connections: *Curiosidades*
This activity offers the opportunity to make connections with other areas of study. Have students share other interesting facts about human relationships. This activity can also be used as a guessing game. Have students justify their answers and explain why they chose their answers.

cuál es la relación más importante en la vida de una persona según las más recientes investigaciones?

a. entre padres e hijos
(b.) entre hermanos
c. entre amigos

según los expertos, cuántas veces las personas en nuestra sociedad se enamoran antes de casarse?

a. una vez
(b.) siete veces
c. tres veces

Answers: *Curiosidades*
a. *El rojo es el color que más atrae. Se asocia con el amor, el peligro, el deseo, la velocidad, la fuerza, la violencia, el enojo, la emergencia y la sangre. El rojo puede hacer subir la tensión arterial y hacer latir más rápidamente el corazón;* **a.** *Al nacer un bebé, ya prefiere el idioma materno a cualquier otro idioma o sonido. Además prefiere la voz femenina a la masculina;* **b.** *La relación que más impacto tiene en el comportamiento futuro de la persona es la de los hermanos;* **b.** *siete veces*

¿Eres imaginativo/a, intuitivo/a o analítico/a?

Al terminar esta prueba, ve el análisis en la página 142.

Cuando vas a ver una película:

1. Antes de verla
   a. Lees las críticas y solo ves las películas más exitosas.
   b. Eliges dejándote llevar por tu instinto y no por la crítica.
   c. Estás acostumbrado/a a decidir al último momento, viendo el cartel y las fotos de la película.

2. Durante la película
   a. Te identificas mucho con uno de los personajes.
   b. Tratas de adivinar lo que va a hacer el protagonista.
   c. Te limitas a ver y a disfrutar de la película.

3. Después de verla
   a. Te gusta recordar ciertas escenas de la película.
   b. Te imaginas la película a tu manera, transformándola.
   c. No vuelves a pensar en la película, excepto si alguien te habla de ella.

Cuando tienes que hablar en público:

4. Antes de hablar
   a. Confías en tus habilidades y te preparas sin mucho interés.
   b. Sueñas con lo que esta experiencia te va a aportar personalmente.
   c. Estás muy ansioso/a y te preocupas mucho, pensando en lo peor y en lo mejor que te puede pasar.

5. Mientras hablas
   a. Evalúas el ambiente del auditorio y te influye, para bien o para mal.
   b. Evitas mirar al público y te concentras en tu presentación.
   c. No te importa el público. Hablar en público no te da vergüenza.

6. Después de hablar
   a. Te relajas un poco.
   b. Te acuerdas de las reacciones del público.
   c. No te preocupas, siempre miras hacia el futuro.

Cuando tienes que escribir un trabajo:

7. Antes de escribirlo
   a. Eres maniático/a en cuanto a buscar la documentación que podría ayudarte.
   b. Estás muy seguro/a de que todo va a salir bien. No piensas en ello y esperas a que te venga una idea.
   c. Piensas mucho en ello, imaginando diferentes posibilidades.

8. Mientras escribes el trabajo
   a. Escribes de manera apresurada y no lo vuelves a mirar.
   b. Escribes tranquilamente, buscando referencias.
   c. Escribes todo sin analizar cada palabra y después lo revisas varias veces.

9. Después de terminarlo
   a. Te sientes despreocupado/a o orgulloso/a de tu trabajo.
   b. Evitas pensar en el tema.
   c. Piensas otra vez en el trabajo y vuelves a construir el texto mentalmente.

Vocabulario básico

analítico/a
aportar
apreciar
bondadoso/a
gracioso/a
honrado/a
imaginativo/a
(in)seguro/a
intuitivo/a

Suggestion: ¡Así lo decimos!
You may wish to provide students with additional expressions that will be helpful in discussing the chapter topic: **cómodo/a, incómodo/a, a menudo, rara vez, normalmente, todo el tiempo, constantemente, algunas veces, a la vez, la mayor parte del tiempo, de vez en cuando, ansiedad, extraño/a, poderoso/a, niñez, infancia, orgullo.**

Follow-up: ¡Así lo decimos!
Have students talk about the characteristics that they look for in a friend. What types of people do they try to avoid?

Vocabulario clave: Características personales

Verbos

acostumbrarse (a)	*to get used to*
adivinar	*to guess*
analizar	*to analyze*
elegir (i, i)	*to choose*
equivocarse	*to make a mistake*
evaluar	*to evaluate*
fingir	*to pretend*
portarse bien/mal	*to behave/to misbehave*
relajarse	*to relax*
vencer	*to defeat, to overcome*

Sustantivos

la autoestima	*self-esteem*
el carácter	*personality*
la confianza	*confidence*
el instinto	*instinct*
la vergüenza	*embarrassment*

Adjetivos

ansioso/a	*anxious*
apresurado/a	*hurried*
celoso/a	*jealous*
comprensivo/a	*understanding*
confiado/a	*confident; too trusting*
desenvuelto/a	*outgoing*
despreocupado/a	*carefree*
educado/a	*polite*
exitoso/a	*successful*
maduro/a	*mature*
malhablado/a	*foul-mouthed*
maniático/a	*compulsive*
mentiroso/a	*lying, false*
orgulloso/a	*proud*

Ampliación

Verbos	Sustantivos	Adjetivos
analizar	el análisis	analítico/a
avergonzar (üe)	la vergüenza	avergonzado/a
confiar (en)	la confianza	confiado/a
evaluar	la evaluación	evaluado/a
mentir (ie, i)	la mentira	mentiroso/a
tener celos	los celos	celoso/a

¡Cuidado!
Cognados falsos

- **el recuerdo:** *memory, as in remembrance*

  Tengo buenos **recuerdos** de mi niñez.   *I have good memories of my childhood.*

- **la memoria:** *memory (capacity)*

  ¡Mi **memoria** es excelente! Puedo recordar mi primer número de teléfono.   *My memory is excellent! I can remember my first telephone number.*

- **soportar:** *to put up with, to tolerate*

  ¡No **soporto** a una persona mentirosa!   *I don't tolerate an untruthful person!*

- **apoyar:** *to support*

  Te **apoyo** en tu decisión.   *I support you in your decision.*

- **mantener:** *to support financially*

  Yo **mantengo** a mi hijo mientras va a la universidad.   *I support my son while he is in college.*

Note: ¡Cuidado!
You may want to mention the verb **respaldar**, "to back up, support." Think of **espalda** (back) as a related noun to remember. Also, note that **recuerdo** can mean "souvenir."

Tengo muy buenos recuerdos de mis vacaciones cuando tenía 5 años.

¡Qué buena memoria tienes! ¿Recuerdas el nombre del lugar?

Comprehension Assessment: ¡Cuidado!
Ask students quick questions like the following: *¿Cuál es el recuerdo más bello de tu infancia? ¿Qué tipo de cosas usualmente recuerdas y qué otras usualmente no puedes recordar? ¿A qué tipo de personas no puedes soportar? ¿Hay algún actor o político a quien no soportes? ¿Por qué? ¿Quién te apoya cuando tomas decisiones difíciles?*

4-1 ¿Eres imaginativo/a, intuitivo/a o analítico/a? Usa la siguiente clave (*key*) para sumar los puntos que corresponden a las respuestas que diste en la encuesta de *¡Así es la vida!* Por ejemplo, si marcaste "a" para el número 1, te das 3 puntos.

1. a = 3	**2.** a = 1	**3.** a = 1	**4.** a = 2	**5.** a = 1	**6.** a = 2	**7.** a = 3	**8.** a = 1	**9.** a = 2
b = 2	b = 3	b = 3	b = 1	b = 2	b = 1	b = 2	b = 3	b = 1
c = 1	c = 2	c = 2	c = 3	c = 3	c = 3	c = 1	c = 2	c = 3

Ahora, lean individualmente la descripción de su personalidad según el total de puntos y explíquense si están de acuerdo o no.

Entre 9 y 14, eres una persona imaginativa y creativa.

Entre 15 y 20, eres una persona intuitiva. No tomas mucho tiempo para analizar una situación, tampoco pasas mucho tiempo imaginándote más que lo obvio.

Entre 21 y 27, eres una persona analítica. Te gusta ver todos los aspectos de una situación antes de tomar una decisión.

e **4-2 Nuevo en la universidad.** Dale consejos a un estudiante que acaba de llegar a la universidad. Usa siempre el infinitivo de los verbos de *¡Así lo decimos!*

MODELO: Primero, es necesario *acostumbrarte* al ritmo de vida aquí en la universidad.

1. Debes ___*recordar*___ que tienes más trabajo en tus clases universitarias que en la escuela secundaria.

2. Aquí eres un adulto y tienes que ___*portarte*___ de una manera responsable.

3. Pero no te preocupes. Hay muchas oportunidades para ___*relajarte*___, especialmente los fines de semana.

4. Es natural sentirte un poco inseguro, pero vas a ___*vencer*___ tus temores y salir bien.

5. Estás aquí para aprender. No tienes que ___*fingir*___ que lo sabes todo.

6. Para tus clases, es bueno ___*elegir*___ las que te gusten y que te vayan a ayudar en el futuro.

4-3 ¿Quiénes? A continuación tienes una lista de figuras actuales, históricas o ficticias. Usa los adjetivos de la lista para describirlas y explica por qué crees que son así.

bondadoso/a	despreocupado/a	malhablado/a
celoso/a	educado/a	maniático/a
comprensivo/a	exitoso/a	mentiroso/a
confiado/a	(in)seguro/a	orgulloso/a
desenvuelto/a		rebelde

Juanes, el famoso cantautor colombiano, es un hombre muy exitoso y bondadoso. Ha ganado 19 Premios Grammy Latinos...

1. Catherine (Kate), la duquesa de Cambridge

2. Hugo Chávez

3. Eric Cartman (*South Park*)

4. Jon Stewart (*Daily Show*)

5. Enrique Iglesias

6. Penélope Cruz

7. Shakira

8. Alberto Contador (3 veces ganador del *Tour de France*)

9. Barack Obama

10. Michele Bachmann

4-4 A explorar: ¿Tipo A o tipo B?   Busca en Internet una descripción de las diferencias entre estos dos tipos de personalidad y anota tres características de cada uno. Luego, en un párrafo de cinco líneas, explica con cuál de los dos te identificas más y por qué.

BUSCA www

psicología tipo a tipo b

En su papel de Gabriela Solís (*Desperate Housewives*) Eva Longoria tenía una personalidad "tipo A".

4-5 El desafío (*Challenge*).   Escojan a cuatro personas famosas de la política, del cine o de la televisión sin dar su nombre. Luego, túrnense para describir a cada persona. Su compañero/a debe tratar de adivinar quién es. El desafío está en usar el mayor número de palabras de *¡Así lo decimos!*

4-6 Un personaje admirable.   Piensen individualmente en una persona que admiren por su carácter y sus buenas acciones. Luego describan sus características y su personalidad. ¿Cuál de las dos personalidades les parece más admirable? Compartan sus ideas con el resto de la clase.

Muchos admiran a Simón Bolívar. Fue un líder honrado y valiente que logró la independencia de muchos países latinoamericanos.

Follow-up: 4-7
Have students share their
philosophies on life for the class
to discuss. Then have students
share and discuss their ideas about
life, love, and success. The best
personal quotations can be posted
on the class webpage or blog.

4-7 La psicología popular. Primero lean el siguiente artículo y decidan individualmente cómo se resuelve.

Ahora, comparen sus resultados. ¿Hay una conexión entre el análisis que hizo cada uno/a y su personalidad?

El puente[1]

Hay un puente[1] muy estrecho[2] entre dos montañas donde dos cabras, una a cada lado, deciden cruzarlo al mismo tiempo. Cuando se reúnen en la mitad del puente, no hay suficiente espacio para permitir pasar la una al lado de la otra. ¿Cuál es el resultado más probable de esta confrontación?

A. Una cabra vuelve para atrás para permitir pasar a la otra.

B. Las dos cabras se embisten[3], y después de algunas embestidas, la cabra más fuerte obliga a la otra a ceder.

C. Una cabra se echa al suelo[4] en el puente y la otra cruza caminando por arriba[5] de la primera.

D. Las dos cabras se embisten y las dos se caen del puente hasta el río abajo.

E. Una cabra vuelve para atrás y espera llegar a la otra. Luego, en vez de cruzar al otro lado, se queda para jugar y pastar[6] con su nueva amiga.

Análisis

A. Eres cortés y flexible. Cuando te enfrentas a algún desafío prefieres una resolución razonable. Estás dispuesto/a a negociar un acuerdo mutuo.

B. Prefieres superar tus problemas por la fuerza. Aunque no siempre ganas la pelea[7] y cuando la ganas, le muestras poca compasión a tu rival.

C. Te comportas por el bien de todos. Evitas la confrontación cuando no es necesaria. Aunque les parezcas sumiso/a a algunas personas, en realidad tienes una alta autoestima que te permite ser generoso/a con los demás.

D. Tienes una visión algo pesimista de la naturaleza humana y eres un poco cínico/a sobre el mundo en general. Estás cansado/a de todas las dificultades y peleas en el mundo y crees que las cosas van de mal en peor. Te importa la tranquilidad más que nada aunque no es fácil alcanzarla.

E. ¡Qué idealista! Optimista y positivo/a, crees que todo es posible. Generoso/a y abierto/a, quieres disfrutar al máximo de la vida y hacer tantos amigos como sea posible. Aunque experimentes alguna desilusión, la gente disfruta de tu amistad y quiere tenerte cerca.

[1]*bridge*   [2]*narrow*   [3]*embestir to charge*   [4]*echarse al suelo to throw oneself on the ground*   [5]*on top*   [6]*pastar to graze*   [7]*fight*

4-8 De nuevo: Hacia la tranquilidad (*Present subjunctive, present indicative, and infinitive with impersonal expressions*). Escribe sobre algunas técnicas que uses o que conozcas para sentirte tranquilo/a cuando quieres relajarte. Usa por lo menos cinco de las expresiones impersonales siguientes.

RECUERDA

Debes elegir entre el subjuntivo, el indicativo o el infinitivo, según la oración (*Capítulo 2*).

Es cierto (que)…

Es crucial (que)…

Es importante (que)…

Es lógico que…

Es mejor (que)…

Es necesario (que)…

Es obvio (que)…

Es posible (que)…

Es raro (que)…

Es verdad (que)…

> MODELO: *Al final de un día estresante, es importante que cierres los ojos y que pienses en cosas agradables. Es cierto que…*

Reto: Incluye ocho o más expresiones impersonales. Usa muchas palabras de *¡Así lo decimos!*

Evo Morales es el primer presidente en Bolivia de origen indígena.

4-9 Conexiones. La "personalidad". Piensen en un personaje hispano de la televisión, de la política o del mundo de los negocios que en su opinión ha tenido mucho éxito en la vida. ¿Qué cualidades lo caracterizan? ¿Por qué creen que ha tenido mucho éxito? Para respaldar (*support*) sus descripciones, den ejemplos de lo que ha hecho el personaje para ser calificado de esa manera. Presenten sus conclusiones.

4-10 Comunidades. La importancia de la autoestima. Investiga las organizaciones que existen en tu comunidad que tienen como meta elevar la autoestima de los adolescentes. ¿Incluyen a adolescentes hispanos? Pregunta qué puedes hacer para servir a la comunidad en esta importante labor. Comparte con la clase la información que hayas encontrado.

Suggestion: 4-10
You can build this activity out more as an oral presentation. Have students work in pairs or groups to do research and report back.

1. Reflexive constructions

04-10 to 04-15

El barbero se afeita.

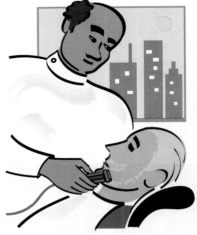

El barbero afeita al cliente.

¡OJO!

Many verbs can be either reflexive or non-reflexive, depending on whether the object is the same as the subject or different from the subject.

Non-reflexive (different subject/object)

Puse las flores en la mesa.

I put the flowers on the table

Reflexive (same subject/object)

Me puse la camisa.

I put on my shirt.

Reflexive constructions are common in Spanish. In these constructions the subject both performs and receives the action expressed by the verb. The verb in a reflexive construction is always accompanied by a reflexive pronoun.

Reflexive verbs

- Verbs that describe personal care and daily habits or routines (**bañarse, cepillarse, despertarse (ie), ducharse, lavarse, maquillarse, peinarse, secarse,** etc.) are usually reflexive.

¿Vas a **afeitarte** antes de salir?	*Are you going to shave before going out?*
Me desperté tarde esta mañana y no tuve tiempo para **bañarme.**	*I woke up late this morning and didn't have time to take a bath.*

Reflexive pronouns

Warm-up: Reflexive constructions
Write on the board the following:
me peino / peino a mi hijo (lo peino); me baño / baño a mis perros (los baño); me lavo / lavo el carro (lo lavo); me maquillo / maquillo a mi amiga (la maquillo).
Then have students explain the difference between the reflexive and non-reflexive constructions.

SUBJECT PRONOUNS	REFLEXIVE PRONOUNS	VERB
yo	me (*myself*)	lavo
tú	te (*yourself*)	lavas
Ud., él, ella	se (*yourself/himself/herself*)	lava
nosotros/as	nos (*ourselves*)	lavamos
vosotros/as	os (*yourselves*)	laváis
Uds., ellos, ellas	se (*yourselves/themselves*)	lavan

Note: Reflexive constructions
Remind students that there are three main types of reflexive constructions: true reflexive (when the agent performs the action and receives the action), reciprocal reflexive (when two or more agents both perform and receive the action), and idiomatic reflexive (not truly or reciprocal reflexives such as **dormirse, comerse, enamorarse,** etc).

- Reflexive pronouns follow the same rules as object pronouns: they immediately precede the conjugated verb, or are attached to the present participle (**-ndo**) or the infinitive. They are always attached to an affirmative command and precede a negative command.

Me lavo la cara.*	*I wash my face.*
El joven está peinándo**se**. ⎫ El joven **se** está peinando. ⎭	*The young man is combing his hair.*
Rosa va a maquillar**se** antes de vestirse. ⎫ Rosa **se** va a maquillar antes de vestirse. ⎭	*Rosa is going to put on her makeup before dressing.*
María, sécate el pelo antes de salir.	*María, dry your hair before going out.*
Chicos, ¡no **se** despierten antes de la siete de la mañana!	*Kids, don't wake up before seven a.m.!*

*When talking about parts of the body and articles of clothing, use the definite article (**la cara**) rather than the possessive (**mi cara**).

- Many verbs that express feelings, moods, and changes in conditions or emotional states follow the same rules as reflexives. In English these ideas are expressed with verbs like *to get* or *to become*, or non-reflexive verbs.

Me alegro de verte.	*I am happy to see you.*
Mis amigos **se enojan** si pierden.	*My friends get (become) angry if they lose.*

acordarse (ue)	to remember	**enamorarse (de)**	to fall in love (with)
alegrarse	to become happy	**enojarse**	to become angry
casarse (con)	to get married (to)	**irse**	to go away
divertirse (ie, i)	to have fun	**llevarse (con)**	to get along (with someone)
dormirse (ue, u)	to fall asleep	**olvidarse**	to forget

Note: Reflexive verbs
Remind students to avoid **con** with **enamorarse**. **Enamorarse de** literally means "to be enamored of."

Comprehension assessment: Verbs that change meaning
Have students come up with sentences with both the non-reflexive verb and its reflexive form. They can write their sentences on the board. Ex. *Primero, yo acuesto a los niños y después me acuesto. Siempre me lavo las manos antes de comer, etc.*

2. Reciprocal actions

Nos queremos mucho.

- Spanish also uses reflexive pronouns to express reciprocal actions (acting on each other) always in the plural.

Marco Antonio y Cleopatra **se querían** muchísimo.	*Marc Antony and Cleopatra loved each other very much.*
Mis padres y yo **nos hablamos** todos los días.	*My parents and I talk to each other every day.*

¡OJO!

Phrases such as **el uno al otro** (reciprocal) and **a nosotros/vosotros/sí mismos** (reflexive) distinguish a reciprocal from a reflexive action.

Nos miramos **el uno al otro**.

We look at each other.

Nos miramos **a nosotros mismos**.

We look at ourselves.

• Some common reciprocal actions include the following:

amarse	*to love (each other)*	**llamarse**	*to call (each other)*
ayudarse	*to help (each other)*	**mirarse**	*to look at (each other)*
besarse	*to kiss (each other)*	**quererse**	*to love (each other)*
conocerse	*to meet (each other)*	**tocarse**	*to touch (each other)*
hablarse	*to talk to (each other)*	**verse**	*to see (each other)*

Aplicación

4-11 Parejas famosas. Lee el siguiente artículo sobre algunos matrimonios célebres en la historia. Subraya los verbos que usan construcciones recíprocas o expresiones con pronombres reflexivos. Después contesta las preguntas a continuación.

Seguramente la historia ha producido matrimonios en los que ambas personas contribuyen a la historia de su época: Marco Antonio y Cleopatra, Luis XIV y María Antonieta, Juan Perón y Evita, para nombrar algunos. En este siglo tenemos entre las parejas del mundo del espectáculo a Marc Anthony y a Jennifer López.

Marc Anthony nació en Nueva York y se destaca por ser el salsero más famoso de todos los tiempos. Ha ganado un total de 5 premios Grammy y ha vendido más de 30 millones de álbumes. Jennifer López, también neoyorquina, se destaca tanto por su carrera musical como por ser actriz. Marc y Jennifer se conocieron de adolescentes, siempre se sintieron atraídos uno del otro, pero los caminos de la vida los separaron, sin sospechar que se unirían años más tarde después de un matrimonio por parte de él y dos por parte de ella. En el 2004, Marc Anthony se divorció de su primera mujer y, menos de una semana más tarde se casaron él y J-Lo. Los dos colaboraron en varios proyectos musicales y de cine, tuvieron dos hijos y gozaron de una fama mutua. Pero en el 2011, después de muchos rumores y negaciones, anunciaron que se habían separado y que iban a divorciarse. En el mundo del espectáculo, las relaciones personales no son siempre duraderas. Sin embargo, al separarse, J-Lo comentó que aunque no podían vivir juntos por ser incompatibles, los seguían uniendo sus dos hijos y el amor por la música.

4-12 Las parejas. Contesta las preguntas siguientes.

1. De las parejas mencionadas, ¿qué sabes de ellas?
2. En el caso de J-Lo y Marc Anthony, ¿cuándo se conocieron?
3. ¿Cómo se destaca Marc Anthony? ¿Cuántos premios Grammy ha ganado?
4. ¿Cómo se destaca J-Lo? ¿Conoces alguna canción o película suya?
5. ¿Cuándo se casaron los dos?
6. ¿Qué pasó siete años después?
7. ¿Qué parejas famosas en la actualidad se han quedado casadas después de años de matrimonio?

Answers: 4-12
1. Answers will vary.
2. *Se conocieron de adolescentes.*
3. *Se ha destacado por ser el salsero más famoso de todos los tiempos y ganador de 5 premios Grammy.*
4. *Se ha destacado por su música y sus películas.* Answers will vary.
5. *Se casaron menos de una semana después del divorcio de él en el 2004.*
6. *Anunciaron que iban a divorciarse.*
7. Answers will vary.

4-13 Javier Bardem y Penélope Cruz. Esta famosa pareja española lleva una vida llena de obligaciones profesionales y familiares. Usa construcciones reflexivas y no reflexivas para completar la conversación ficticia sobre quién hace cada actividad.

> MODELO: JAVIER: Todos los días *me despierto* a las seis y después *despierto* a mi mujer… (despertar)
>
> PENÉLOPE: No es verdad, Javier. *Te despiertas* a las siete y no me *despiertas* hasta las ocho. (despertar)

JAVIER: (**1**) (Yo) ___Me levanto___ (levantar) rápidamente y (**2**) ___me ducho___ (duchar) antes de (**3**) ___vestirme___ (vestir).

PENÉLOPE: Javier, (**4**) ___te levantas___ (levantar) rápidamente pero no (**5**) ___te duchas___ (duchar) siempre porque muchas veces haces ejercicio antes de (**6**) ___ducharte___ (duchar).

JAVIER: Es verdad. Después de hacer ejercicio y (**7**) ___ducharme___, (duchar) (**8**) ___me visto___ (vestir), (**9**) ___me afeito___ (afeitar) y (**10**) ___me peino___ (peinar).

PENÉLOPE: Javier, no siempre (**11**) ___te afeitas___ (afeitar). Después de (**12**) ___vestirte___ (vestir) tomas un cafecito mientras lees el periódico. Yo, en cambio, (**13**) ___levanto___ (levantar) a nuestro hijo, Leo. Lo (**14**) ___visto___ (vestir) y le (**15**) ___doy___ (dar) su desayuno.

JAVIER: Penélope, es la niñera quien (**16**) ___viste___ (vestir) a Leo. Tú, en cambio, (**17**) ___te lavas___ (lavar) la cara, (**18**) ___te cepillas___ (cepillar) los dientes y (**19**) ___te maquillas___ (maquillar). Después (**20**) ___te sientas___ (sentar) conmigo y nosotros planeamos nuestro día.

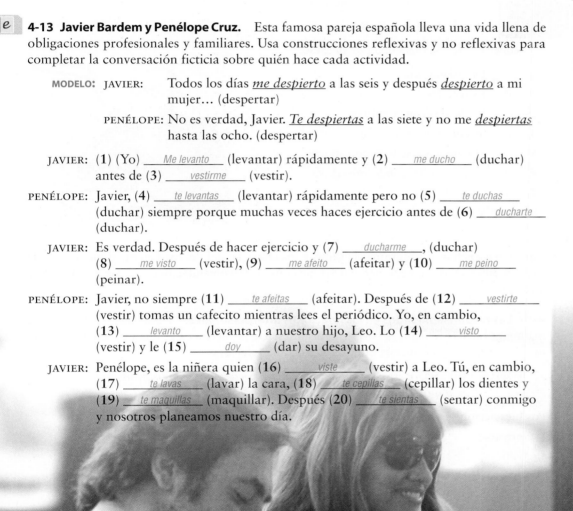

Rafael Nadal, el famoso tenista español.

4-14 Tu vida y la de los ricos y famosos. Escribe un párrafo en el que describas un día típico tuyo. Usa algunos verbos reflexivos (despertarse, maquillarse, acostarse, etc.) para explicar tu rutina diaria, y verbos recíprocos (conocerse, llamarse, verse, etc.) para describir tus relaciones con otras personas. Compara tu vida con la de otras personas famosas como el empresario Donald Trump, la productora, empresaria y filántropa Oprah Winfrey, el tenista español Rafael Nadal o la actriz y cantante, J-Lo.

 4-15 Escucho. Cuando los radioyentes (*listeners*) llaman al doctor Francisco Garza, un psicólogo que tiene un programa de radio, él trata de darles consejos para resolver sus problemas. Mientras escuchas las llamadas, indica a quién se refiere en cada oración.

C: Carlos   R: Rosario.

MODELO: R Se preocupa por su salud.

¡Dígame, Carlos...!

1. _C_ Es inseguro/a.
2. _C_ Es soltero/a.
3. _C_ Le da vergüenza hablar.
4. _R_ Se enferma fácilmente.
5. _R_ Quiere llevarse bien con su jefe.
6. _R_ Se queja de las condiciones de su trabajo.
7. _C_ Sufre de baja autoestima.
8. _C_ Vive con su familia.

Vuelve a escuchar el programa de radio y los consejos del doctor Garza. ¿Qué opinas de sus consejos? ¿Y de su personalidad? ¿Qué consejos/recomendaciones les darías a Carlos y a Rosario?

4-16 Las responsabilidades en las relaciones interpersonales. ¿Qué hacen ustedes para mantener buenas relaciones con sus amistades? De las acciones siguientes, ¿cuáles son las más importantes y las menos importantes en una relación?

MODELO: *Mis amigos y yo siempre nos ayudamos cuando tenemos problemas.*
           Es importante que nos comuniquemos, pero no es necesario que...

Posibles acciones:

apoyarse	gritarse
ayudarse	hablarse
comprarse	llamarse
comunicarse	verse

4-17 Debate: La personalidad. Preparen su posición a favor o en contra de uno de estos temas.

Resolución: En la política, el liderazgo (*leadership*) es más importante que la inteligencia.

Resolución: Lo correcto es siempre ser flexible en las relaciones personales.

Frases comunicativas

Al contrario,... *On the contrary...*   Perdona, pero... *Excuse me, but...*

Por una parte,... / Por otra parte,...   Para concluir,... *In conclusion,...*
On the one hand,... / On the other hand...

MODELO: *No es siempre prudente aceptar el otro punto de vista si está en contra de*
           tus creencias personales. Por una parte,...

CONÉCTATE

Suggestion: Video segment
Have students complete **4-18** and **4-19** while viewing the video outside of class. They should also take a few notes in preparation to elaborate **4-20** in class, following the viewing.

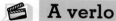

Videoblog *Los tatuajes y la expresión personal*

Antes de verlo

Note: Video segment
This segment is filmed in Mexico City and includes interviews with several people on the street and in a major tattoo parlor. Among the reasons one may choose a tattoo is for personal or artistic expression, or to express an idealized personality. Negative aspects are that they are permanent and that one might experience discrimination in society or the workplace. Students should notice that while several of the speakers find them attractive, they personally would not get a tattoo.

4-18 Los tatuajes. ¿Conoces a personas que tengan tatuajes o tienes tú alguno? ¿Cuáles son algunas de los dibujos más populares? ¿Por qué se tatúa una persona? ¿Cuáles son algunas de las consecuencias positivas y negativas de los tatuajes?

A verlo

4-19 ¿Por qué hacerte uno?
En este segmento vas a ver a varias personas con diferentes opiniones sobre los tatuajes. Toma nota de un mínimo de dos razones positivas y dos consecuencias negativas por haberse tatuado. ¿Cuál de los tatuajes, en tu opinión es el más bonito y por qué? ¿Te gustaría tatuarte con un dibujo semejante? Explica.

Después de verlo

4-20 ¡Creo que voy a hacerme uno! Uno/a de ustedes ha decidido hacerse un tatuaje y el/la otro/a está en total desacuerdo con la decisión. Preparen para la clase una discusión en la que traten de defender sus posiciones a favor o en contra del tatuaje. Pueden incluir algunas de las opiniones del video y otras suyas para que la clase decida cuál tiene el mejor argumento.

Suggestion: 4-20
Have 2 or 3 pairs of students perform their arguments for the class and have the class decide which pair has the liveliest discussion and which argument has the most merit.

Comparaciones

Expansion 4-21
Have students describe other "alternative" cultures or
"counter" cultures that they know.

4-21 En tu experiencia. Hay muchas maneras de expresar la personalidad o las opiniones políticas y sociales: el tatuaje, el modo de vestir, el peinado, la forma de actuar con los amigos y conocidos y el arte, entre otros. ¿Cuáles usas tú para expresar tu personalidad? ¿Y para expresar una opinión política o social?

La expresión personal y la movida madrileña

La movida madrileña fue un movimiento contracultural español que surgió durante los primeros años de la transición hacia la democracia y que se prolongó desde la muerte del dictador Francisco Franco en 1975 hasta casi el final de los 80.

La noche madrileña fue muy activa no solo por las salidas nocturnas de los jóvenes, sino a causa de un interés inusual en la llamada *cultura alternativa*, las drogas y la contracultura que surgió en Estados Unidos en la década de los 60. Ese movimiento rechazó los valores sociales y el modo de vida establecidos y propuso valores y soluciones alternativas: el pacifismo, la vida en comunas (*communes*), el retorno a la naturaleza, la experimentación con drogas psicodélicas, el amor libre, la espiritualidad oriental y el consumo frugal.

No solo los jóvenes, sino también muchos políticos apoyaron la cultura alternativa como un paso hacia la modernidad, o por lo menos, algo muy diferente a las cuatro décadas de dictadura.

Entre los artistas de la época se encuentra Juan Carlos Argüello (1966–1995) más conocido por su firma "Muelle", un pionero en España de un estilo de grafitos, similar al *tagging* que se había desarrollado en Estados Unidos. En el cine, se destaca Pedro Almodóvar, quien cuestionó con un humor negro los valores tradicionales de la sociedad española en esa época.

Después de la muerte de Francisco Franco los grafitos empezaron a inundar las calles de Madrid. Este edificio icónico llamado "Todo es felicidá" fue pintado por el artista grafitero Jack Babiloni.

4-22 En su opinión. Den su opinión sobre las siguientes afirmaciones y justifíquenlas.

1. Los grafitos son un modo válido de expresión personal o de opiniones políticas y sociales.

2. Los grafitos tienen valor artístico.

3. El movimiento contracultura fue autodestructivo y no se volverá a repetir más en este país.

4. La mejor manera de expresar su opinión política o social es al votar en las elecciones.

Note: *La movida madrileña*
La movida was a sociocultural movement that took place not only in Madrid but in many large cities in Spain during the first ten years after the death of Francisco Franco in 1975, and represented the economic rise of Spain and the new emerging Spanish cultural identity. It was a hedonistic and cultural wave that has been compared to the Hippie movement in the United States.

Suggestion 4-22
This activity can also be used for debate or guided composition.

📖 Ritmos

Ella (Bebe, España)

La cantautora Bebe es de una familia de músicos. Salió de golpe a la escena musical internacional en el 2005 cuando ganó el premio Grammy Latino al Artista Revelación (*Best New Artist*) por el álbum *Pafuera telarañas* en el cual figura la canción *Ella*. Además de ser cantante, ha actuado en varias películas españolas.

Antes de escuchar

4-23 Un nuevo día. Cuando estás triste o te sientes solo/a, ¿qué haces para sentirte mejor? ¿Haces ejercicio? ¿Te pones alguna ropa en especial? ¿Ves una película divertida? ¿Sales con tus amigos? ¿Escuchas alguna música en particular?

A escuchar

4-24 Ella. Conéctate a Internet para buscar un video de Bebe cantando *Ella*. Luego, escribe un párrafo con la siguiente información.

• Una lista de las cosas que hace ella porque está decidida a mejorar su vida.
• Una descripción de la personalidad de la nueva "Ella", usando adjetivos de *¡Así lo decimos!*
• Una comparación entre la personalidad de "Ella" y la tuya.

BUSCA www ⬇
bebe ella video; bebe ella letra

Después de escuchar

4-25 Hoy vas a descubrir... La cantante dice que "Ella" va a descubrir que su futuro es mucho más positivo que su pasado. De las acciones que ha hecho "Ella" para mejorar su vida, ¿cuáles has hecho tú o habrás hecho en algún momento en el futuro?

> MODELO: *Hoy "Ella" se ha maquillado. No me he maquillado todavía, pero me habré maquillado antes de salir para clase.*

 4-26 La música. Piensen en otra canción que les guste, o en español o en inglés, y comparen el tema, la música y el mensaje con esta. ¿Es esta más o menos positiva? ¿Es la música más o menos armónica? ¿Es el ritmo más o menos animado? ¿Cuál prefieren y por qué?

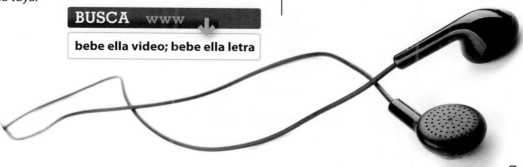

La comunicación interpersonal

¿Para qué sirve la comunicación?
- para influir en la conducta de otros;
- para compartir información; y
- para lograr el entendimiento.

El mensaje cambia según…
- el volumen y la entonación de la voz, la velocidad y las pausas.
- la expresión de la cara y los gestos.
- la expresión del cuerpo y el espacio físico.

¿Cómo te comunicas con los demás?
Toma esta encuesta para entender mejor tu estilo de comunicación.

	SÍ	NO
1. En general, prefiero escuchar a los demás y dejarlos hablar.		
2. Con la gente, prefiero mantener una distancia social más que personal.		
3. Toco a la persona con quien estoy hablando.		
4. Al hablar con alguien juego con la oreja, me toco la barbilla o me aliso el pelo.		
5. Al hablar con alguien, me paro con los brazos cruzados.		
6. Al hablar con alguien, mantengo las manos unidas.		
7. Al hablar con alguien, tengo una o ambas manos en las caderas.		
8. Al relajarme, me siento con las piernas dobladas, posición de loto.		
9. Al relajarme, me siento con las piernas cruzadas.		
10. Al relajarme, me siento con las piernas extendidas o rectas.		
11. Al relajarme, me siento con una pierna doblada debajo de mí.		
12. Cuando quiero expresar mi opinión, hablo en voz alta.		
13. Cuando algo realmente me divierte, reacciono con una risita callada.		
14. Cuando algo realmente me divierte, reacciono con una carcajada.		
15. En una discusión, acepto la opinión de los demás.		
16. En una discusión, guardo mis opiniones para no ofender a los demás.		

La expresión del cuerpo

Follow-up ¡Así es la vida!
Have students compare their responses and discuss how they reflect their personality and ways of dealing with people.

Distancia íntima	Distancia personal	Distancia social	Distancia pública
Contacto físico hasta 10 cms	0.45 a 1,2 mts	1.2 a 3,5 mts	Más de 3,5 mts

El espacio físico

Vocabulario básico

agradecido/a
compartir
dar por sentado
enfadarse
enojarse
la fidelidad
la fuente
lograr

Vocabulario clave: Las relaciones personales

Verbos

abrazar	*to embrace*
calumniar	*to slander*
comprometerse	*to get engaged, to commit oneself*
disculpar	*to forgive*
discutir	*to argue*
emocionarse	*to get excited, to be moved emotionally*
enamorarse (de)	*to fall in love (with)*
engañar	*to deceive*
experimentar	*to experience*
hacer las paces	*to make peace*
herir (ie, i)	*to hurt*
pedir disculpas (i, i)	*to ask for forgiveness*
sugerir (ie, i)	*to suggest*
superar	*to overcome*

Sustantivos

la bondad	*kindness*
el chisme/el cotilleo (España)	*gossip*
la conducta	*behavior*
los/las demás	*the others*
el entendimiento	*understanding*
el estado de ánimo	*mood*
el gesto	*gesture*
la molestia	*bother*
el placer	*pleasure*
el propósito	*purpose*

Adjetivos

cariñoso/a	*affectionate*
egoísta	*selfish*
humilde	*humble*
(in)fiel	*(un)faithful*
mandón/mandona	*bossy*
sensible	*sensitive*

Ampliación

Verbos	Sustantivos	Adjetivos
agradecer (zc)	el agradecimiento	agradecido/a
chismear	el chisme	chismoso/a
comprometerse	el compromiso	comprometido/a
disculpar	la disculpa	disculpado/a
discutir	la discusión	discutido/a
molestar	la molestia	molesto/a

¡Cuidado!

querer/amar

- In Spanish, the verb **querer** has two meanings: to want something, or to love someone.

Quiero un anillo de compromiso.	*I want an engagement ring.*
Te **quiero**.	*I love you.*

- The verb **amar** means to love someone deeply. It is most often used among couples deeply in love or for family or religious contexts.

¡Cómo **amo** a mis hijos!	*How I love my children!*
Hay que **amarse** los unos a los otros.	*One must love one another.*

Cariño, te amo con todo el corazón. Quiero que nos casemos.

Aplicación

4-27 ¿Qué es la comunicación? Repasa los tres propósitos de la comunicación en *¡Así es la vida!* e indica la letra más adecuada para identificar el propósito de los siguientes ejemplos.

A. influir en el comportamiento **B.** compartir información **C.** lograr el entendimiento

1. _A_ Un jefe le sugiere a su empleado que trate de superar sus obstáculos personales.
2. _B_ Un psicólogo da una conferencia sobre los efectos de la infidelidad.
3. _A_ Una mujer insiste en que su esposo le pida disculpas.
4. _A/C_ Los diplomáticos de la Organización de las Naciones Unidas tratan de negociar una paz duradera en el Medio Oriente y agradecen la colaboración de los países vecinos.
5. _B_ El meteorólogo informa sobre las temperaturas en diferentes capitales del mundo.
6. _C_ Los novios conversan sobre los pros y las contras de comprometerse.

Si quieres cambiar la manera en que se recibe el mensaje, ¿cómo lo haces sin cambiar las palabras?

4-28 Las relaciones personales. Completa cada oración con un verbo lógico de *¡Así lo decimos!* No repitas ninguno.

calumniar	engañar	hacer las paces
comprometerse	experimentar	pedirle disculpas
dar por sentado		superar

1. El chico no quería _____engañar_____ a su novia, pero se enamoró de otra.
2. Si no revisas tus fuentes, puedes _____calumniar_____ al político.
3. Los novios van a _____comprometerse_____ en la Navidad y casarse en junio.
4. No debemos _____dar por sentado_____ a nuestros padres. Les debemos la vida.
5. Si hieres a un amigo, debes _____pedirle disculpas_____.
6. Tenemos que _____superar_____ las dificultades para seguir adelante.
7. Tienes que _____experimentar_____ la vida, no solo observarla.
8. Un buen diplomático sabe _____hacer las paces_____ entre los enemigos.

4-29 ¿Mensaje positivo o negativo? Lee los siguientes consejos e indica si comunican un mensaje positivo (**P**) o negativo (**N**).

1. _P_ Logra tu meta.
2. _P_ Abraza a un amigo.
3. _N_ Enójate cuando no encuentres lo que necesitas.
4. _P_ Sé cariñoso con tu pareja.
5. _P_ Enamórate de una persona buena y serás muy feliz.
6. _N_ Sé malhablado.
7. _N_ Calumnia a la gente que no te caiga bien
8. _P_ Haz las paces con tu enemigo.

4-30 Resultados positivos.   Preparen un contexto lógico para cada uno de los mensajes positivos de la actividad anterior. Piensen en sus propias experiencias y usen el pretérito para describirlas.

> MODELO: *Después de trabajar todo el verano, logré mi meta de ahorrar lo suficiente para pagar parte de la renta de mi apartamento.*

¿Zona íntima o zona social?

 4-31 Su espacio personal.   Según el gran antropólogo Edward T. Hall (*The Hidden Dimension*, 1966), el espacio personal que uno mantiene depende de la cultura y de la situación social. Explíquense a quiénes admiten ustedes en cada una de estas zonas.

> MODELO: *En la zona íntima solo admito a mi novio/a.*

- la íntima
- la social
- la personal
- la pública

Ahora, pongan a prueba la distancia personal en las siguientes situaciones. Párense (*stand up*) y asuman la distancia personal que les parezca más cómoda para cada una de estas situaciones.

1. Se piden disculpas.
2. Chismean sobre un amigo suyo.
3. Discuten un tema polémico.
4. Uno/a se molesta.
5. Están en una entrevista de trabajo.
6. Acaban de conocerse en una fiesta.

Note: 4-32
Audioscript appears in AIE
Appendix AS.

4-32 Los amoríos de Lulú. Escucha la conversación entre los personajes de una telenovela popular e identifica a quién se refiere.

L: Lulú (la novia) **C: Carlos** (el novio) **D: Diana** (la exnovia)

1. _L_ Se siente inseguro/a.
2. _L_ Tiene celos.
3. _C_ Dice que es fiel.
4. _C_ Se siente calumniado/a.

5. _C_ Confía en su novio/a.
6. _D_ Su mamá está enferma.
7. _L_ Quiere hacer las paces.
8. _C_ Quiere olvidar el pasado.

4-33 Las buenas relaciones. ¿Cuáles son los peligros que pueden amenazar una relación positiva? Lee la historia de Ramón y Soledad y explica cómo se resolvió el problema. Luego, crea tu propia historia, usando las palabras en negrita (*bold*).

Suggestion: 4-33
You could create a fun follow up to this activity by having students create a similar situation in which a couple discusses a problem that threatens their relationship. Give a word bank to incorporate some of the active vocabulary: **herir, pedir disculpas, sugerir, superar, el chisme, cariñoso**, etc.

> Esta es la historia de Ramón y Soledad y de cómo pudieron superar **los celos** y **las calumnias** que amenazaban su relación. Ramón y Soledad se conocieron en una fiesta de unos amigos comunes. Se llevaron muy bien y decidieron verse más. Después de salir juntos varias veces, Ramón y Soledad **se enamoraron** locamente, se prometieron **fidelidad** eterna y eran muy felices. Pero un día, un amigo de Ramón que estaba enamorado de Soledad le dijo que había visto a Soledad con otro, y Ramón lo creyó. Cuando Ramón acusó a Soledad, esta **se enojó** y estuvo muy **molesta** con él. Ella quiso romper **el compromiso** hasta que apareció el "amigo" y les confesó que había inventado la historia y les **pidió disculpas** a los dos. Los dos novios se dieron cuenta de que tendrían que hacer un gran esfuerzo para **superar** sus dificultades.
>
> Moraleja: Hay que tener **confianza** en los demás para mantener buenas relaciones.

4-34 De nuevo: Preferencias personales (*Gustar* and similar verbs). Escribe un párrafo sobre lo que te gusta y lo que no te gusta de una persona (real o imaginaria). Puedes mencionar su personalidad, sus opiniones, sus acciones, etc. Incluye por lo menos cuatro oraciones afirmativas y cuatro negativas. Utiliza el verbo **gustar** y verbos similares como **fascinar, importar, encantar, parecer, molestar, caer bien/mal**, etc.

RECUERDA

Puedes repasar el verbo **gustar** y otros verbos similares en el *Capítulo 3*.

MODELO: *Carlos me cae muy bien. Me gusta su sentido del humor… Sin embargo, a veces me molesta…*

Reto: ¡Trata de incluir seis oraciones afirmativas y seis negativas! Usa también muchas palabras de la *Primera* y la *Segunda parte* de *¡Así lo decimos!*

@ ¡Así lo hacemos!

04-26 to 04-32

3. Present perfect indicative and subjunctive

> ¿Has visto las fotos de la fiesta sorpresa?

> ¡Nos hemos divertido tanto!

The present perfect is a compound tense that requires two verbs. In English, the present perfect is formed with the present tense of the auxiliary verb *to have* + past participle. In Spanish, the present perfect is formed with the present tense of the auxiliary verb **haber** + past participle.

	HABER	PAST PARTICIPLE
yo	he	
tú	has	
Ud., él, ella	ha	
nosotros/as	hemos	tomado/comido/vivido
vosotros/as	habéis	
Uds., ellos, ellas	han	

- In general, the present perfect is used to refer to a past action or event that is perceived as having some bearing on the present or has been completed in the past.

Mis padres **han logrado** superar muchas dificultades.	*My parents have succeeded in overcoming many difficulties.*
Hemos visto muchos cambios en este siglo.	*We have seen many changes in this century.*

- The auxiliary verb **haber** agrees with the subject of the sentence. The past participle, however, is invariable when it forms part of the perfect tense.

¿Carlos **se ha enamorado** de Sofía?	*Has Carlos fallen in love with Sofía?*
No, pero ella **se ha enamorado** de él.	*No, but she has fallen in love with him.*

- The auxiliary verb **haber** and the past participle *cannot* be separated by another word. Reflexive and object pronouns, and negative words are always placed before **haber**.

Rosa y yo **nos hemos visto** en clase.	*Rosa and I have seen each other in class.*
No **la he conocido** todavía.	*I haven't met her yet.*

Note: *Imprimir*
According to the **Real Academia Española**, both **impreso** and **imprimido** are acceptable; however, **impreso** is more common in the Americas.

Warm-up: Present perfect
¿Cuáles son algunas de las cosas más memorables que has hecho? ¿Las más divertidas? ¿Las más tontas? ¿Las más difíciles?, etc.

¡OJO!

Form the past participle of regular verbs by adding **-ado** to the stem of **-ar** verbs and **-ido** to the stem of **-er** and **-ir** verbs: **tomado**, **comido**, **vivido**.

¡OJO!

Many common verbs have irregular past participles. See if you can identify the infinitives of these: **abierto**, **cubierto**, **dicho**, **escrito**, **hecho**, **impreso**, **ido**, **muerto**, **puesto**, **resuelto**, **roto**, **visto**, **vuelto**. An accent mark is added to the past participle of **-er** and **-ir** verbs whose stems end in **-a**, **-e**, or **-o**. Identify the infinitives of these: **caído**, **creído**, **leído**, **oído**, **reído**, **traído**.

Expansion: Irregular past participles
You may wish to remind students that when past participles are used as adjectives, they agree in number and gender with the noun they modify: **una ventana abierta**, **unos libros impresos en España**, etc.

Implementation: Present perfect
Have students respond quickly to these and other short drills in which they change the verb to the present perfect, and then use it in context. **yo / comer:** Ex. *Nunca he comido en un restaurante español. tú / poner; nosotros / trabajar; los profesores / hacer; la universidad / abrir; vosotros / vivir, etc.*

• The present perfect subjunctive is formed with the present subjunctive of **haber** (**haya, hayas, haya,** etc.) + the past participle.

Esperamos que el chico **haya dicho** la verdad.	*We hope the boy has told the truth.*
Dudo que los novios se **hayan mentido.**	*I doubt the fiancés have lied to each other.*

¡OJO!

The verb **haber** is not interchangeable with **tener. Haber** means *to have* only when used as an auxiliary verb with the past participle. **Tener** means *to have* or *to own* in the sense of possession.

Alejandro **tiene** una personalidad positiva.	*Alejandro has a positive personality.*
Siempre **ha sido** muy optimista.	*He has always been very optimistic.*

¡OJO!

Use the present tense of **acabar de** + infinitive in order to describe an event that *has just happened*.

El filántropo **acaba de** anunciar su generosa donación a la universidad.	*The philanthropist has just announced his generous donation to the university.*

Answers: 4-35
ha sobrepasado PPI; ha logrado PPI; ha aumentado PPI; han crecido PPI; haya podido PPS; ha mencionado PPI; ha confiado PPI; ha diversificado PPI; haya obtenido PPS.

Aplicación

4-35 En la prensa. Lee el artículo sobre el mexicano Carlos Slim Helú. Primero, subraya el uso del presente perfecto de indicativo (**PPI**) o de subjuntivo (**PPS**). Luego, explica en tus propias palabras cómo ha llegado a tener tanto éxito.

25 de julio de 2012

MÉXICO, D.F. (Notimex)

Por cuarta vez, Carlos Slim Helú, el exitoso empresario mexicano, ha sobrepasado a Bill Gates como el hombre más rico del mundo, según la revista *Forbes*. Lo ha logrado gracias a la subida de sus acciones[1] en América Móvil. Se estima que su fortuna ha aumentado a 74 mil millones[2] de dólares, lo que equivale al 8% del producto bruto doméstico (*GDP*) de México. Las ganancias de su banco, Imburso, también han crecido un 20% en el mismo período.

Slim es Ingeniero Civil de profesión, licenciado de la UNAM. Comenzó a invertir en la compra de negocios y bienes raíces en el centro de la Ciudad de México a principios de los años 80, en medio de una crisis económica que paralizó México. Aunque muchas de estas empresas tenían números rojos y sin mucho futuro, es sorprendente que su grupo haya podido convertirlas en empresas sólidas y con una gran utilidad. Carlos Slim ha mencionado repetidamente que siempre ha confiado en el futuro de México. Desde los 80 Carlos Slim ha diversificado en varios sectores; en 1997, con las acciones adquiridas de la empresa informática Apple Computer y justo antes del lanzamiento de la iMac, logró multiplicar su fortuna. En 1997 adquirió Prodigy.

Algunos mexicanos dudan que Slim haya obtenido su riqueza honestamente. Sin embargo, es admirado por muchos otros por su tenacidad sin límite y su astucia para los negocios.

[1]*shares*   [2]*billions*

4-36 Comentarios sobre Carlos Slim. Completa cada comentario con la forma correcta del presente perfecto del indicativo o subjuntivo según el contexto.

1. Es verdad que Carlos Slim ___*ha superado*___ (superar) muchas dificultades en su vida.

2. Es impresionante que ___*haya logrado*___ (lograr) tanto éxito en los negocios, no solo en México sino también internacionalmente.

3. Ojalá que no lo ___*haya afectado*___ (afectar) la crisis económica mundial.

4. Creo que ___*ha sido*___ (ser) muy generoso con los mexicanos, especialmente en su apoyo de las artes.

5. Me alegro de que ___*se haya interesado*___ (interesarse) en las artes.

6. Algunos opinan que sus negocios ___*han sido*___ (ser) deshonestos, pero muchos lo ___*han apoyado*___ (apoyar) por su generosidad.

 4-37 Hecho. Ustedes controlan los últimos detalles del programa *Despierta América* en Univisión y van a entrevistar a Carlos Slim. Túrnense para hacer y contestar preguntas basadas en las siguientes frases. Usen pronombres cuando sea posible.

> **MODELO:** arreglar las sillas
> E1: *¿Has arreglado las sillas?*
> E2: *Sí, las he arreglado.* o *No, todavía no las he arreglado.*

1. encender (*to turn on*) las luces

2. hacer la lista de los participantes

3. asignar los asientos para los invitados

4. poner botellas de agua mineral en la mesa

5. preparar el camerino (*dressing room*) del Sr. Slim con periódicos y acceso a Internet

6. escribir las preguntas para su entrevista

7. imprimir la agenda y las preguntas para el director

 4-38 A que nunca han... Háganse preguntas sobre experiencias que hayan tenido. Pueden usar las frases de la lista o inventar oraciones originales.

ver una discusión entre amigos	chismear con los amigos
dar por sentado a un/a amigo/a	enamorarse locamente de alguien
pedirle disculpas a una persona	hacer las paces con un/a amigo/a

> **MODELO:** E1: *¿Te has acostumbrado a la vida universitaria?*
> E2: *Sí, me he acostumbrado a todo menos a la comida.*

4-39 Relaciones interpersonales. Piensen individualmente en alguien importante para ustedes y hagan una lista de lo que esa persona haya hecho para hacerlos felices y también para enojarlos. Luego, reaccionen usando expresiones que requieran el subjuntivo.

> **MODELO:** E1: *Mi novio me ha comprado flores muchas veces para hacerme feliz.*
> *Ha cancelado los planes algunas veces y eso me ha enojado.*
> E2: *Me alegro de que tu novio te haya comprado flores pero dudo que haya cancelado los planes sin una buena razón.*

Algunas reacciones:

Me alegro de que...	Es sorprendente que...	Es (im)probable que...	Es (im)posible que...
No creo que...	Es raro que...	Es lógico que...	Ojalá (que)...

Suggestion: Art
Ask students: *¿Quiénes serán estas personas? ¿De qué estarán hablando? ¿Habrán cenado fuera esta noche? ¿Habrán visto una película romántica?*

Future perfect

¿Habrá entendido lo que le dije?

¡OJO!

The future of **haber** uses the stem **habr-**: **habré**, **habrás**, **habrá**, **habremos**, **habréis**, **habrán**.

The future perfect expresses an action that *will be finished* by a certain point in time. Form the future perfect with the future of the auxiliary verb **haber** and the past participle.

Note: Future perfect
The future perfect can also be used to express probability or conjecture about what may have happened in the past.

¿Estela y Raúl **se habrán comprometido**? — *I wonder if Estela and Raúl have gotten engaged.*

¿**Se habrá enamorado** Pablo alguna vez? — *I wonder if Pablo has ever fallen in love.*

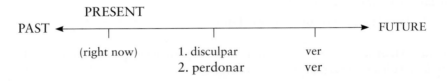

	PRESENT		
PAST ←			→ FUTURE
	(right now)	1. disculpar	ver
		2. perdonar	ver

1. Miguel ya **se habrá disculpado** antes de **ver** a su novia.

Miguel will already have apologized before seeing his girlfriend.

2. Su novia ya **lo habrá perdonado** cuando lo **vea**.

His girlfriend will already have forgiven him when she sees him.

- As with other perfect tenses, nothing can come between the auxiliary **haber** and the past participle.

Comprehension assessment: The future perfect to express probability
Have students use the future perfect to express things they have always wondered about other people's pasts. Write their statements on the board.

¿**Se habrán comprometido** antes de terminar los estudios?	*Will you have gotten engaged before finishing your studies?*
Sí, seguramente **nos habremos comprometido** en la primavera.	*Yes, we will surely have gotten engaged in the spring.*

Pluperfect

The pluperfect refers to an action or event that took place before another past action or event. Compare the following sentences with the time line.

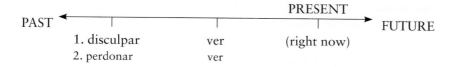

1. Miguel ya **se había disculpado** antes de **ver** a su novia.
Miguel had already apologized before seeing his girlfriend.

2. Su novia ya **lo había perdonado** cuando lo **vio.**
His girlfriend had already forgiven him when she saw him.

- Like other perfect tenses, the pluperfect is a compound tense. It is formed with the imperfect tense of **haber** + past participle.

Antes de llegar Lourdes, mis hermanos **habían dominado** la conversación.	*Before Lourdes arrived, my brothers had dominated the conversation.*

Aplicación

e **4-40 ¿Cómo eran antes?** Todas estas personas cambiaron su actitud después de un evento o una experiencia importante en su vida. Señala qué le pasó a cada una de ellas.

1. _d_ Antes de tomar una clase de oratoria, la mujer introvertida…

2. _e_ Antes de enamorarse de Mercedes, José…

3. _a_ Antes de ser calumniado por el periódico, el político…

4. _c_ Antes de conocer a María en la escuela secundaria, Patricia…

5. _b_ Antes de ver la reacción positiva de sus padres, el joven…

a. nunca había pensado escribirle una carta al director (*editor*).

b. nunca los había apreciado tanto.

c. nunca había tenido una buena amiga.

d. nunca había hablado en público.

e. nunca había pensado en casarse.

¡OJO!

The imperfect of **haber** is regular: **había, habías, había, habíamos, habíais, habían.**

¡OJO!

In all compound tenses, the auxiliary **haber** and the past participle are always kept together; **haber** must agree with the subject, and the past participle stays the same.

Hasta ese momento, Ana siempre me **había caído** bien.

Until that moment, I had always liked Ana.

Assessment: Pluperfect tense
Ask students what they had done by the time they got dressed this morning, by the time they arrived in the classroom, by the time they had breakfast/lunch, etc. Write these expressions on the board: **Antes de vestirme esta mañana, ya…; Antes de llegar a clase, ya…; Antes de desayunar/almorzar, ya…**

4-41 Habrá ocurrido antes o después de las elecciones. Primero conjuga los verbos en el futuro perfecto y, luego, indica si las acciones habrán ocurrido antes o después de las elecciones, en tu opinión.

> MODELO: Los candidatos que ganaron les _habrán agradecido_ (agradecer) el voto a los votantes. _Después_

1. Los candidatos que perdieron _se habrán puesto_ (ponerse) muy tristes. _Después_
2. Todos los candidatos _habrán sido calumniados_ (ser) calumniados en los anuncios negativos en la televisión. _Antes_
3. Algún político _habrá pedido_ (pedir) disculpas por haber perdido las elecciones. _Después_
4. Otros lo _habrán disculpado_ (disculpar) al leer las noticias el próximo día. _Después_
5. Tú y yo _habremos discutido_ (discutir) los resultados de las elecciones. _Después_
6. Los reporteros _habrán investigado_ (investigar) la conducta de los candidatos en sus campañas. _Antes_
7. Los periódicos _habrán publicado_ (publicar) muchos sondeos en anticipación de las elecciones. _Antes_
8. Tu candidato _habrá participado_ (participar) en varios debates con sus contrincantes. _Antes_

4-42 La comunicación. ¿De qué temas debe haber hablado una pareja antes de casarse o de decidir vivir juntos? Sugieran cinco temas.
Antes de casarse…

> MODELO: _Los novios ya habrán hablado sobre dónde vivir._

4-43 Para el año 2030. En grupos de tres o cuatro, hagan seis predicciones de lo que habrá ocurrido para el año 2030 y expliquen por qué habrá ocurrido. Deben utilizar por lo menos diez verbos en el futuro perfecto.

> MODELO: _Para el año 2030, habremos encontrado muchos planetas nuevos._

4-44 Antes de venir a esta universidad. Hablen de qué habían hecho (o no habían hecho) antes de venir a la universidad. Empiecen con la siguiente lista de actividades e incluyan sus propias ideas.

> MODELO: E1: _Antes de venir a esta universidad, no había conocido a mi compañero/a de cuarto._
> E2: _Pues yo había conocido a mi compañero/a de cuarto durante una reunión de orientación en el verano…_

- portarse bien/mal
- participar en…
- enamorarse (de)

- tener la oportunidad de…
- escribir un ensayo sobre…
- resolver un problema con…

4-45 Debate: La responsabilidad interpersonal. Preparen su posición a favor o en contra de uno de estos temas.

Resolución: Se prohibirá aceptar comentarios anónimos en los foros de opinión de la universidad.

Resolución: En las relaciones personales la comunicación es lo más importante.

Resolución: Las relaciones entre los jefes y los empleados deben ser respetuosas.

> MODELO: _La libertad de expresión es muy importante en una sociedad democrática. Sin embargo, es importante no ofender con comentarios negativos anónimos en los foros públicos. Por un lado…_

¡ASÍ LO EXPRESAMOS!

📖 Imágenes
04-40

🖼 *Las dos Fridas* (Frida Kahlo, 1907–1954, México)

Frida Kahlo fue una pintora mexicana que creó aproximadamente doscientas pinturas. Casi todas sus obras son autorretratos o tratan sobre temas autobiográficos o feministas. La mezcla de realidad y fantasía, del mundo interior y el mundo exterior, y de la combinación de lo moderno con lo tradicional hacen de esta pintora una de las figuras más importantes del arte latinoamericano. Pasó casi toda su vida junto a su famoso esposo, el muralista Diego Rivera, y aunque se separaron por un tiempo, Frida siempre estuvo enamorada de él.

Frida Kahlo (1907–1954, México), "The Two Fridas (Las Dos Fridas)" 1939. Oil on Canvas. 5'9" × 5'9" (173 × 173) cm. Bob Schalkwijk/Art Resource, NY. © Banco de México Diego Rivera & Frida Kahlo Museums Trust. Av. Cinco de Mayo No. 2, Col. Centro, Del. Cuauhtemoc 06059, México, D.F. Reproduction authorized by the Instituto Nacional de Bellas Artes y Literatura.

Perspectivas e impresiones

4-46 ¿Qué opinas? Contesta las siguientes preguntas sobre *Las dos Fridas*.

1. ¿Cómo explicas el título de la pintura?

2. ¿En qué se diferencian las dos Fridas?

3. Explica los elementos o colores de la pintura que son simbólicos. ¿Qué piensas que simbolizan?

4. La Frida de la derecha tiene un retrato en miniatura de su esposo, Diego Rivera. ¿Qué crees que simboliza?

5. ¿Crees que hay una cierta dualidad en todas las personas? ¿Por qué?

6. Haz una lista de tus "dualidades" y luego trata de representarlas en un dibujo. Comparte el dibujo con el resto de la clase.

4-47 A explorar: El mundo interior de Frida Kahlo.
Esta gran artista tuvo una vida corta y difícil, pero también prolífica. Busca en Internet más información sobre su vida y algunos de sus famosos autorretratos. Elige uno que te impresione para después describírselo a la clase.

BUSCA: www ⬇

frida kahlo vida; frida kahlo autorretrato

Páginas

Julia de Burgos (1914–1953, Puerto Rico)

Julia de Burgos fue una poeta puertorriqueña que escribió
numerosos artículos periodísticos en los que abogaba
(*advocated*) por las mujeres, los negros y los trabajadores.
Se casó en dos ocasiones, pero fue su segundo marido,
José Jimeses Grullón, quién inspiró muchos de sus
poemas. Después del fracaso de su matrimonio y a pesar
de contar con muchos admiradores, murió pobre y sola,
y fue enterrada bajo el nombre de "Jane Doe" hasta que
sus amigos pudieron encontrar su tumba y llevar sus
restos a Puerto Rico. Hoy en día se le considera una de
las más grandes poetas de Latinoamérica.

Note: poeta
The term **poetisa** is falling out of use in current
Spanish. *Fusión* uses **poeta** for men and women.

Antes de leer

4-48 Anticipación. Mira el dibujo. ¿Quién es la mujer del espejo?
¿Quién es la mujer que se mira en el espejo? ¿Cuál se ve más real?
¿Con cuál de las dos te identificas más?

4-49 Estrategias para la lectura. Busca elementos de la lectura que
puedan ayudarte a anticipar el tema. Lee la introducción al poema. Ten en
cuenta su título. Trata de adivinar el significado de los siguientes cognados
que aparecen en el poema.

abismo	enemigo	hipocresía	murmuran	social	voz
aristocracia	esencia	humana	profundo	verso	

4-50 Dos en una. Lee el poema para ver por qué la poeta se escribe un poema a sí misma.

A JULIA DE BURGOS

have begun a rumor		Ya las gentes murmuran° que yo soy tu enemiga
		porque dicen que en verso doy al mundo tu yo.
		Mienten, Julia de Burgos. Mienten, Julia de Burgos.
se levanta		La que se alza° en mis versos no es tu voz: es mi voz
ropa	5	porque tú eres ropaje° y la esencia soy yo;
se extiende		y el más profundo abismo se tiende° entre las dos.
doll		Tú eres fría muñeca° de mentira social,
spark		y yo, viril destello° de la humana verdad.
polite hypocrisies		Tú, miel de cortesanas hipocresías°; yo no;
revelo	10	que en todos mis poemas desnudo° el corazón.
		Tú eres como tu mundo, egoísta; yo no;
risk everything		que todo me lo juego° a ser lo que soy yo.
prim		Tú eres solo la grave señora señorona°;
		yo no; yo soy la vida, la fuerza, la mujer.
master	15	Tú eres de tu marido, de tu amo°; yo no;
		yo de nadie, o de todos, porque a todos, a todos,
		en mi limpio sentir y en mi pensar me doy.
curl		Tú te rizas° el pelo y te pintas; yo no;
		a mí me riza el viento; a mí me pinta el sol.
	20	Tú eres dama casera, resignada, sumisa,
tied		atada° a los prejuicios de los hombres; yo no;
don Quijote's wild horse		que yo soy Rocinante corriendo desbocado°
smelling		olfateando° horizontes de justicia de Dios.
		Tú en ti misma no mandas; a ti todos te mandan;
	25	en ti mandan tu esposo, tus padres, tus parientes,
sacerdote / fashion designer		el cura°, la modista°, el teatro, el casino,
joyas		el auto, las alhajas°, el banquete, el champán,
social gossip		el cielo y el infierno, y el qué dirán social°.
		En mí no, que en mí manda mi solo corazón,
	30	mi solo pensamiento; quien manda en mí soy yo.
		Tú, flor de aristocracia; y yo, la flor del pueblo.
owe		Tú en ti lo tienes todo y a todos se lo debes°,
		mientras que yo, mi nada a nadie se la debo.
"nailed" or chained to your past		Tú, clavada al estático dividendo ancestral°,
a social misfit	35	y yo, un uno en la cifra del divisor social°,
		somos el duelo a muerte que se acerca fatal.
agitadas		Cuando las multitudes corran alborotadas°
ashes		dejando atrás cenizas° de injusticias quemadas
torch		y cuando con la tea° de las siete virtudes,
deadly sins / crowds	40	tras los siete pecados°, corran las multitudes°
		contra ti, y contra todo lo injusto y lo inhumano,
		yo iré en medio de ellas con la tea en la mano.

Después de leer

4-51 ¿Cómo lo interpretas tú?   Contesta las siguientes preguntas sobre el poema.

1. Explica el título del poema.
2. Haz una lista de los pares de palabras opuestas del poema (*hombre/mujer*).
3. Describe con tus propias palabras cómo es la poeta en su vida privada y en su vida pública.
4. En tu opinión, ¿cuál es la Julia de Burgos más "auténtica"? ¿Por qué?
5. ¿Cuál de las "dos Julias" vence al final del poema?
6. ¿Piensas que todas las personas tienen dos caras? ¿Es muy diferente tu "cara social" de tu "cara personal, íntima"? ¿En qué se diferencian?

 4-52 Tú... y tú.   Escribe una lista de palabras opuestas que te describan. Luego, intercambia tu lista con la de tu compañero/a y úsala para retratarlo/la (*draw pictures of him/her*), según sus "dos" personalidades. Puedes referirte a *Las dos Fridas* como modelo.

Suggestion: *Páginas*
Have students make a drawing that depicts their interpretation of each of the two Julias.

Follow-up: 4-52
Ask students: *¿Conoces a alguien que tenga dos caras muy distintas la una de la otra? ¿Cómo son sus dos modos de ser? ¿Consideras que esa persona es hipócrita o que simplemente está protegiendo su lado íntimo porque se siente vulnerable?*

mi compañero/a   *y mi compañero/a*

 # Taller

04-43

Un perfil para apego.com

Posiblemente te has inscrito en algún sitio de Internet cuyo propósito es buscar amistades o una pareja. En tales (*such*) sitios es normal que la gente se describa para dar una impresión favorable.

Antes de escribir

Inscríbete. Completa más arriba el formulario de entrada al sitio apego.com.

APEGO.com

¡Encuentra amistades hoy! ¡INSCRÍBETE GRATIS!

Soy: [_____] (p. ej. hombre que busca mujer)

De: [_____] (p. ej. EE.UU.)

Cumpleaños : [____] [____] [____]

Nombre de usuario: [_____]

Contraseña: [_____]

E-Mail : [_____]

Ensayo: [_____]

ENCONTRAR AMISTADES

Idear. Escribe una lista de las cualidades que te describan y una lista de acciones o reacciones que las ejemplifiquen. Puedes referirte a las expresiones de *¡Así lo decimos!* de este capítulo.

MODELO:
Cualidades	**Acciones o reacciones**
desenvuelto/a	*No me pongo muy estresado/a cuando tengo mucho que hacer.*

A escribir

Vas a escribir un ensayo de dos párrafos, cada uno de cien palabras. En el primero te describes a ti mismo/a usando las cualidades y las acciones que has anotado arriba. En el segundo, describes a la persona que busques. Evita clichés como "Hola. No estoy seguro/a de qué hago aquí." Piensa en una frase inicial para atraer el interés. Cuando te describas, no te quedes en "Soy divertido/a". Trata de escribir algo más descriptivo, como "Tengo una voz como Bebe". Usa estas frases para que te destaques, pero recuerda ser tú mismo/a. Finalmente, no te olvides de revisar tu ensayo para que no tenga faltas de ortografía o de gramática.

Presentarte. Escribe unas oraciones con las tres cualidades más importantes que te describan.

MODELO: *Soy Sarita González y me apasiona la música. También soy aficionada a los deportes y participo en varios de ellos. Soy generosa y compasiva.*

Respaldar. Agrega varios ejemplos que apoyen estas cualidades. Utiliza los conectores **pero**, **sino**, **aunque** y **sin embargo**.

Describir. Ahora escribe el párrafo sobre la persona que busques. Puede ser verdadera o imaginaria.

Concluir. Escribe una oración que resuma tus cualidades y tus acciones y que sirva de conclusión.

Después de escribir

Revisar. Vuelve a leer tu perfil sin pausa para obtener una impresión general. Después, revisa los siguientes aspectos:

☐ ¿Has incluido un vocabulario variado?

☐ ¿Has verificado la concordancia y la ortografía?

☐ ¿Has incluido el presente perfecto? ¿el futuro perfecto? ¿el pluscuamperfecto?

☐ ¿Has incluido aspectos de tu rutina diaria?

Compartir. Intercambia tu perfil con el de tu compañero/a. Al leer el perfil, haz comentarios y sugerencias sobre el contenido, la estructura y la gramática.

Entregar. Incorpora las sugerencias y correcciones de tu compañero/a y luego pon tu perfil en limpio para entregárselo a tu profesor/a.

Vocabulario

Primera parte

acostumbrarse (a)	*to get used to*
adivinar	*to guess*
analizar	*to analyze*
ansioso/a	*anxious*
apresurado/a	*hurried*
la autoestima	*self-esteem*
avergonzar (üe)	*to shame, to embarrass*
el carácter	*personality*
celoso/a	*jealous*
comprensivo/a	*understanding*
confiado/a	*confident*
la confianza	*confidence*
desenvuelto/a	*outgoing*
despreocupado/a	*carefree*
educado/a	*polite*
elegir (i, i)	*to choose*
equivocarse	*to make a mistake*
evaluar	*to evaluate*
exitoso/a	*successful*
fingir	*to pretend*
el instinto	*instinct*
maduro/a	*mature*
malhablado/a	*foul-mouthed*
maniático/a	*compulsive*
mentiroso/a	*lying, false*
orgulloso/a	*proud*
portarse bien/mal	*to behave/to misbehave*
relajarse	*to relax*
vencer	*to defeat, to overcome*
la vergüenza	*embarrassment*

Segunda parte

abrazar	*to embrace*
la bondad	*kindness*
calumniar	*to slander*
cariñoso/a	*affectionate*
el chisme/cotilleo	*gossip*
comprometerse	*to get engaged, to commit oneself*
la conducta	*behavior*
los/las demás	*the others*
disculpar	*to forgive*
discutir	*to argue*
egoísta	*selfish*
emocionarse	*to get excited, to be moved emotionally*
enamorarse (de)	*to fall in love (with)*
engañar	*to deceive*
el entendimiento	*understanding*
el estado de ánimo	*mood*
experimentar	*to experience*
el gesto	*gesture*
hacer las paces	*to make peace*
herir (ie, i)	*to hurt*
humilde	*humble*
(in)fiel	*(un)faithful*
mandón/mandona	*bossy*
la molestia	*bother*
pedir disculpas (i, i)	*to ask for forgiveness*
el placer	*pleasure*
el propósito	*purpose*
sensible	*sensitive*
sugerir (ie, i)	*to suggest*
tener celos	*to be jealous*
superar	*to overcome*

¡Cuidado! el recuerdo - la memoria; soportar - apoyar - mantener *See page 141.*
Reflexive verbs *See pages 146-147.*
Frases comunicativas: Al contrario,…; Perdona, pero…; Por una (otra) parte,…; Para concluir,… *See page 150.*

¡Cuidado! querer - amar *See page 155.*
Irregular past participles *See page 159.*

5 ¡Luz, cámara, acción!

Penélope Cruz, la fabulosa estrella española

A empezar

Suggestion: *Curiosidades*
Have students do a quick Internet search for all 3 directors to see if they recognize any of their recent films.

Las películas. ¿Cuál es la mejor película que has visto? En tu opinión, ¿quiénes son los actores más talentosos del cine? ¿Y los cantantes? ¿Conoces a alguien que quiera trabajar en el mundo del espectáculo?

Suggestion: *Curiosidades*
Ask the students to look up information about these or other Hispanic celebrities and share it with the class. You may bring to class several issues of magazines and tabloids in Spanish (*TVyNovelas, Vea, TVGuía*, etc.), divide the class in groups, and have the groups report what they have learned to the rest of the class.

People en Español nombró al cantante cubano Jencarlos Canela entre los más sexy del mundo.

Curiosidades

¿Sabes…

qué director español ha ganado tres premios Óscar por la mejor película extranjera o mejor guión?

a. Guillermo del Toro
b. Pedro Almodóvar
c. Alejandro González Iñárritu

Answers: Curiosidades
b. Ganó por Mujeres al borde de un ataque de nervios *(1998),* Todo sobre mi madre *(1999),* Hable con ella *(2002). También fue nominado en el año 2007 por* Volver *y en el 2012 por* La piel que habito.

el nombre de la actriz hondureña americana que ganó premios Emmy, Golden Globe y Screen Actors Guild por mejor actriz en la serie *Ugly Betty*?

a. América Ferrera
b. Jennifer López
c. Eva Longoria

a. Ella también se ha destacado en el cine y el teatro y como productora.
b. El programa se llama Sábado Gigante *y lo ponen en Univisión los sábados por la noche.*
c. Gael García Bernal también es director y productor.

cuál es el idioma del programa de televisión que más gente ve en el mundo?

a. inglés
b. español
c. mandarín

Chapter warm-up
Have individual students stand in front of the class and pretend they are a celebrity. Using **ser** and **estar** in only "yes" or "no" questions, have the rest of the class guess who they are.

el nombre del actor joven mexicano que apareció en las películas *Diarios de motocicleta (*Motorcycle Diaries*), La science des rêves (*The Science of Sleep*) y Babel*?

a. Diego Luna
b. Pablo Montero
c. Gael García Bernal

The person who guesses correctly will be the next celebrity. Ex. *¿Eres hombre/mujer? ¿Estás vivo/a? ¿Eres actor/cantante? ¿Eres de Estados Unidos? ¿Estás en los Ángeles? ¿Eres joven?,* etc.

Chapter warm-up
Expand this warm-up activity by asking the students more questions: *¿Qué te gusta más, el teatro, la televisión o el cine? ¿Por qué? ¿Cuál es tu programa favorito de televisión? ¿Cuál es tu género preferido? ¿Qué piensas de las telenovelas? ¿Te gustan los reality (reality shows)? ¿Cuál es tu programa de telerealidad favorito? ¿Por qué? ¿Te gustaría participar en alguno de estos programas? ¿Irías a un programa de entrevistas (talk show) y contarías las intimidades de tu vida? ¿Qué motiva a las personas a hacer esto?*

Suggestion: *¡Así es la vida!*
Have students follow-up with **5-1**.

¡Así es la vida!

http://Hola.com

Hola.com
quiere saber...

Hola.com promete ofrecerles a los aficionados al mundo del espectáculo las últimas noticias sobre las películas más entretenidas, los festivales y premios de cine y las estrellas más destacadas. Las respuestas a esta encuesta nos ayudarán a diseñar nuestro sitio para que encuentres toda la información que busques.

1. Para ver una película, prefieres…
- ☐ verla en la pantalla grande en el cine
- ☐ bajarla y verla en tableta o computadora

2. ¿Cuántas veces vas al cine por mes?
- ☐ 1
- ☐ 2–3
- ☐ más de 3

3. ¿Qué género de película prefieres?
- ☐ de acción o suspense
- ☐ cómica
- ☐ romántica
- ☐ extranjera
- ☐ de ciencia ficción
- ☐ de horror

4. ¿Prefieres las películas de 2D o de 3D? ☐
   ¿Por qué? ☐

5. ¿Quién es tu actriz favorita? ☐
   ¿y tu actor favorito? ☐

6. ¿Cuál es tu película favorita? ☐
   ¿Por qué? ☐

7. En la televisión, ¿qué tipo de programa prefieres?
- ☐ las comedias
- ☐ los dibujos animados
- ☐ las series policíacas
- ☐ las series dramáticas
- ☐ los programas que imitan la realidad
- ☐ las telenovelas
- ☐ los noticieros
- ☐ los programas de deportes
- ☐ los documentales

8. ¿Cuál es tu programa favorito? ☐
   ¿Por qué? ☐

9. ¿Qué programas de premios te gusta ver?
- ☐ el de los Óscar
- ☐ el de los Grammy o Grammy Latino
- ☐ no veo ninguno

   ¿Por qué? ☐

Gracias por participar en esta encuesta. ¿Quieres recibir noticias de Hola.com?
☐ **Sí:** (correo electrónico) ☐ **No**

¡HOLA!
NUM. 256 • 9 NOVIEMBRE 2011 MÉXICO • $ 35 MXN • $ 3.95 USD

SU MATRIMONIO CON EL MAGNATE DE LA MODA FRANÇOIS-HENRI PINAULT LA HA CONVERTIDO EN LA REINA DEL «GLAMOUR»

SALMA HAYEK, MADAME PINAULT

«Si no fuera por los tacones, aún viviría en Coatzacoalcos con diez hijos»

MAXIMA DE HOLANDA, SORPRENDENTE EN SU VIAJE A ARUBA

ANDIE MACDOWELL, EN EXCLUSIVA, JUNTO A SUS HIJAS, HEREDERAS DE SU BELLEZA

Warm-up: *¡Así es la vida!* ¿Qué artistas hispanos has visto en películas o en la televisión? ¿Qué tipo de papeles interpretan usualmente? ¿Cuál es tu favorito/a? ¿Qué películas has visto en español? ¿Conoces algún cantante hispano? ¿Cómo es? ¿Qué tipo de música canta? ¿Toca algún instrumento? ¿Baila? ¿Te gustaría que hiciera un dúo (duet) con algún cantante estadounidense? ¿Con quién?

Vocabulario básico

el cine
la película
de 3D
cómica
de aventuras
de ciencia ficción
de horror
de misterio/suspense
extranjera
romántica

los programas de televisión
la comedia
los dibujos animados
el documental
el noticiero
la serie dramática
la serie policíaca
la telenovela
los videos musicales

Vocabulario clave: El entretenimiento

Verbos

conseguir (i, i)	*to get, to obtain*
enfrentar	*to face*
entretener (ie)	*to entertain*
interpretar	*to interpret (a role, a song)*

Sustantivos

la actuación	*performance*
el/la aficionado/a	*fan*
la cadena	*TV network*
la carrera	*career*
el/la comentarista	*commentator*
el espectáculo	*show*
la estrella	*star*
el guión	*script*
el mundo del espectáculo	*show business*

la pantalla	*screen*
el papel	*role*
el personaje	*character*
el premio	*prize, award*
el/la rapero/a	*rapper*
el rechazo	*rejection*
el reportaje	*report*
la trama	*storyline*

Adjetivos

bailable	*danceable*
competitivo/a	*competitive*
destacado/a	*outstanding*
innovador/a	*innovative*

Ampliación

Verbos	Sustantivos	Adjetivos
actuar	la actuación	actuado/a
bailar	el baile	bailable
competir (i, i)	la competición/la competencia	competitivo/a
entretener (ie)	el entretenimiento	entretenido/a
innovar	la innovación	innovador/a
rechazar	el rechazo	rechazado/a

Assessment: ¡Así lo decimos!
In a fast-paced discussion, ask students questions using these words: Ex. *¿Cómo se llaman los personajes principales de tu programa favorito? ¿Quién es el protagonista? ¿En qué mes ponen las cadenas de televisión sus mejores programas? ¿Cuál es tu cadena de televisión favorita? ¿Has visto algún reportaje que realmente te haya impactado? ¿De qué trataba? ¿Cuál es la trama de tu película favorita? ¿Te gustaría trabajar en el mundo del espectáculo? ¿Qué te gustaría ser?, etc.*

¡Cuidado!

ir a/asistir a; excitante/emocionante

- Use the verb **ir a** to mean *go to* a place, but not necessarily enter or attend. Use **asistir a** to mean *go* in the sense of *attend*.

Ayer **fui al** cine pero no pude ver la película.	*Yesterday I went to the movies but couldn't see the movie.*
Ayer mi amigos **asistieron a** un concierto de Juanes.	*Yesterday my friends went to (attended) a Juanes concert.*

- The word **excitante** in Spanish means to inspire a feeling of passion. If you want to say *exciting* in the sense of *touching* or *thrilling*, use **emocionante**.

La película era muy **emocionante**.	*The movie was very exciting.*
Había varias escenas **excitantes**.	*There were several passionate scenes.*

Ayer asistí al concierto de Calle 13 donde presentaron canciones de *Entren los que quieran* el álbum que ganó varios premios Grammy Latino. ¡Qué emocionante!

Note: Poner Remind students that in Spanish the verb **poner** is used in the following contexts: to show a film or TV show, to turn on the TV or radio, to play a song/CD/DVD, to show commercials.

Note: ¡Así lo decimos! Remind students that **cine** in Spanish also refers to the place where the movies are shown. Remind them also of the difference between **cine** and **película**, and that **programa** is a masculine noun.

Note: Los dibujos animados Also **los muñequitos**.

Assessment: ¡Así lo decimos! Challenge students, individually or in pairs, to come up with sentences using as many words as possible from this list. You may want to time this activity.

Assessment: ¡Cuidado! Ask students: *¿Adónde vas este fin de semana? ¿Asistes a un concierto, al teatro o a un partido de fútbol o de básquetbol? ¿Son emocionantes los partidos? Según muchos actores, no es excitante participar en una escena romántica. En tu opinión, ¿hay demasiada pasión en el cine?*

5-1 Sus preferencias. Comparen sus respuestas a la encuesta en *¡Así es la vida!* ¿Qué tienen en común y cómo se diferencian?

5-2 Un programa impactante de Univisión. Completa el párrafo a continuación sobre el programa preferido de Carlos Rivera, un estudiante de ciencias políticas. Usa la forma correcta de una de las expresiones de la lista.

aficionado	comentarista	estrella
cadena	entretenido	personaje
carrera	espectáculo	reportaje

En la televisión prefiero ver los programas serios como los (1) _reportajes_ y documentales en la (2) _cadena_ Univisión, especialmente el programa *Al Punto* del destacado (3) _comentarista_ Jorge Ramos. Ramos es mexicano, pero lleva muchos años en Estados Unidos donde se unió a Univisión en 1985. En su (4) _carrera_ ha entrevistado a muchos (5) _personajes_, como a los candidatos a la presidencia, (6) a las _estrellas_ del mundo del (7) _espectáculo_, y a importantes benefactores como Bill y Melinda Gates. Sus entrevistas le han ganado muchos premios, entre ellos ocho premios Emmy. Soy muy (8) _aficionado_ a este programa (9) _entretenido_. Ojalá que Ramos gane otro Emmy este año.

Answers: 5-3
The English titles of these films are as follows:
Pirates of the Caribbean
Night at the Museum
Tree of Life
Mission: Impossible - Ghost Protocol
Rise of the Planet of the Apes
Horrible Bosses
Harry Potter and the Deadly Hallows
The Help
The King's Speech
X Men: First Class

5-3 Películas. Estos son algunos títulos en español de películas que ustedes probablemente conocen. Escojan dos o tres películas y contesten las siguientes preguntas sobre cada una. ¿Quiénes actuaron en la película? ¿Quién fue el/la director/a? ¿Qué tipo de película es? ¿Qué efectos especiales tiene? ¿Tuvo mucho éxito? ¿Ganó algún premio? ¿Qué opinan de la película, la interpretación de los papeles y la dirección?

Piratas del Caribe
Una noche en el museo
El árbol de la vida
Misión: imposible – protocolo fantasma
El origen del planeta de los simios

Cómo acabar con tu jefe
Harry Potter y las reliquias de la muerte
Criadas y señoras
El discurso del rey
Los hombres X: primera clase

5-4 Una carta de un/a aficionado/a. Escríbele una carta a una estrella latina a quien admires. Cuéntale qué películas suyas has visto, qué papeles te han gustado, y por qué lo/la admiras. Ofrécele algún consejo útil y tus deseos para el futuro de su carrera. Luego, intercambia tu carta con la de un/a compañero/a y escribe una respuesta a su carta.

MODELO: *Estimada Sofía Vergara: Soy muy aficionado/a a tus películas y tus programas de televisión, especialmente* Modern Family...

5-5 Una serie nueva. Escriban ideas para una serie original de televisión. Incluyan el título, los personajes, la trama, los actores, etc. Usen las siguientes preguntas como guía y refiéranse al vocabulario en *¡Así lo decimos!* Después, preséntenle su programa a la clase.

Suggestion: 5-5
The class can play the role of producers and will choose a series that will appear on TV.

1. ¿Qué tipo de serie es?
2. ¿Cómo serán los episodios, autónomos o con argumentos interrelacionados y continuos?
3. ¿Cuál será el género del programa (romántico, de suspense, de realidad, etc.)?
4. ¿Cómo será de innovador el programa? Hagan una lista de las novedades que incluya el programa.
5. ¿Habrá uno o dos personajes principales, o varios papeles y grupos de personajes?

 5-6 *MTV Unplugged.* Vas a escuchar un segmento de un programa de radio sobre una estrella latina y sus actividades artísticas y personales. Completa las oraciones siguientes con información lógica del segmento.

Note: estrella
Remind students that **estrella** is used for both men and women. However, the word is always feminine.

1. Juanes es de nacionalidad _____. *colombiana*
2. De profesión es _____. *músico (cantautor, arreglista)*
3. Su música es una fusión de _____. *música de rock con sonidos colombianos y latinos como la cumbia, el bolero y el tango.*
4. Hasta ahora ha vendido más de _____ de discos y ha ganado unos _____ premios Grammy y Grammy Latino. *15 millones / 18*
5. Es además activista por _____. *causas sociales y humanitarias*
6. Su fundación, _____ ayuda a víctimas de minas antipersonales. *Mi sangre*
7. Según Juanes, debemos concentrarnos en _____ y no preocuparnos de lo trivial. *las relaciones personales con la familia y con los seres queridos.*
8. La revista *Time* opina que Juanes es _____. *una de las "cien personas más influyentes del mundo"*

Note: 5-6
Audioscript in AIE *Appendix AS.*

5-7 Conexiones: El artista, el espectáculo y el espectador. ¿Cómo influyen el arte y los artistas en la sociedad? ¿Qué responsabilidad moral, ética, social o financiera tiene un artista famoso? En tu opinión, ¿sus obras filantrópicas ayudan a concienciarnos a las causas sociales o simplemente les traen más fama y celebridad a los artistas?

 5-8 De nuevo: Chismes de la farándula (*Showbiz gossip*) (*Preterit and imperfect*). Escribe un artículo para una revista sensacionalista en el que cuentes un escándalo o un chisme sobre alguna celebridad. Inventa un suceso (*event, happening*) como un divorcio, una separación, un problema legal, una relación amorosa escandalosa, una cirugía plástica, etc., y descríbelo.

MODELO: *¡Se casó...!*

El 7 de julio del 2013 la famosa..., estrella de... y ..., su compañero de reparto, se casaron en Las Vegas, la ciudad matrimonial. Entre los invitados estaban sus coestrellas... Ella llevaba un vestido... Él vestía...

Reto: Usa muchas palabras de *¡Así lo decimos!* Léele tu artículo a la clase.

RECUERDA

Para contar tu chisme necesitas usar el pretérito y el imperfecto (*Capítulo 1*).

05-07 to 05-11

1. Subjunctive or indicative in adjective clauses

Warm-up: Subjunctive or indicative in adjective clauses
Review the forms of the subjunctive versus the indicative out loud in a fast-paced drilling exercise.

¡OJO!

Adjectives modify nouns. They can be simple (una película **estupenda**) or complex (una película **que me gustó mucho**).

Note: Subjunctive with adjective clauses
You may wish to point out that the common expression **cualquier(a)** (any, whichever) is composed of the pronoun **cual** with the subjunctive of **querer**. The meaning reflects uncertainty.

Busco un actor que sepa interpretar el papel del héroe.

- The subjunctive is used in an adjective clause when it refers to someone or something indefinite or nonexistent. Like the noun clause, most adjective clauses are connected to the main clause with **que,** but they can also be joined with conjunctions like **a quien** or **con quien.**

Indefinite antecedent

Busco un documental **que se enfoque** en la economía.	*I'm looking for a documentary that focuses on the economy.*
Queremos un actor **a quien no le importe** trabajar duro.	*We want an actor who doesn't mind working hard.*

Nonexistent antecedent

No hay ninguna película de 3D **que me interese.**	*There's no 3D movie that interests me.*
No hay nadie aquí **que quiera** interpretar el papel del villano.	*There is no one here who wants to play the part of the villain.*

- When the dependent clause refers to a specific person or thing that is certain or definite, the indicative is used.

Tengo un documental **que se enfoca** en el mundo del espectáculo.	*I have a documentary that focuses on show business.*
Hay muchos grupos musicales **que entretienen** a las tropas en el extranjero.	*There are many musical groups that entertain the troops abroad.*

- Note that in questions, the existence itself of the person or object is being questioned, and consequently, the subjunctive is generally used.

¿Conoce usted a alguien que no **sea** competitivo?	*Do you know anyone who isn't competitive?*
¿Hay alguien aquí que **cante** bien?	*Is there anyone here who sings well?*

There are no set expressions that trigger the subjunctive in adjective clauses, but some common phrases include the following:

Necesitar/buscar/querer (algo, a alguien, etc.) que…

No conocer a nadie que…

No hay nadie/nada/ninguno/a que…

¿Hay alguien/algo/una persona que…?

Aplicación

5-9 Una discusión entre la directora y un actor. Identifica las cláusulas adjetivales y subraya los verbos subordinados. Indica por qué se usa el indicativo o el subjuntivo en cada una.

DIRECTORA: Abelardo, aquí tienes el guión para la comedia. No hay nadie que quiera el papel del bufón. Entonces, es para ti.

ACTOR: Aleida, ¿no hay ningún papel que me pinte de una manera más positiva? Soy un actor serio.

DIRECTORA: Pero no hay nadie que sepa hacer reír a la gente como tú. Además, tenemos una actriz para el papel de tu esposa. Es una mujer con quien puedes trabajar. No conozco a nadie que entretenga al público como ella.

ACTOR: ¿De verdad? ¿Quién es esta persona perfecta para mí?

DIRECTORA: Es Cameron Díaz, una actriz que interpreta principalmente papeles cómicos.

ACTOR: Tienes razón, no hay nadie que sea más cómica que ella.

Ahora lee otra vez el diálogo y contesta las siguientes preguntas:

1. ¿Por qué no quiere Abelardo hacer un papel cómico?

2. ¿Por qué cambia Abelardo de opinión?

3. ¿Conoces alguna película en que Cameron Díaz interprete un papel cómico? ¿Cómo es ella? ¿Cómo son sus películas?

5-10 ¿Existe o no? Empareja las frases para formar oraciones lógicas. Escribe la forma correcta de los verbos en el subjuntivo o el indicativo, según el contexto.

MODELO: Aquí hay una revista que… *tiene* un artículo sobre actores hispanos.

1. __b__ Para su clase de drama, Mariana necesita un libro que…

2. __d__ Liliana quiere ser voluntaria en una organización que…

3. __a__ La directora de la agencia mantiene una lista de actores que…

4. __f__ El director es muy simpático, es una persona que…

5. __c__ La estrella no quiere un contrato que…

6. __e__ ¿Conoces una película de ciencia ficción que…

7. __h__ ¿Hay algún actor que…

8. __g__ Me gustan las series que…

a. nunca _rechazan_ (rechazar) un papel.

b. _explique_ (explicar) la tragedia griega.

c. no _le pague_ (pagarle) lo que merece.

d. _ofrezca_ (ofrecer) ayuda a los actores desempleados.

e. no _le interese_ (interesarle) a un científico?

f. nunca _se enoja_ (enojarse) cuando dirige una obra.

g. _tienen_ (tener) una trama que continúa por varios meses.

h. no _quiera_ (querer) trabajar con un director famoso?

No hay nadie que no admire a los concursantes del programa español, *Operación Triunfo.*

 5-11 No hay nadie, ninguno/a... Usen la lista de frases para conversar sobre los siguientes temas. Usen oraciones adjetivales y sigan el modelo. Luego, inventen otras tres situaciones o características para comentar.

- querer ganar un millón de dólares en un programa de concursos
- participar en un programa de reality
- ser nombrado el próximo *Ídolo Americano*
- dar por sentado una oportunidad en el mundo del espectáculo
- querer bailar en la televisión
- ver películas de horror
- gustar las telenovelas
- cantar mientras escucha su iPod

> MODELO: E1: *No conozco a nadie que prefiera ver un documental a un programa de deportes.*
>
> E2: *No es cierto. Liliana es una mujer que prefiere ver documentales. Detesta los deportes...*

 5-12 Una buena película. Expliquen cuáles son las cualidades que buscan en un director y en los actores en una película. Pueden usar las frases a continuación en sus descripciones.

Busco un director que...	Busco actores que...
ser...	saber
(no) tener...	(no) pedir...
hablar...	querer...
entender...	comunicarse...
tratarme...	interpretar...

 5-13 Consejos. Ustedes son agente y actor/actriz. El/la agente le da consejos al actor/a la actriz para ayudarlo/la a conseguir trabajo. Presenten su situación, empleando el subjuntivo y el vocabulario de *¡Así lo decimos!*

> MODELO: ACTOR/ACTRIZ: *Busco un trabajo que... Y quiero un papel que...*
>
> AGENTE: *Pero no tienes ninguna experiencia. Necesitas un trabajo que...*

Busco un director que...

 5-14 Sus deseos. Túrnense para decir lo que quieren, desean, buscan y necesitan. Completen las frases a continuación en su conversación.

- Busco una clase que...
- Necesito un trabajo que...
- No hay nadie en esta ciudad que...
- Deseo leer una novela que...
- Quiero ver una película que...
- ¿Conoces a alguien que...?

05-12 to 05-16

2. Subjunctive or indicative in adverbial clauses

Suggestion: Conjunctions that always require the subjunctive Make sure that students understand the meanings of these conjunctions before teaching their usage.

No veré esa película a menos que me acompañes.

EL GRITO II

¡OJO!

An adverb modifies an adjective, a verb, or another adverb. It usually answers the questions *how?, when?, where?, why?,* or *to what extent?* It can be simple (**El rapero habla** *rápidamente*) or complex (**La actriz va a seguir buscando trabajo** *hasta que consiga el papel perfecto.*)

Conjunctions that always require the subjunctive

The following conjunctions express purpose, intent, condition, or anticipation. When introducing a dependent clause, the dependent verb will always be in the subjunctive because the speaker assumes that the action is uncertain or has not taken place yet.

Note: **a no ser que** and **a menos que** These two expressions are followed by a clause, never an infinitive.

Suggestion: Prepositions followed by an infinitive Remind students that when a verb follows a preposition, it will always be the infinitive even if the *-ing* form is used in English.

a fin de que	*in order that*	**con tal (de) que**	*provided (that)*
a menos que	*unless*	**en caso de que**	*in case*
a no ser que	*unless*	**para que**	*in order that, so that*
antes (de) que	*before*	**sin que**	*without*

El actor tiene que hablar más alto **para que** todos lo **puedan** escuchar.	*The actor has to speak louder so everyone can hear him.*
No llamaré a la actriz **a no ser que** ella me lo pida.	*I will not call the actress unless she asks me.*

- When there is no change in subject, there is no dependent clause and the following prepositions are used with the infinitive.

a fin de	**con tal de**	**para**
antes de	**en caso de**	**sin**

No podemos empezar a tocar **sin** tener la música.	*We can't begin to play without having the music.*
El autor escribió el guión en español **para** no tener que traducirlo después.	*The author wrote the script in Spanish so as not to have to translate it later.*

Conjunctions that require either the subjunctive or the indicative

> Continuaremos practicando cuando terminen de hablar.

The following conjunctions introduce time, place, or manner clauses and require the subjunctive when you can't speak with certainty about an action that has not yet taken place. The uncertainty is often conveyed by a future tense in the main clause.

Suggestion: Conjunctions of time and the subjunctive
Compare the following sentences on the board or use a transparency. In each example, have students circle the word **cuando** and underline the verb form that follows it. Ask them to identify the indicative form versus the subjunctive form and then have them explain the difference in meaning: The indicative verbs express habitual actions, while the subjunctive verbs express future actions.
—*Todos los días enciendo mi computadora cuando llego a casa.*
—*Hoy también voy a encenderla cuando llegue a casa.*
—*Normalmente me duermo cuando apago el televisor.*
—*Esta noche creo que me voy a dormir cuando lo apague.*

Note: Subjunctive with adverbial expressions
You may wish to point out that the expressions **dondequiera** (wherever) and **comoquiera** (however) are composed of adverbs with the subjunctive of **querer**. Their meaning reflects uncertainty.

cuando	*when*	**en cuanto**	*as soon as*
después (de) que	*after*	**hasta que**	*until*
(a)donde	*(to) where*	**según**	*according to*
como	*how*	**tan pronto como**	*as soon as*

Los aficionados seguirán al conjunto musical **después de que salga.**	*The fans will follow the musical group after it leaves.*
Por favor, termina el guión **en cuanto puedas.**	*Please finish the script as soon as you can.*
Haz el papel **como el director te pida.**	*Play the role however the director asks you.*

- If the action in the main clause is habitual or has already happened, use the present or past indicative in the subordinate clause.

América Ferrera era tímida **hasta que tomó** un curso de arte dramático.	*América Ferrera was shy until she took a drama course.*
Estos actores siempre van **adonde pide** el director.	*Those actors always go wherever the director asks them.*

> Aunque no me ames, siempre te tendré en mi corazón.

Note: aunque
Point out that when **aunque** corresponds to the English *even if*, the subjunctive is used; when it corresponds to *even though*, the indicative is used. *Although* presents a more ambiguous situation.

¡OJO!

Use the subjunctive with the conjunction **aunque** (*even if, although, even though*) to convey uncertainty. Use the indicative to express certainty or to refer to a completed event.

Aunque vea la telenovela, no te contaré el final.	*Even if I watch the soap opera, I will not tell you the ending.*
No me gusta ese tipo de programa, **aunque** todos me **dicen** que es muy entretenido.	*I don't like that type of program, even though everybody tells me it's very entertaining.*

Aplicación

Answers: 5-15 **Aunque**; **para que** (subjunctive, expresses purpose); **para que** (subjunctive, expresses purpose); **a fin de que** (subjunctive, expresses intent), **antes de que** (subjunctive, expresses anticipation)

5-15 Gracias a la vida.   Lee el párrafo sobre una colaboración musical entre varias estrellas del mundo del espectáculo. Subraya las expresiones adverbiales e identifica las que necesitan el subjuntivo y explica por qué.

En el 2010, Chile sufre uno de los terremotos[1] más fuertes de la historia del mundo. Aunque los daños no son tan devastadores como en Haití en cuanto a la pérdida de vidas, muchas personas se quedan sin casa o trabajo. Poco después del evento, el cantante chileno Beto Cuevas reúne a nueve de los artistas latinos más admirados para que colaboren en la grabación de una nueva versión de la canción "Gracias a la vida" por la poeta chilena Violeta Parra. El objetivo de esta colaboración es recaudar fondos para que se reconstruya el país. El proyecto Voces Unidas por Chile dona todos los fondos a Hábitat para la Humanidad a fin de que se empiece la reconstrucción tanto de Chile como de otros países afectados por desastres naturales. Dice Beto que la experiencia de haber sobrevivido[2] el terremoto le obliga a hacer algo por su país. Según él, "es nuestra tarea ayudar ahora antes de que llegue el duro invierno chileno".

[1]*earthquake*   [2]sobrevivir: *to survive*

5-16 La causa de Beto Cuevas.   Ahora contesta las siguientes preguntas.

1. ¿Cuál es la profesión de Beto?
2. ¿Cuál es el propósito del proyecto Voces Unidas por Chile?
3. ¿Cuántas estrellas colaboran en este esfuerzo?
4. ¿Qué organización se beneficia de esta colaboración?
5. ¿Por qué se siente obligado Beto a organizar esta colaboración?

Answers: 5-16
1. *Es un cantante chileno.*
2. *Recaudar fondos para la reconstrucción de Chile después del terremoto del 2010.*
3. *Nueve.*
4. *Hábitat para la Humanidad.*
5. *El haber sobrevivido el desastre lo hace sentirse obligado.*

Answers: 5-17
Los colaboradores incluyen al chileno Beto Cuevas, a los colombianos Juanes y Shakira, al español Alejandro Sanz, al dominicano Juan Luis Guerra, a la italiana Laura Pausini, al mexicano Fher de Maná, al canadiense Michael Bublé y al español Miguel Bosé.

5-17 A explorar: *Gracias a la vida.*   Busca el video oficial de Voces Unidas por Chile en Internet y anota los nombres de todas las personas que reconozcas. Escribe también un párrafo sobre tus impresiones de la canción y la colaboración de estas personas.

BUSCA www

**voces unidas chile
video oficial**

5-18 Una telenovela popular.   Lulú no puede decidirse entre los muchos admiradores que tiene y por eso hay muchos celos entre ellos. Completa la siguiente escena con las expresiones adverbiales que correspondan de la lista. Es posible usar la misma expresión adverbial más de una vez.

antes de (que)	cuando	para que	tan pronto como
aunque	en cuanto	sin que	

Los amores de Lulú

Se bajan las luces en el estudio y se empieza a escuchar un violín romántico en el fondo. (1) _Cuando_ se levanta el telón, se ve a Lulú y a Carlos, su novio, sentados en un sofá y abrazados. También se puede percibir a un hombre escondido detrás de una cortina a la derecha (2) _sin que_ ni Lulú ni Carlos lo vean. Un señor distinguido se detiene sorprendido ante los novios con una expresión molesta. (3) _Tan pronto como / En cuanto / Cuando_ los novios se dan cuenta de la presencia del señor distinguido, se separan. Lulú se levanta rápidamente (4) _antes de que_ Carlos pueda levantarse. El otro hombre espía detrás de la cortina mientras los demás se pelean. (5) _Aunque_ parezca imposible, el hombre saca una pistola y tira. Lulú cae al suelo. Carlos y el señor distinguido se abrazan con miedo y el telón baja de repente. Los espectadores aplauden (6) _para que_ salgan los actores. Pero, (7) _tan pronto como / cuando / en cuanto_ salen los dos actores, se apagan las luces y se escucha un grito horrendo. Se oye la voz del presentador que dice: "¿Lulú está realmente muerta?"... Lo sabrán ustedes la semana que viene (8) _cuando_ otra vez presentemos *Los amores de Lulú*.

¡No me casaré contigo aunque me lo pidas mil veces!

5-19 Los planes del director/de la directora de cine. Eres director/a de cine y haces planes para tu próxima película que se filmará en Cabo San Lucas, México. Completa las oraciones de una manera lógica. ¡Acuérdate de usar la forma correcta del verbo y tu imaginación!

MODELO: *Saldremos para Cabo San Lucas a las ocho de la noche con tal de que llegue a tiempo el avión.*

1. Mi secretario me acompañará a no ser que…
2. Llevaremos seis cámaras aunque…
3. Vamos a tener una reunión con el personal que trabajará en la película en cuanto…
4. Hablaré con el alcalde de Cabo San Lucas a fin de que…
5. Llevaremos a nuestros propios cocineros en caso de que…
6. Contrataremos a unos extras mexicanos antes de que…
7. Tendremos que preparar la comida en la playa cuando…
8. Filmaremos en Cabo San Lucas donde…
9. Tendremos una gran fiesta después que…
10. Volveremos a Estados Unidos a menos que

Note: 5-19
Some of these expressions may take indicative or subjunctive depending on the meaning that students choose to express.

5-20 Una entrevista. Uno/a de ustedes es un/a reportero/a que le hace preguntas a un/a joven actor/actriz sobre sus planes y sueños. Usando la información que se da en la lista, formulen preguntas y respuestas que incluyan expresiones adverbiales. Prepárense para presentar su entrevista ante la clase.

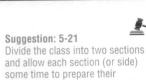

1. casarse
2. viajar por todo el mundo
3. retirarse siendo joven
4. trabajar en Europa
5. trabajar con un actor/una actriz o director/a especial
6. hacer películas en Nueva York
7. dirigir una película
8. actuar en una obra de teatro
9. fundar una organización benéfica
10. apoyar una causa para mejorar el medio ambiente

MODELO: E1: *¿Va a casarse cuando encuentre un hombre/una mujer que le guste?*
E2: *Ya encontré al hombre/a la mujer que me gusta, pero no quiero casarme hasta que tengamos tiempo de conocernos mejor.*

Suggestion: 5-21
Divide the class into two sections and allow each section (or side) some time to prepare their position. Have a student play the role of a moderator.

Suggestion: 5-21
Address the issue of teenagers imitating their favorite artists. Ask: *¿Es la imitación algo positivo o negativo para los jóvenes? ¿Tienen los artistas una responsabilidad moral hacia su público o deben sentirse libres para desarrollar su arte sin considerar la influencia que ejercen sobre los jóvenes?*

Composition: 5-21
Use the debate questions for a guided composition. Encourage students to illustrate their position with examples of real celebrities and the influence they exert.

5-21 Debate: El gobierno y las artes. Formen dos grupos para debatir una de las siguientes cuestiones. Usen las expresiones adverbiales que correspondan con el subjuntivo o el indicativo.

Resolución: El gobierno federal debe aumentar el apoyo financiero para las artes.

Resolución: Todos los niños de las escuelas primarias deben estudiar música y tener la oportunidad de aprender a tocar un instrumento musical.

Frases comunicativas

Estás mal informado/a.	*You're misinformed.*
Sin embargo,…	*Nevertheless,…*
Entiéndeme bien.	*Let me be clear.*

MODELO: *Es urgente que el gobierno federal aumente la ayuda financiera a las artes para que los artistas no tengan que tener otro empleo…*

CONÉCTATE

Suggestion: Video segment
Have students complete activity **5-22** and view the video outside of class. They should use the *A verlo* activity **5-23** as a guide for taking notes while watching the video, so that in class they can quickly summarize the content before they complete **5-24** in pairs.

Videoblog   *La música y los castillos humanos*

Antes de verlo

5-22 ¡A entretener!   ¿Tienes algún talento especial para entretener a otras personas? ¿Cantas, tocas algún instrumento musical, bailas o sabes hacer otra cosa para entretener al público? ¿Qué piensan tus amigos y tu familia de lo que haces? ¿Alguna vez has hecho algo frente al público? ¿Cuál fue la reacción?

Note: Video segment
In this segment Mauricio interviews the famous Puerto Rican salsa singer Choco Orta and attends one of her concerts. He then goes to La Mercè, a festival in Barcelona where he will meet several different street performers, including the famous **castellers**, and watch them build their human castles.

A verlo

5-23 A verlo.   En este segmento vas a acompañar a Mauricio a Los Ángeles y al festival de La Mercè en Barcelona donde conocerás a varios artistas. Toma nota de lo que dicen estos artistas sobre su pasión por las artes y por entretener a la gente.

Después de verlo

5-24 Una competencia de talento.   Imagínense que son productores de televisión y necesitan cinco personas talentosas que puedan entretener al público por una hora. Basándose en el video, decidan a qué personas escogerían y expliquen por qué. ¿Qué harían para entretener al público? ¿Qué talento tendrían?

Comparaciones

5-25 En tu experiencia. ¿Conoces alguna película cuyo tema sea el tango? ¿Has oído algún tango en español o en inglés? ¿Te gusta ver o bailar el tango? ¿Qué música o baile te gusta y por qué?

El tango y el cine

El tango se comenzó a bailar a fines del siglo XIX y hasta hoy día sigue siendo popular en los salones de baile, en la radio y en el cine.

El más famoso de los cantantes de tango fue el argentino Carlos Gardel, quien murió joven en un accidente de aviación. En su corta vida pudo enamorar a muchas mujeres, aunque no se casó con ninguna de ellas. Una vez un reportero le preguntó si creía en el divorcio. Gardel le respondió que no, ni creía en el matrimonio tampoco.

Hay muchas películas cuyo fondo musical es el tango romántico, o que incluyen el baile en algunas de sus escenas. Por ejemplo, *Perfume de mujer*, *Mentiras verdaderas*, *Crimen a ritmo de tango* (Assasination Tango), *Moulin rouge*, la película musical *Tango* dirigida por Carlos Saura, *Nunca digas nunca jamás* (la de James Bond), y *Tango bar* con Raúl Juliá. En

esta, Antonio es un cantante y músico que huye (*flees*) de Argentina durante los años de la «Guerra Sucia» (los años setenta y ochenta) cuando muchas personas eran perseguidas y "desaparecieron" por razones políticas. Cuando Antonio vuelve a Buenos Aires, descubre que su esposa Elena, quien es cantante, y su compañero Ricardo, pianista, se han enamorado durante su ausencia. Tales triángulos románticos son muy típicos en la letra de muchos tangos. Sin embargo, los personajes, las ideas y la trama son secundarios; la estrella es el tango.

Hoy en día el tango está de moda en todas partes del mundo y continúa siendo el tema principal de muchas películas.

Suggestion: 5-26
Explain to students how the tango is danced: the man always leads; his hand will always indicate the direction in which the woman should move. Only the man moves forward; she can only move sideways and back. The man's chest should always be parallel to the woman's, and the movement is produced from the waist down.

5-26 En su opinión. De los siguientes bailes: el tango, el merengue, el reggaetón, el flamenco y la lambada, ¿cuáles conocen? ¿Cuáles les gusta mirar o bailar? ¿Cuál es el más bailable para ustedes?

5-27 A explorar: El tango. Busca en Internet muestras de películas cuyo tema incluya el tango. ¿Qué instrumentos musicales predominan? ¿Hay un lugar en tu ciudad donde den clases de tango? ¿Qué bailes o ritmos norteamericanos se pueden comparar con el tango?

BUSCA www

películas +tango

Note: BUSCA box
You may wish to remind students that diacritical marks are not necessary in Internet searches.

Ritmos

Warm-up: *Ritmos*
Have students discuss the biographies of celebrities who were poor and unknown before they became rich and famous. After presenting the brief bios, ask the following questions for further discussion: *¿Ha cambiado su personalidad o su imagen? ¿Cómo era cuando apenas se le conocía y cómo es ahora? ¿Ha ayudado a la comunidad donde creció? ¿Cómo?*

El wanabi (Fiel a la Vega, Puerto Rico)

El nombre del grupo se deriva del pueblo donde nacieron sus dos miembros fundadores: Vega Alta, Puerto Rico. Después de incorporar a otros miembros al grupo, de grabar varios discos y de dar importantes conciertos, Fiel a la Vega se ha convertido en uno de los grupos de rock más importantes de Puerto Rico.

Tito Auger, vocalista de Fiel a la Vega

Antes de escuchar

5-28 El brillo (*glow*) de la fama. ¿Has participado alguna vez en actividades artísticas como el teatro, la música o la pintura? ¿En la escuela o fuera de ella? ¿Fue una buena experiencia? Si no tuviste esa experiencia, ¿la tuvo alguien de tu familia? Si tuvieras mucho talento artístico, ¿qué te atraería más del mundo del espectáculo? ¿Podrías vivir una vida de artista?

A escuchar

5-29 ¿Qué quiere ser? El título en inglés de esta canción se refiere a una persona que quiere ser algo que no es. Mientras escuchas la canción, descubre qué es lo que quiere ser.

> **BUSCA** www ⬇
>
> **fiel vega wanabi video; fiel vega wanabi letra**

Después de escuchar

5-30 Antes de ganar fama. ¿Cómo se gana la vida uno antes de llegar a tener fama? ¿Qué harías tú para alcanzar tu sueño?

 5-31 ¡Qué celebridad! La canción menciona a dos personas con éxito (Roberto Clemente y Raúl Juliá). Ellos lograron su sueño y tuvieron éxito. Piensen en un actor, una actriz u otra celebridad que admiren y expliquen la razón de su éxito.

5-32 A explorar: Ojalá. Busca en Internet el video y la letra de esta canción dedicada a la novia del cantante principal de Fiel a la Vega. En cada línea expresa un deseo usando la expresión **ojalá.** Elige tres de estos deseos y explica en tus propias palabras qué significan para ti.

> MODELO: *Ojalá que las hojas no te toquen el cuerpo cuando caigan.*
> *No quiere que nada toque a su novia.*

> **BUSCA** www ⬇
>
> **fiel a la vega ojalá letra video**

Warm-up: 5-28
Encourage students to speculate in general terms about the struggle of aspiring actors or singers to become celebrities.

Note: *Ritmos*
Point out that the word **wanabi** is the Spanish spelling/pronunciation of the English *want to be.*

Suggestion: *Ritmos*
Have students describe in their own words what happens in the song. Do they know of a similar situation?

Actores hispanos, ya no tan desesperados

En el pasado, los actores hispanos casi siempre hacían papeles siniestros: eran los ladrones,[1] los pandilleros[2] o las víctimas. Pero en los últimos años las carteleras incluyen los nombres de actores latinos que no solo son de reparto sino también los protagonistas. Además, reciben premios Grammy, Emmy y Óscar. A ver si sabes quiénes son estos, entre los más destacados. Ya verás que la voz hispana es cada día más importante en el mundo del espectáculo.

1 actriz y productora de ascendencia hondureña; *Ugly Betty*

2 actor neoyorquino de ascendencia puertorriqueña; *NYPD Blue, Outlaw*

3 actor mexicano; *Babel*

4 actriz mexicana; *Frida*

5 actor español; *No country for old men; Vicky Cristina Barcelona*

6 actriz neoyorquina de ascendencia puertorriqueña; *Lies in plain sight*

7 actriz mexicoamericana; *Desperate Housewives*

8 Actor colombiano; *The Lincoln Lawyer*

Eva Longoria	1	América Ferrera	4
Salma Hayek	2	Jimmy Smits	7
Javier Bardem	3	John Leguizamo	8
Gael García Bernal	5	Rosie Pérez	6

[1]thieves [2]gang members

Vocabulario básico

el acto
aplaudir
la audición
el boleto/el billete/la entrada
el/la cantante
el escenario
filmar

Assessment: ¡Así lo decimos!
Have a fast-paced discussion using the following questions: *¿Tocas algún instrumento musical? ¿Cuál te interesaría aprender a tocar? ¿Qué instrumento prefieres escuchar? ¿Te gusta ver comedias musicales? ¿Cuál es tu favorita? ¿Qué géneros musicales escuchas generalmente? ¿Cuál es tu conjunto favorito? ¿Cómo escuchas su música, en iPod, CD o por Internet?*

Vocabulario clave: El mundo del espectáculo

Verbos

componer	*to compose*
ensayar	*to rehearse*
estrenar	*to premiere*
grabar	*to record*

Sustantivos

el actor/la actriz de reparto	*supporting actor/ actress*
el camerino	*dressing room*
el/la cantautor/a	*singer-songwriter*
la cartelera	*billboard, entertainment listing*
el conjunto	*band, ensemble*
la gira	*tour*
el intermedio	*intermission*
el/la locutor/a	*(radio/TV) announcer*
el/la protagonista	*protagonist, main character*
la reseña	*review (of a show or book)*
el sencillo	*single (record)*
la voz	*voice*

Adjetivos

movido/a	*lively*
lento/a	*slow*

Ampliación

Verbos	Sustantivos	Adjetivos
aplaudir	el aplauso	aplaudido/a
componer	la composición, el/la compositor/a	compuesto/a
ensayar	el ensayo	ensayado/a
estrenar	el estreno	estrenado/a
grabar	la grabación	grabado/a

¡Cuidado!

jugar (ue) (a)/tocar; parecer(se)/lucir (zc)

- Remember that **jugar** means *to play a game/sport* (also *to bet*) and **tocar** means *to play a musical instrument* (also *to touch* and *to knock*).

De niño, Benicio del Toro **jugaba** al fútbol.	*As a child, Benicio del Toro played soccer.*
Juanes **toca** la guitarra muy bien.	*Juanes plays the guitar very well.*

- **Parecerse a** means *to look like*. **Parecer** before an adjective, adverb, or subordinate clause means *to seem*. **Lucir bien/mal**, on the other hand, refers to appearance in the context of dress or clothing.

Manuel **se parece a** Javier Bardem.	*Manuel looks like Javier Bardem.*
Parece que cancelaron la función.	*It seems that they canceled the performance.*
Shakira **luce** muy **bien** con ese vestido.	*Shakira looks very good in that dress.*

Assessment: ¡Cuidado!
Have students create contexts for **tocar** and **jugar**, then challenge each other to fill in the blanks: *No sé… el piano pero sí sé… al fútbol*. Have students describe class members or others using **parecerse a:** *El rector de la universidad se parece a… Yo me parezco a…* Write several contextual sentences on the board using **lucir**.
Eva Longoria siempre luce bien. Benicio del Toro lucía mejor con barba. Encourage students to create their own.

Sabes que luces bien con ese peinado. ¡Como Ricky Martin!

Y tú, cuando tocas, ¡te pareces a Carlos Santana!

Suggestion: ¡Así lo decimos!
Hold a press conference in which a group of 4 or 5 students pretend they are a rock band. Have them stand in front of the class while the rest of the class acts as journalists. Encourage students to be original. Every question must contain at least one word from **¡Así lo decimos!**

Note: parecer(se)
Explain the difference between **parecer** and **parecerse a:** *Miguel parece un extraterrestre* (Miguel looks like an extraterrestrial) versus *Miguel se parece a su padre* (Miguel looks like his father, someone specific).

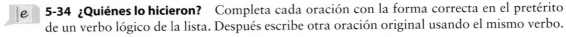
 5-33 ¿Quiénes son? A continuación verán las respuestas a *¡Así es la vida!* ¿Cuáles pudieron identificar o por nombre o por la cara? ¿Han visto alguna de sus películas o programas de televisión? ¿Qué les pareció? Hablen de sus impresiones de los actores.

7	Eva Longoria	**1**	América Ferrera
4	Salma Hayek	**2**	Jimmy Smits
5	Javier Bardem	**8**	John Leguizamo
3	Gael García Bernal	**6**	Rosie Pérez

e **5-34 ¿Quiénes lo hicieron?** Completa cada oración con la forma correcta en el pretérito de un verbo lógico de la lista. Después escribe otra oración original usando el mismo verbo.

MODELO: En la película *La piel que habito* dirigida por Pedro Almodóvar, Antonio Banderas *interpretó* el papel de un cirujano plástico.
Es la primera vez que Banderas interpreta un papel en una película de horror.

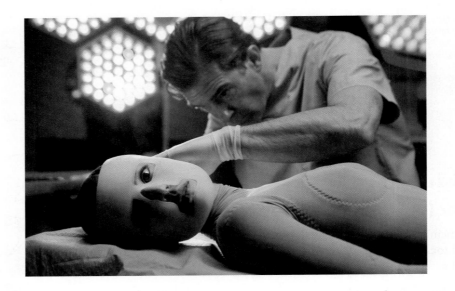

aplaudir	filmar	hacer el papel	ensayar
componer	grabar	estrenar	

1. El artista chileno Beto Cuevas reunió a artistas de varios países que ____*grabaron*____ en vivo *Gracias a la vida*.

2. El conjunto musical Café Tacvba ____*filmó/grabó*____ su película *Seguir siendo* en varios sitios del mundo.

3. Javier Bardem ____*hizo el papel*____ de Uxbal en la película *Biutiful*, nominada para un Óscar.

4. Cuando se ____*estrenó*____ la película *Babel* en el 2006, inmediatamente recibió la aprobación de la crítica.

5. Después del concierto de la sinfónica, todos se levantaron y ____*aplaudieron*____ por varios minutos.

6. Para prepararse para su concierto, la banda Calle 13 ____*ensayó*____ sus canciones varias horas durante muchos días.

7. Shakira escribió la letra para su sencillo *Loca* aunque no ____*compuso*____ la música.

5-35 A explorar: Más sobre estos artistas.   Investiga más sobre una de estas estrellas mencionadas en 5-34 en Internet para escribir un párrafo sobre sus éxitos en el mundo del espectáculo y tu opinión sobre lo que encuentres.

BUSCA   www

beto cuevas; café tacvba; javier bardem, etc.

5-36 Una función benéfica.   Planeen una función en beneficio de alguna causa importante. Escriban un anuncio para el periódico e incluyan la siguiente información: el lugar, la fecha, la función, el programa, el grupo a quien beneficia y el costo. Usen por lo menos ocho expresiones de *¡Así lo decimos!* e incluyan una foto o un dibujo para ilustrar el anuncio.

Santana, uno de los más destacados guitarristas y cantautores del mundo

¡Carlos Santana en Concierto!

Concierto en beneficio de la educación en México
Estadio Nou Camp de León, México
15 de octubre, 2013
(Vean reseñas de su gira por México en Santana.com)

Suggestion: 5-37
Do an in-class version of an *American Idol* audition in Spanish (*Operación Triunfo*). Have each contestant talk about his or her career and wishes to become a star. Then the participant can lip-sync to a song in Spanish (or they can read it) and perform like the singer. The three judges will critique their performance and the rest of the class can vote for the best.

5-37 A explorar: ¡Q'Viva! The Chosen.   Cuando este programa se estrenó en Univisión prometió atraer a mucho público no solo del mundo hispano sino también del resto del mundo interesado en este tipo de competencia. Investiga en Internet el tema del programa y para ver una muestra. Escribe un párrafo sobre el programa, los participantes y tu impresión. ¿Conoces un programa semejante en inglés? ¿Crees que va a tener éxito?

BUSCA   www

q'viva univisión, q'viva fox

5-38 ¿Qué conjunto es ese?   Preparen una descripción completa de un conjunto (sin nombrarlo) con la siguiente información: el número de miembros, su apariencia física, los instrumentos musicales que tocan, su estilo y algunas de sus canciones. Luego la clase va a adivinar el nombre del grupo que ustedes describan. Por último, expliquen por qué les gusta o no les gusta su música.

 5-39 Café Tacvba. Este innovador conjunto mexicano tomó su nombre de un famoso café (de Tacuba) en la Ciudad de México. Escucha la información sobre el grupo e indica si las afirmaciones son ciertas (**C**) o falsas (**F**). Corrige las falsas.

Note: 5-39
Audioscript available in *Appendix AS*.

1. _____C_____ El conjunto Tacvba tiene fama no solo en México sino también internacionalmente.

2. _____F_____ Su estilo es mayormente típico mexicano: música ranchera, mariachi y tejana. *Es una combinación de estilos de pop modernos (desde rock a hip-hop hasta electrónica) con la música folklórica latina (incluyendo mariachi, ranchera, tejana y samba).*

3. _____F_____ Tocan instrumentos acústicos, no los electróncios típicos de las bandas de rock. *Tocan los dos.*

4. _____C_____ Su música es una fusión de varios estilos, algunos populares, otros tradicionales.

5. _____F_____ Aunque los admiran los críticos, no han recibido la fama que merecen. *Han recibido atención de críticos y fanáticos.*

6. _____F_____ Su video, *Seguir siendo,* es una comedia que ellos mismos produjeron. *Es un documental.*

BUSCA www

café tacvba (tacuba)
seguir siendo video

5-40 *Seguir siendo.* Busca en Internet una muestra del ingenioso estilo de Café Tacvba. Escribe un párrafo sobre el tema del video, los músicos, los instrumentos y su estilo. ¿Crees que merecen tanto la admiración de los críticos como la de sus seguidores? Explica tu opinión de su música.

5-41 Comunidades. El calendario de eventos. Seleccionen un mes del calendario de eventos musicales de su universidad o de su comunidad y tradúzcanlo al español para informar a la comunidad hispana. Puede ser un calendario electrónico, una lista de eventos musicales para un cartel que pondrán en un lugar frecuentado por hispanos, o para un sitio en Internet.

 5-42 De nuevo: Una entrevista con famosos (*Ser/estar*). Eres periodista y has entrevistado a un conjunto famoso (puede ser tu conjunto favorito). Utilizando los verbos **ser** y **estar,** escribe la entrevista para una importante revista de música.

> MODELO: Entrevista con "Los relojes rotos"
> E: ¿Cómo **están,** chicos?
> C: **Estamos** un poco cansados pero también **estamos** contentos y muy agradecidos por el apoyo del público. ¡Todos nuestros aficionados **están** en nuestros corazones!
> E: ¿De dónde **son** ustedes?...

RECUERDA

Para repasar **ser** y **estar,** consulta el *Capítulo 2*.

Reto: Trata de usar **ser** y **estar** en diferentes tiempos y modos. Usa muchas palabras de la *Primera* y *Segunda parte* de ¡Así lo decimos! Trata de ser lo más original posible.

¡Así lo hacemos!

05-29 to 05-31

3. Formal commands

> Toquen más alto.

Warm-up: Commands
Have students identify the number of people addressed and the context where these commands may be heard. *¡No fume, por favor! ¡Siéntense! ¡Váyanse! ¡No toquen! Abra la boca, por favor. Pase a la sala de espera. ¡Compre dos por uno!*

Warm-up: Formal commands
Pretend you are a celebrity having some problems with your image. Ask the students to provide advice using a formal command. Ex. *Póngase ropa más adecuada. Sea simpática con la prensa. No diga tantas malas palabras. No se emborrache en público.*

Ud./Uds. commands

We use commands to give instructions or to ask people to do things. In Spanish, formal **usted(es)** commands all use the subjunctive.

Llegue temprano para no tener que hacer cola.	*Arrive early so that you don't have to stand in line.*
Vayan al estreno temprano.	*Go to the premiere early.*

- Negative commands are formed by placing **no** in front of the command form.

No pierda el guión para la audición de mañana.	*Don't lose the script for the audition tomorrow.*
No escriban la reseña hasta hablar con la autora.	*Don't write the review until you speak with the author.*

¡OJO!

Subject pronouns may be used with commands for emphasis. As a rule, they are placed after the verb.

Piense usted en el personaje.	*Think about the character.*
No hablen ustedes con el violinista.	*Don't talk with the violinist.*

- With affirmative commands, all object pronouns (direct, indirect, reflexive, reciprocal) follow the command form and are attached to it. An accent mark is added to commands of two or more syllables to show that the stress of the original verb remains the same.

¿El cartel? **Diséñemelo** inmediatamente.	*The poster? Design it for me immediately.*
Prepárense para la audición.	*Prepare yourselves for the audition.*

- With negative commands object pronouns go between **no** and the command form.

¿El productor? No **lo** siente allí; **siéntelo** aquí.	*The producer? Don't seat him there; seat him here.*
No **se** ponga más maquillaje.	*Don't put any more makeup on.*

¡OJO!

Formal commands follow the same pattern as in the subjunctive. The same spelling changes (**-gar→gue; -car→que; -zar→ce**), stem changes (**e→ie; e→i; o→ue**), and irregular verbs (**dar, estar, ir, saber, ser**) apply.

Suggestion: 5-43
Have students visit the Sie7e official page to hear *Yo tengo tu love* or another hit. According to the site, his music is a fusion of many styles, including samba, rock, reggae, blues, salsa, and flamenco, along with Puerto Rican rythms. The purpose of his style, according to many, is "feel-good music."

5-43 Antes de la gira. En el 2011 el cantante Sie7e ganó el Grammy Latino por Mejor Nuevo Artista. Antes de uno de sus conciertos, el administrador del grupo les da órdenes a todos para prepararse para su gira por EE. UU. Empareja cada situación con un mandato apropiado y escribe los mandatos formales en los espacios en blanco.

1. __c__ No se oye bien la guitarra.

2. __f__ Mañana el ensayo empieza a las ocho de la mañana.

3. __a__ Esta pieza me parece muy lenta.

4. __h__ Va a haber mucha gente influyente en el estreno del concierto.

5. __d__ Queremos mucha publicidad sobre nuestra gira.

6. __g__ Los críticos van a querer ver un concierto movido.

7. __b__ Las reseñas de su último sencillo son my positivas.

8. __e__ El espectáculo va a tener muchos efectos especiales.

a. Chicos, ___tóquenla___ (tocarla) más rápido por favor.

b. El público va a anticipar oír esa canción exitosa. Chicos, ___cántenla___ (cantarla) antes del intermedio.

c. Ramón, ___tóquela___ (tocarla) más alto, por favor.

d. Consuelo, ___mande___ (mandar) la información a la cartelera de la ciudad, ___ponga___ (poner) anuncios en los medios principales de comunicación.

e. Hernán, no ___se olvide___ (olvidarse) de arreglar y probar las luces antes del ensayo.

f. Chicos, ___estén___ (estar) todos aquí a las siete y media de la mañana, media hora antes del ensayo.

g. Todos, ___duerman___ (dormir) por lo menos ocho horas antes del estreno para sentirse en forma y con mucha energía.

h. Chicos, ___salgan___ (salir) durante el intermedio para hablar con algunos de los más importantes.

Sie7e, el mejor nuevo artista del año 2011

5-44 En el estudio de la telenovela *El corazón siempre llora*. El director está dando órdenes. Completa lo que dice con el mandato formal de los verbos.

Buenas tardes, señoras y señores. Con su cooperación, esta tarde vamos a filmar una escena entera de *El corazón siempre llora*. Camarógrafo, (**1**) ___ponga___ (poner) la cámara donde pueda ver todo el escenario. María, (**2**) ___arréglele___ (arreglarle) el maquillaje a la estrella y (**3**) ___péinele___ (peinarle) el cabello. Jorge, no (**4**) ___se olvide___ (olvidarse) de limpiarle la corbata a don José. Lupita y Sara, (**5**) ___apaguen___ (apagar) las luces al fondo del escenario. Jorge, (**6**) ___tráigame___ (traerme) el guión para esta escena. Rosa María, no (**7**) ___se ría___ (reírse) por favor.

Don José, (**8**) ___póngase___ (ponerse) más serio. Sí, eso es. Bueno… Luz, cámara, acción: Rosa María, (**9**) ___abra___ (abrir) la puerta lentamente, (**10**) ___entre___ (entrar) en la sala, (**11**) ___busque___ (buscar) la carta, (**12**) ___encuéntrela___ (encontrarla), (**13**) ___ábrala___ (abrirla), (**14**) ___léala___ (leerla), (**15**) ___grite___ (gritar) y (**16**) ___salga___ (salir) corriendo. Don José, (**17**) ___levántese___ (levantarse) y (**18**) ___sígala___ (seguirla). ¡Perfecto! (**19**) ___Corte___ (cortar) y (**20**) ___copie___ (copiar).

5-45 ¡No toque, por favor! En el estudio de televisión siempre hay reglas para los visitantes. Intercambien órdenes afirmativas o negativas usando los verbos de la lista y otros. La regla debe ser lógica.

> MODELO: tocar los objetos en el escenario
> *Por favor, no toquen los objetos. (No los toque, por favor.)*

1. fumar
2. comer
3. sentarse en la silla del director
4. observar la participación de los extras
5. beber
6. aplaudir durante la filmación
7. acercarse a las cámaras
8. distraer (*distract*) al personal

5-46 La fea más bella. Ustedes son responsables de la producción de la telenovela *La fea más bella*. Escriban órdenes para los asistentes. Usen las siguientes sugerencias como guía.

Esta telenovela ha tenido un fuerte impacto en todo el mundo hispano, EE. UU., Europa, África y en los países árabes.

> MODELO: qué patrocinadores invitar al ensayo
> *Rosa, por favor, llame al jefe de comunicaciones de Jabón Lujo y dígale que esta tarde está invitado al ensayo del programa. Avísele también que en este episodio Lety va a usar su producto para lavar la ropa.*

- cómo maquillar a Lety, la protagonista
- dónde poner los micrófonos
- dónde colocar las cámaras y las luces
- cómo vestir a Fernando y a Aldo, los pretendientes (*suitors*)
- cómo entretener a la mamá de Lety

4. Informal commands

Comprehension Assessment:
Tú commands
Imagínate que eres el representante de un artista muy talentoso pero desconocido. Ofrécele a tu cliente seis consejos básicos para comenzar bien su carrera en el mundo del espectáculo. Asegúrate de darle seis consejos positivos y seis negativos. Ej. Prepárate bien para las audiciones. Sé amable con los periodistas. Nunca pierdas la paciencia.

Tú commands

- Most affirmative **tú** commands have the same form as the third person singular (**él, ella, usted**) of the present indicative. Use the subjunctive for the negative commands.

INFINITIVE	AFFIRMATIVE	NEGATIVE
comprar	compra	no compres
comer	come	no comas
escribir	escribe	no escribas
pedir	pide	no pidas
pensar	piensa	no pienses

Prepara los subtítulos al final.	*Prepare the subtitles at the end.*
Pide el micrófono para el concierto.	*Ask for the microphone for the concert.*
No toques la trompeta tan alto.	*Don't play the trumpet so loud.*
No vayas a la taquilla hasta muy tarde.	*Don't go to the box office until very late.*

- The following verbs have irregular affirmative command forms. The negative **tú** commands of these verbs use the subjunctive form.

decir	**di**	**Di** si el cartel te gusta.	*Say if you like the poster.*
hacer	**haz**	**Haz** los cambios en el guión.	*Make the changes in the script.*
ir	**ve**	**Ve** al teatro.	*Go to the theater.*
poner	**pon**	**Pon** el tambor en la mesa.	*Put the drum on the table.*
salir	**sal**	**Sal** para el teatro enseguida.	*Leave for the theater right now.*
ser	**sé**	**Sé** amable con el guitarrista.	*Be nice to the guitarist.*
tener	**ten**	**Ten** paciencia con los radioyentes.	*Be patient with the radio listeners.*
venir	**ven**	**Ven** al estudio de televisión.	*Come to the television studio.*

Vosotros/as commands

- Form affirmative **vosotros/as** commands by dropping the **-r** of the infinitive and adding **-d**. Negative **vosotros/as** commands use the present subjunctive.

INFINITIVE	AFFIRMATIVE	NEGATIVE
hablar	hablad	no habléis
comer	comed	no comáis
hacer	haced	no hagáis
pedir	pedid	no pidáis

Donad dinero para beneficiar el programa de música.	*Donate money to help the music program.*
No **os durmáis** en el teatro.	*Don't fall asleep in the theater.*

- The *vosotros* commands of reflexive verbs drop the final **-d** before adding the reflexive pronoun **-os**, except for **idos** (**irse**). Every **-ir** reflexive verb, with the exception of **irse**, requires an accent mark on the **i** of the stem of the verb.

INFINITIVE	AFFIRMATIVE	NEGATIVE
acostarse	acostaos	no os acostéis
vestirse	vestíos	no os vistáis
irse	idos	no os vayáis

Idos al estreno de la obra.	*Leave for the premiere of the play.*
Vestíos bien para ir al concierto.	*Dress well to go to the concert.*
No **os sintáis** tristes cuando muera la protagonista.	*Don't feel sad when the protagonist dies.*

¡OJO!

Most Spanish speakers in Latin America use the **ustedes** form to express both informal and formal plural commands. In Spain, informal plural commands (**vosotros/as**) are common.

¡OJO!

The subject **vosotros/as** is usually omitted for the informal plural command forms.

¡OJO!

The subjunctive of stem-changing **–ir** verbs, **o→ue, u, e→i, i** appears in negative **vosotros** commands: **dormir→no durmáis; pedir→no pidáis; reír→no riáis,** etc.

Aplicación

5-47 Una película en 3D. Usa mandatos informales (**tú, vosotros/as** o **ustedes**) para completar las instrucciones que la mamá les da a sus hijos antes de ver esta película popular.

MODELO: Chicos, no *corráis/corran* (correr) en el teatro.

Pepito, (**1**) _____*deja*_____ (dejar) tu chicle en el basurero antes de entrar. No (**2**) _____*lo masques*_____ (mascarlo [*chew it*]) en el cine. Toño y Conchita, (**3**) _____*buscad/busquen*_____ (buscar) la fila 32, las butacas de la "f" a la "j". (**4**) _*Sentaos / Siéntense*_ (Sentarse) y no (**5**) _*os mováis / se muevan*_ (moverse). Pepito, (**6**) _____*cómprales*_____ (comprarles) dulces y refrescos a tus hermanos. Conchita, (**7**) _____*comparte*_____ (compartir) tu refresco con Toño. Pirula, (**8**) _____*ponte*_____ (ponerse) el suéter que pronto vas a tener frío. (**9**) _____*Mirad / Miren*_____ (Mirar) hijos, va a empezar la película. (**10**) _*Callaos / Cállense*_ (Callarse) por favor. Pepito, ¡(**11**) _____*siéntate*_____ (sentarse) ahora!

5-48 Consejos. ¿Qué consejos le darías a un/a buen/a amigo/a que está por salir a buscar fortuna como cantante o actor/actriz? Escríbele una carta en la que le des algunos consejos prácticos y filosóficos para empezar esta etapa de su vida.

> MODELO: *Querido Elvis:*
> *Ya que eres mi mejor amigo, quiero darte algunos consejos antes de que te vayas a Nashville. Primero, sé optimista...*

Note: 5-50
You can have students use **ustedes** commands if you prefer: *Denles quince minutos de descanso por cada hora que bailan.*

Suggestion: 5-50
Have students research flamenco dancing, concerts, and famous dancers before they do this activity.

5-49 Una balada. Eres cantautor y necesitas una canción sentimental para tu próximo álbum. Escribe una usando ocho o diez mandatos informales y preséntale a la clase la letra de tu canción.

> MODELO: *Amor mío, por favor no te vayas...*

 5-50 Un tablao (*flamenco bar*) en Sevilla. Ustedes son agentes para algunos bailarines de flamenco y tienen que negociar un contrato nuevo con los dueños del tablao donde bailan. Hagan una lista de sus exigencias (*demands*) usando mandatos informales (**vosotros/as**).

> MODELO: *Dadles quince minutos de descanso por cada hora que bailan.*

5-51 A explorar: La cartelera. Investiga en Internet los espectáculos que haya en una ciudad hispana esta semana. Haz una lista de los diez que encuentres más interesantes. Escribe un a lista de cinco mandatos sobre uno que te interese.

> MODELO: *No te olvides de asistir a....*

BUSCA www ⬇

cartelera madrid; cartelera bogotá;
cartelera buenos aires, etc.

5-52 Debate: Los medios de comunicación. Formen dos grupos para debatir uno de los temas siguientes. Usen mandatos formales e informales y expresiones adjetivales y adverbiales apropiadas.

Resolución: Hay que censurar los medios de comunicación y reducir la violencia en el cine, en los videos musicales y en los programas de televisión.

Resolución: Hay que aumentar la representación de modelos positivos de latinos y afroamericanos en las películas y en los programas de televisión.

> MODELO: *Pónganse en el lugar de las personas de ascendencia hispana o afroamericana que cada vez que ponen un programa en la televisión ven personas de su etnia en un papel negativo. Tenemos que insistir en que haya mejor representación positiva de todos los grupos étnicos.*

Suggestion: 5-52
Have students prepare beforehand by collecting data and writing down their most powerful and convincing statements using the grammar reviewed here. On the date of the debate, have the groups face each other. A student from group #1 will read a statement and a student from the other group must respond (spontaneously) to this statement. Then group #2 gets to read one of its statements and group #1 must react, and so on. Encourage students to use the *Frases comunicativas* from *Primera parte* and from previous chapters.

¡ASÍ LO EXPRESAMOS!

📖 Imágenes
05-38 to 05-39

¿Quién lleva el ritmo?
(Aída Emart, 1962–, México)

Aída Emart nació en México. Estudió la carrera de Grabado en la Escuela de Pintura, Escultura y Grabado "La Esmeralda" del Instituto Nacional de Bellas Artes, México, D.F. Ha trabajado como ilustradora, coordinadora y presentadora en diferentes publicaciones y foros. Le gusta dibujar a los músicos, en particular a los músicos de jazz.

¿Quién lleva el ritmo? (© Aída Emart, México)

Perspectivas e impresiones

5-53 Los músicos. Describe este cuadro: el estilo, los colores, las figuras y sus instrumentos. ¿Te parece una escena dinámica o estática? ¿Por qué? ¿Por qué crees que son todos hombres en el conjunto?

5-54 Tu historia. Imagínate que estabas en un bar donde tocaba este conjunto. Escribe un párrafo describiendo quiénes estaban, qué viste, qué pasó y cómo lo pasaste.

Suggestion: *Imágenes*
Search on the Internet for more of Aída Emart's paintings of musicians, one of her favorite subjects. You may want to show some to the class and have students compare paintings.

Expansion: *Imágenes*
Show students or have them look up the painting *Los tres músicos* by Pablo Picasso. Have them compare with the painting by Aída Emart. Do they see Picasso's influence in the work of Emart?

¡Así lo expresamos! **199**

Páginas

05-40 to 05-41

Augusto Monterroso (1921–2003, Guatemala)

En 1944, el escritor guatemalteco Augusto Monterroso se trasladó a México por motivos políticos. En sus cuentos se destaca su inclinación por la parodia, la fábula y el ensayo, el humor negro y la paradoja (*paradox*). Honrado con varios prestigiosos premios literarios, se le conoce también por haber escrito uno de los cuentos más cortos del mundo:

El dinosaurio
Cuando despertó, el dinosaurio todavía estaba allí.

Antes de leer

5-55 El conflicto interno. En la literatura, el conflicto es el elemento más importante de la historia. Entre los más populares es el conflicto interno, o sea, el personaje que enfrenta un conflicto moral o psicológico. Por ejemplo, en *Sophie's Choice,* la protagonista tiene que salvar a uno de sus hijos y sacrificar al otro. En *Crime and Punishment,* el protagonista se pelea con su conciencia. Es evidente que este tipo de conflicto puede ser aún más emocionante que el conflicto externo.

El cuento a continuación presenta el conflicto interno de un padre que no acepta los sueños profesionales de su hija. ¿Puedes pensar en alguna circunstancia parecida en una familia que conozcas, en una histora que hayas leído o en una película que hayas visto? Explica la situación y cómo se ha resuelto.

5-56 Estrategias para la lectura. Cuando lees por encima (*skim*), buscas información esencial para darte una idea de sobre qué trata lo que estás leyendo. Lee por encima los tres primeros párrafos para encontrar esta información.

- la relación entre el narrador y la persona sobre quien escribe
- dónde tiene lugar la acción
- quiénes están presentes, además del narrador
- la profesión del narrador
- el dilema que él siente en esta ocasión

Warm-up: *Páginas* Have students describe a concert that they attended first from the point of view of the public, then from the point of view of the singer or musician, and finally from the point of view of a close family member of the musician.

Warm-up: *Páginas Escribe un párrafo sobre el mejor concierto al que hayas asistido. Las siguientes preguntas pueden servirte de guía. ¿Cuándo fue el concierto? ¿Quiénes tocaron y/o cantaron? ¿Cómo estaban vestidos? ¿Qué género o géneros presentaron? ¿Qué instrumentos musicales tocaron? ¿Cómo era el/la cantante principal o el/la director/a? ¿Quién o quiénes compusieron las canciones? ¿Cuál de las piezas te impresionó más? ¿Cuál fue la reacción del público?*

Suggestion: *Páginas* Have students use the verbs **ser, estar,** and **haber** to talk about their talents and state how they feel before a performance in class, sports or music. Ex. *Soy un buen jugador de tenis, pero antes de un partido estoy un poco nervioso. Siempre hay muchas personas que me observan…*

Dentro de escasos minutos ocupará con elegancia su lugar ante el piano. Va a recibir con una inclinación casi imperceptible el ruidoso homenaje del público. Su vestido, cubierto con lentejuelas°, brillará como si la luz reflejara sobre él el acelerado aplauso de las ciento diecisiete personas que llenan esta pequeña y exclusiva sala, en la que mis amigos aprobarán o rechazarán —no lo sabré nunca— sus intentos de reproducir la más bella música, según creo, del mundo.

Lo creo, no lo sé. Bach, Mozart, Beethoven. Estoy acostumbrado a oír que son insuperables y yo mismo he llegado a imaginarlo. Y a decir que lo son. Particularmente preferiría no encontrarme en tal caso. En lo íntimo estoy seguro de que no me agradan y sospecho que todos adivinan mi entusiasmo mentiroso.

Nunca he sido un amante del arte. Si a mi hija no se le hubiera ocurrido ser pianista yo no tendría ahora este problema. Pero soy su padre y sé mi deber° y tengo que oírla y apoyarla. Soy un hombre de negocios y sólo me siento feliz cuando manejo las finanzas. Lo repito, no soy artista. Si hay un arte en acumular una fortuna y en ejercer el dominio del mercado mundial y en aplastar° a los competidores, reclamo el primer lugar en ese arte.

La música es bella, cierto. Pero ignoro si mi hija es capaz de recrear esa belleza. Ella misma lo duda. Con frecuencia, después de las audiciones, la he visto llorar, a pesar de los aplausos. Por otra parte, si alguno aplaude sin fervor, mi hija tiene la facultad de descubrirlo entre la concurrencia, y esto basta° para que sufra y lo odie° con ferocidad de ahí en adelante. Pero es raro que alguien apruebe fríamente. Mis amigos más cercanos han aprendido en carne propia° que la frialdad° en el aplauso es peligrosa y puede arruinarlos. Si ella no hiciera una señal de que considera suficiente la ovación, seguirían aplaudiendo toda la noche por el temor que siente cada uno de ser el primero en dejar de hacerlo. A veces esperan mi cansancio° para cesar de aplaudir y entonces los veo cómo vigilan mis manos, temerosos de adelantárseme° en iniciar el silencio. Al principio me engañaron y los creí sinceramente emocionados: el tiempo no ha pasado en balde° y he terminado por conocerlos. Un odio continuo y creciente se ha apoderado de mí. Pero yo mismo soy falso y engañoso°. Aplaudo sin convicción. Yo no soy un artista. La música es bella, pero en el fondo no me importa que lo sea y me aburre. Mis amigos tampoco son artistas. Me gusta mortificarlos, pero no me preocupan.

Son otros los que me irritan. Se sientan siempre en las primeras filas° y a cada instante anotan algo en sus libretas. Reciben pases gratis que mi hija escribe con cuidado y les

5   *sequins*

10

15

20

duty

25

crushing

30

this is enough / hates

in their own flesh /
    coldness

35

weariness
getting ahead of me

40   *in vain*
deceitful

45   *rows*

EL CONCIERTO

detest	envía personalmente. También los aborrezco°. Son los periodistas. Claro que me temen
	y con frecuencia puedo comprarlos. Sin embargo, la insolencia de dos o tres no tiene
an extremely bad performer	límites y en ocasiones se han atrevido a decir que mi hija es una pésima ejecutante°. Mi
50	hija no es una mala pianista. Me lo afirman sus propios maestros. Ha estudiado desde la
facilidad	infancia y mueve los dedos con más soltura° y agilidad que cualquiera de mis secretarias.

detest

envía personalmente. También los aborrezco°. Son los periodistas. Claro que me temen
y con frecuencia puedo comprarlos. Sin embargo, la insolencia de dos o tres no tiene

an extremely bad performer

límites y en ocasiones se han atrevido a decir que mi hija es una pésima ejecutante°. Mi
50   hija no es una mala pianista. Me lo afirman sus propios maestros. Ha estudiado desde la

facilidad

infancia y mueve los dedos con más soltura° y agilidad que cualquiera de mis secretarias.
Es verdad que raramente comprendo sus ejecuciones, pero es que yo no soy un artista y
ella lo sabe bien.

sin
pocas
propicie… foster these
negative opinions / ominous

La envidia es un pecado° detestable. Este vicio de mis enemigos puede ser el escondido factor
55   de las escasas° críticas negativas. No sería extraño que alguno de los que en este momento
sonríen, y que dentro de unos instantes aplaudirán, propicie esos juicios adversos°. Tener un
padre poderoso ha sido favorable y aciago° al mismo tiempo para ella. Me pregunto cuál sería
la opinión de la prensa si ella no fuera mi hija. Pienso con persistencia que nunca debió tener
pretensiones artísticas. Esto no nos ha traído sino incertidumbre e insomnio. Pero nadie iba ni
60   siquiera a soñar, hace veinte años, que yo llegaría adonde he llegado. Jamás podremos saber
con certeza, ni ella ni yo, lo que en realidad es, lo que
efectivamente vale. Es ridícula, en un hombre como yo,
esa preocupación.

Si no fuera porque es mi hija confesaría que la odio. Que
65   cuando la veo aparecer en el escenario un persistente

boils

rencor me hierve° en el pecho, contra ella y contra mí
mismo, por haberle permitido seguir un camino tan
equivocado. Es mi hija, claro, pero por lo mismo no tenía
derecho a hacerme eso.

70   Mañana aparecerá su nombre en los periódicos y los
aplausos se multiplicarán en letras de molde°. Ella se

en… in print

llenará de orgullo y me leerá en voz alta la opinión
laudatoria de los críticos. No obstante, a medida que vaya
llegando a los últimos, tal vez a aquellos en que el elogio
75   es más admirativo y exaltado, podré observar cómo sus
ojos irán humedeciéndose, y cómo su voz se apagará
hasta convertirse en un débil rumor, y cómo, finalmente,

weeping

terminará llorando con un llanto° desconsolado e infinito. Y
yo me sentiré, con todo mi poder, incapaz de hacerla pensar
80   que verdaderamente es una buena pianista y que Bach y
Mozart y Beethoven estarían complacidos de la habilidad
con que mantiene vivo su mensaje.

forewarns

Ya se ha hecho ese repentino silencio que presagia°
su salida. Pronto sus dedos largos y armoniosos se

they will slide / keyboard   85   deslizarán° sobre el teclado°, la sala se llenará de música, y yo estaré sufriendo una vez más.

Después de leer

5-57 ¿Cómo lo interpretas tú?   Identifica a la persona o a las personas que se describen a continuación. Si hay más de una, explica por qué.

N: el narrador   **H:** la hija   **P:** el público

1. __N__ No entiende la música.

2. __H__ Lleva puesto un vestido elegante.

3. __P/N__ Aplaude.

4. __N__ Tiene éxito en el mundo comercial.

5. __N/H__ Toma muy en serio su profesión.

6. __N__ Odia a los periodistas.

7. __N__ Le molesta el camino que ella ha tomado.

8. __P__ Responde favorablemente al espectáculo.

5-58 Comentarios y consejos. Trabajen juntos para hacer una lista de consejos para el narrador y su hija. Usen el subjuntivo y túrnense para reaccionar.

> MODELO: Para la hija: *Es bueno que te guste tanto la música. Ojalá que tengas éxito en tu concierto…*
>
> Para el padre: *Me parece ridículo que no admires la pasión de tu hija… Es importante que…*

 5-59 Los cuentos de Augusto Monterroso. Monterroso escribió muchas fábulas y cuentos cortos como *El dinosaurio,* el que abre esta selección. En su opinión, ¿qué representa el dinosaurio? ¿Han visto uno al despertarse alguna vez? ¿Podría tener algún significado psicológico o político? Expliquen. ¿Cuál es "el dinosaurio" del narrador del cuento que acaban de leer?

# Taller

05-42

Suggestion: *Taller*
Have students perform their classmates' scene in front of the class. The playwright can be the director.

Una escena dramática

La comunicación entre dos o más personas incluye gestos, miradas, tono y ambiente, entre otras cosas. Por eso, un guión debe ofrecer más que el diálogo entre los personajes. Debe crear una escena y un diálogo que podría figurar dentro de un guión más amplio.

Antes de escribir

Idear. Piensa en la escena, los personajes y el problema dramático. Escribe una lista de ideas sobre los elementos que incluya el estado físico y psicológico de los personajes.

Describir. Describe la escena: el lugar, lo que hay allí, el ambiente, etc.

Ampliar. Describe la acción, es decir, lo que esté pasando antes del intercambio.

Una máscara mexicana de teatro

A escribir

Escribir. Inventa un breve diálogo entre los dos personajes. Incluye por le menos dos cláusulas adjetivales y dos adverbiales.

Agregar. Entre paréntesis, añade mandatos que indiquen los gestos, las expresiones y el tono de voz de los personajes.

Leer en voz alta. Lee solo el diálogo en voz alta para ver si es "natural" y si lograste el tono que querías.

Después de escribir

Revisar. Revisa tu escena. ¿Es lógica? ¿Son claras las direcciones? ¿Fluye bien el diálogo? A continuación, revisa los siguientes aspectos.

☐ ¿Has incluido vocabulario variado de este capítulo y capítulos anteriores?

☐ ¿Has incluido alguna descripción con una cláusula adjetival o adverbial (*No conozco a nadie que… Me voy en cuanto…*)?

☐ ¿Has usado bien los mandatos y el subjuntivo?

☐ ¿Has verificado la concordancia y la ortografía?

Intercambiar. Intercambia tu escena con la de un/a compañero/a. Mientras leen las escenas, hagan comentarios y sugerencias sobre el contenido, la estructura y la gramática.

Entregar. Pon tu ensayo en limpio, incorpora las sugerencias de tu compañero/a y entrégaselo a tu profesor/a.

El teatro Colón de Bogotá fue inaugurado en 1892. Es el teatro nacional de Colombia.

Vocabulario

la actuación	*performance*
el/la aficionado/a	*fan*
bailable	*danceable*
la cadena	*network*
la carrera	*career*
el/la comentarista	*commentator*
competitivo/a	*competitive*
conseguir (i, i)	*to get, to obtain*
destacado/a	*outstanding*
enfrentar	*to face*
entretener (ie)	*to entertain*
el espectáculo	*show*
la estrella	*star*
el guión	*script*
innovador/a	*innovative*
interpretar	*to intrepret (a role, a song)*
el mundo del espectáculo	*show business*
la pantalla	*screen*
el papel	*role*
el personaje	*character*
el premio	*prize, award*
el/la rapero/a	*rapper*
el rechazo	*rejection*
el reportaje	*report*
la trama	*storyline*

el actor/la actriz de reparto	*supporting actor/ actress*
el camerino	*dressing room*
el/la cantautor/a	*singer-songwriter*
la cartelera	*billboard, entertainment listing*
componer	*to compose*
el conjunto	*band, ensemble*
ensayar	*to rehearse*
estrenar	*to premiere*
la gira	*tour*
grabar	*to record*
el intermedio	*intermission*
lento/a	*slow*
el/la locutor/a	*(radio/TV) announcer*
movido/a	*lively*
ojalá (que)	*I hope (that), I wish (that)*
el/la protagonista	*protagonist, main character*
quizá(s)	*perhaps, maybe*
la reseña	*review (of a show or book)*
el sencillo	*single (record)*
tal vez	*perhaps, maybe*
la voz	*voice*

¡Cuidado! ir a - asistir a; excitante - emocionante *See page 175.*
Frases comunicativas: Estás mal informado/a; Sin embargo,...
Entiéndeme bien. *See page 184.*

Suggestion: *Vocabulario*
The students can role-play a talk show. Have 3 or 4 students pretend they are singers, actors, musicians, dancers, etc., and role-play a talk show for the rest of the class. Have the famous performers sit on one side (they can come in one by one as they are announced by the host) and the host interview them from behind the desk. Encourage students to use props and be as original as possible. They must use as many vocabulary words as they can.

¡Cuidado! jugar (ue) (a) - tocar; parecer(se) - lucir (zc) *See page 189.*
Conjunctions that always require the subjunctive *See page 181.*
Conjunctions that require either the subjunctive or the indicative *See page 182.*

MANUAL DE GRAMÁTICA

 ¡Así lo hacemos!

A. Review of preterit and imperfect

6-07 to 06-11

> Cuando empecé a trabajar en esta empresa era la única mujer.

Take the following into account when deciding to use the preterit or the imperfect.

- Analyze the context in which the verb will be used and ask yourself: does the verb describe the way things were (imperfect) or does it tell what happened (preterit)?

Era el año 2009 cuando el presidente Obama **nominó** a Sonia Sotomayor al Tribunal Supremo.	*It was the year 2009 when President Obama nominated Sonia Sotomayor to the Supreme Court.*
Era: describes	*It was the year 2009.*
nominó: tells what happened	*He nominated her.*

¡OJO!

Preterit

- actions begun or completed in the past
- an entire event or a series of completed events

Imperfect

- ongoing events, descriptions, background
- events or conditions with no particular beginning or end
- time, age, weather (with no obvious beginning or end)

- In many instances, both tenses produce a grammatically correct sentence. Your choice will depend on the message you wish to convey.

Así **fue**.	*That's how it happened.*
Así **era**.	*That's how it used to be.*
Ayer la jueza **concluyó** el juicio.	*Yesterday the judge concluded the trial. (This is the point, not background information.)*
Concluía el juicio.	*She was concluding the trial. (This is background information for the action that will be narrated.)*

A-1 En la oficina de Investigaciones Demográficas. Anoche la demógrafa se quedó hasta tarde en su oficina. ¿Qué pasaba mientras terminaba su informe? Asocia cada persona con la acción que realizaba.

1. _d_ La demógrafa…

2. _a_ Su ayudante estaba impaciente…

3. _e_ Los hijos de la demógrafa…

4. _c_ Sus estudiantes…

5. _f_ Su esposo pensaba…

6. _b_ La demógrafa sabía que,…

a. porque quería irse a su casa.

b. gracias a sus esfuerzos, podían obtener suficientes fondos para los estudiantes minoritarios.

c. preparaban el trabajo de investigación para entregárselo mañana en clase.

d. revisaba los datos de la última encuesta.

e. la esperaban en casa con ganas de verla antes de acostarse.

f. que ella dedicaba demasiado tiempo a sus investigaciones.

 A-2 ¿Cómo era en la generación de sus abuelos? Escriban primero sus respuestas a las siguientes preguntas. Tengan cuidado con el tiempo verbal (pretérito o imperfecto) que usen. Después, compartan su punto de vista con su compañero/a para ver si han tenido la misma experiencia. Preséntenle un resumen a la clase.

1. En la época de tus abuelos, ¿era difícil ser admitido a una universidad? ¿Era difícil ser estudiante? ¿Por qué?

2. ¿Asistieron tus abuelos a la universidad? ¿Por qué?

3. ¿Qué estudiaron? ¿Se graduaron?

4. ¿Qué obstáculos tuvieron tus abuelos en los estudios o en el trabajo?

5. En los negocios, ¿era más difícil tener éxito para una mujer que para un hombre?

6. ¿Es más fácil para los estudiantes de hoy ser admitidos a la universidad? ¿Por qué? ¿Es más fácil para ti ser estudiante de lo que era para la generación de tus abuelos?

7. ¿Cuáles eran las ventajas de graduarse de una universidad en la generación de tus abuelos? ¿Tienes tú las mismas ventajas?

A-3 Bill Richardson: un personaje de renombre. Lean la selección a continuación sobre este importante personaje político. Escriban cinco preguntas en el pasado relacionadas con la lectura, y una nueva pregunta sobre Bill Richardson sobre algo que deseen investigar. Finalmente, hagan el papel de entrevistador/a y del Sr. Richardson y preséntenle la entrevista a la clase.

MODELO: *¿Por qué estuvo en La Habana?*

Hoy en día, el grupo étnico hispano/latino representa una fuerza política importante en Estados Unidos. De hecho, hay alcaldes, senadores, congresistas y gobernadores hispanos. No fue siempre así. Antes, pocos hispanos votaban y casi no tenían representación en el gobierno. Pero en el Siglo XXI no es raro que un hispano se postule (*present his/her candidacy for*) a la presidencia del país.

Aunque Bill Richardson nació en California, tres de sus abuelos eran mexicanos y él mismo se crió en México. Cuando tenía trece años, fue a Boston para continuar sus estudios. Después asistió a la Universidad de Tufts, donde se especializó en francés y ciencias políticas. También practicó béisbol y llegó a ser considerado por equipos profesionales. Cuando se graduó de la universidad, trabajó varios años para un congresista y así decidió postularse él mismo. Por fin salió electo en 1982 y sirvió catorce años en el Congreso. Durante la administración de Bill Clinton, Richardson fue nombrado embajador ante la ONU y después secretario de Energía. En el 2007, siendo gobernador de Nuevo México, anunció su candidatura a la presidencia de EE. UU., y de esa manera se convirtió en el primer aspirante hispano a ese importante cargo. Aunque dejó la contienda para la presidencia, sigue sirviendo al gobierno de EE. UU. en misiones especiales, como una en la que viajó a Cuba en septiembre del 2011.

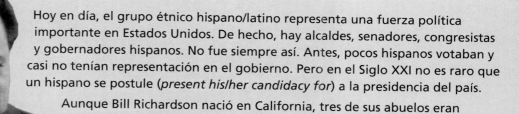

En el 2011 Bill Richardson estuvo en La Habana para tratar de negociar la liberación de un preso norteamericano.

A-4 El doctor Q. Este *podcast* informa sobre otra persona de renombre que superó tremendas dificultades cuando era joven. Indica si las declaraciones son ciertas (**C**) o falsas (**F**) y corrige las falsas.

Note: A-4
See *Appendix AS* for audioscript.

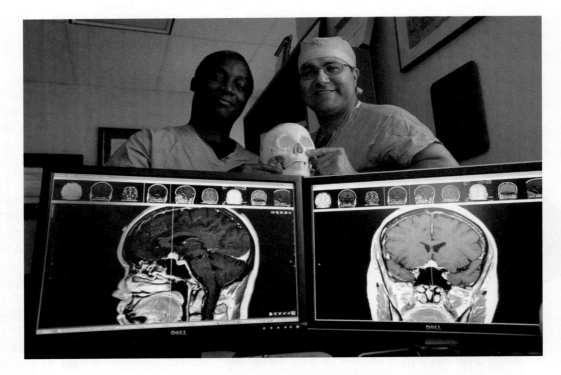

1. _C_ Alfredo Quiñones Hinojosa nació en México.

2. _F_ Tuvo la suerte de poder asistir a una universidad de prestigio mexicana.
   Solo completó el primer grado en México.

3. _F_ Su padre también era médico.
   Su padre tampoco estudió más que hasta el primer grado.

4. _F_ Cuando Alfredo tenía 19 años emigró legalmente a EE. UU.
   Era indocumentado.

5. _C_ Trabajó por un tiempo como trabajador migrante.

6. _C_ Aprendió inglés en un programa de la comunidad.

7. _C_ Estudió para ser médico.

8. _C_ Se casó y tuvo hijos.

9. _F_ Ahora es cirujano plástico e investigador muy prestigioso.
   Es cirujano neurólogo.

10. _F_ Algún día espera ser ciudadano de EE. UU.
    Ya es ciudadano.

B. Hacer and desde in time expressions

Warm-up: *Ago* **expressions**
Draw a time line on the chalkboard with today's date indicated, plus several other memorable dates in the past. Ex. *¿Cuánto tiempo hace que murió Martin Luther King Jr.? ¿Y el presidente Kennedy? ¿Cuánto tiempo hace que llegamos a la luna por primera vez? ¿Desde cuándo las mujeres pueden votar en EE. UU.? ¿Desde cuándo estudias español?*

To express the idea that an action began in the past and is still going on in the present, Spanish uses constructions with the verb **hacer** and the preposition **desde.**

- To ask how long or since when a certain action has been going on, Spanish uses this formula:

  ¿Cuánto (tiempo) hace que + *a verb phrase in the present*? [or]

  ¿Desde cuándo + *a verb phrase in the present*?

¿Cuánto (tiempo) hace que se investigan los beneficios del bilingüismo?	*How long have they been investigating the benefits of bilingualism?*
¿Desde cuándo son Mirta y Ofelia feministas?	*Since when have Mirta and Ofelia been feminists?*

- To state how long or since when an action has been going on, Spanish uses:

  Hace + *a time expression* + **que** + *a verb phrase in the present* [or]

  A verb phrase in the present + **desde hace** + *a time expression*

Hace muchos años que se investigan los beneficios del bilingüismo.	*They have been investigating the benefits of bilingualism for many years.*
Mirta y Ofelia son feministas **desde hace** dos años.	*Mirta and Ofelia have been feminists for two years.*

  > **¡OJO!**
  >
  > In Spanish, the verb **hacer** and the main verbs are in the present; the English equivalent, however, uses *have/has been.*

- To express the idea that an action began in the remote past and was still continuing when another occurrence happened, Spanish uses the following construction:

  Hacía + *period of time* + **que** + *a verb phrase in the imperfect*

¿Cuánto tiempo hacía que la demógrafa trabajaba en el proyecto?	*How long had the demographer been working on the project?*
Hacía seis meses **que** la demógrafa trabajaba en el proyecto.	*The demographer had been working on the project for six months.*

  > **¡OJO!**
  >
  > In Spanish, the verb **hacer** and the main verb are in the imperfect; however the English equivalent uses *had been.*

• To tell how long ago an action or event occurred, Spanish uses the following construction.

Hace + *a time expression* + (**que**) + *a verb in the preterit*

¿Cuánto tiempo **hace que** comenzaron la investigación?	*How long ago did they start the research?*
Hace varios años **que** la comenzaron.	
La comenzaron **hace** varios años.	*They started it several years ago.*

Aplicación

B-1 Hace… años. Los siguientes acontecimientos empezaron en el pasado y siguen hoy en día. Cambia las oraciones para expresar cuánto tiempo hace que ocurren.

MODELO: En 1986 España se hizo miembro de la Unión Europea.
Hace… años que España es miembro de la Unión Europea. /
España es miembro de la Unión Europea desde hace… años.

1. En 1994 México se hizo signatario del Tratado de Libre Comercio.
2. En el 2010 el porcentaje de hispanos en EE. UU. llegó a más del 15 por ciento.
3. En 1995 la fundación Pies Descalzos de Shakira empezó a abogar por los derechos de los niños.
4. En el 2005 Evo Morales salió electo presidente de Bolivia.
5. En el 2010 Marco Rubio salió electo senador por el estado de la Florida.
6. En 1996 empezó a publicarse la revista *Latina*.
7. En el 2009 José Hernández llegó a ser astronauta.
8. En el 2009 la Ciudad de México permitió el matrimonio entre homosexuales.

B-2 Me gustaría saber. Hagan el papel de reportero/a y un personaje del mundo hispano que hace obras filantrópicas. Formen preguntas sobre cuánto tiempo hace que estas actividades o ideas forman parte de su vida. Después, preséntenle su conversación a la clase.

MODELO: REPORTERO/A: *Señor Slim, ¿cuánto tiempo hace que usted es multimillonario?*
　　　　　CARLOS SLIM:　*Hace más de 20 años que soy multimillonario.*

Composition: B-2
Have students write a composition about a philanthropist they admire explaining why.

Preguntas del/de la reportero/a	Preguntas del personaje (Shakira, Juanes, Ricky Martin, Carlos Slim, Julieta Venegas...)
ser feminista, idealista, ambicioso/a, práctico/a...	ser reportero/a
valorar los derechos humanos	escribir informes sobre...
abogar por...	trabajar para...
donar a...	buscar...
viajar por...	gustar...

B-3 ¿Cuánto tiempo hace que...?   Cambia las oraciones para expresar cuánto tiempo hace que ocurrieron los siguientes eventos.

MODELO: Bill Richardson se postuló para presidente de EE. UU. en el 2007.
　　　　　Hace... años que Bill Richardson se postuló para presidente.

1. Se liberó a los esclavos en Cuba en 1886.
2. Se le concedió el derecho del voto a la mujer española en 1931.
3. Se ordenó integrar las escuelas en EE. UU. en 1954.
4. Se prohibió el acoso sexual en Costa Rica en 1986.
5. En Argentina se les permitió a los homosexuales casarse en el 2010.
6. Canadá se declaró oficialmente bilingüe en 1969.

Answers: B-3
Answers will vary depending on the current year, but they all should use the construction *Hace... año(s) que...*

B-4 ¿Cuánto tiempo hacía en el 2009?   Sonia Sotomayor fue nombrada al Tribunal Supremo de EE. UU. en el 2009. Explica cuánto tiempo hacía que le ocurría lo siguiente en ese momento.

MODELO: Sotomayor era jueza del Tribunal de Apelaciones desde 1998.
　　　　　En el 2009, hacía 11 años que era jueza del Tribunal de Apelaciones.

1. Vivía en Nueva York desde 1954.
2. Era muy aficionada al béisbol desde 1960.
3. Valoraba la educación desde niña.
4. Abogaba por los derechos civiles desde 1976.
5. Era abogada desde 1979.
6. Daba clases en New York University desde 1998.

Answers: B-4
1. *En el 2009, hacía 54 años que vivía en Nueva York.*
2. *En el 2009, hacía 49 años que era muy aficionada al béisbol.*
3. Answers will vary. *En el 2009, hacía muchos años que valoraba la educación.*
4. *En el 2009, hacía 33 años que abogaba por los derechos civiles.*
5. *En el 2009, hacía 30 años que era abogada.*
6. *En el 2009, hacía 11 años que daba clases en New York University.*

Suggestion: Por and para
Have students work in teams to create their own presentations of **por** and **para**. Challenge teams to include as many examples of **por** and **para** in their sentences as they can while relating the content to members of the class. Each team will then explain the reason why they chose either **por** or **para**. Ex. *Juan estudia español para comunicarse mejor en su viaje por México.*

Warm-up: Por vs. para
Create a context involving a trip or excursion you or someone else has made to illustrate some of the contrasts between **por** and **para**. Ex. *En diciembre fui a España por una semana. Salí para el aeropuerto a las 5 de la tarde. En el camino, tuve que pasar por varios pueblos pequeños. Por eso, tardé más de una hora en llegar. Por fin,…*

06-29 to 06-33

C. **Por** and **para**

Luchamos por los derechos de los trabajadores.

Recolectamos las uvas por un salario justo.

Although the prepositions **por** and **para** are both often translated as *for* in English, they are not interchangeable. Each word has distinctly different uses in Spanish, as outlined below.

- **Por** expresses the reason or cause of an action; the notion of something in exchange for something else; the time of day an event or action takes place and the amount of time it lasts; motion through, by, along, and around; and the means or manner in which an action is accomplished.

- **Para** expresses the purpose or goal of an object, action, event; comparison in qualities or perspective with others; time limits, deadlines, or expected time; destination as a place or a recipient.

You will see several examples of each of the different uses of **por** and **para** on the following pages.

Uses of **por**

- the reason, cause or purpose of an action (*for, because of, on behalf of, to get*)

Vine **por** ti a las ocho.	*I came by for you (to get you) at eight.*
Cancelamos el proyecto **por** falta de fondos.	*We canceled the project because of a lack of funds.*
¿Lo hiciste **por** mí?	*Did you do it for me (on my behalf)?*

- in exchange for

¿Querías cinco dólares **por** ese libro de español?	*Did you want $5 for that Spanish book?*
Te doy mi CD de Juanes **por** el tuyo de Maná.	*I'll give you my Juanes CD for yours of Maná.*

- amount of time or the part of day an event or action takes place (*for, during*)

Fuimos a visitar la escuela bilingüe **por** la tarde.	*We went to visit the bilingual school during (in) the afternoon.*
Pensábamos estudiar español **por** cuatro años.	*We were planning to study Spanish for four years.*
¿**Por** cuánto tiempo estuviste en la manifestación?	*(For) How long were you at the demonstration?*
Estuve en la manifestación **por** dos horas.	*I was at the demonstration for two hours.*

- motion (*through, by, along, around*)

Pasé **por** tu casa esta mañana y no estabas.	*I went by your house this morning and you weren't in.*
La niña salió **por** la puerta hace un minuto.	*The girl went out through the door a minute ago.*

- means or manner in which an action is accomplished, or agent in a passive statement (*by*)

¿Mandaron los libros **por** avión?	*Did you send the books by plane?*
El estudio demográfico fue iniciado **por** la oficina del censo.	*The demographic study was initiated by the census office.*

- to be about to do something when used with **estar** + *infinitive*

Estábamos **por** hablar sobre el problema.	*We were about to discuss the problem.*
Estaba **por** protestar contra la discriminación.	*She was about to protest against discrimination.*

- some common idiomatic expressions with **por**:

por ahí, allí	*around there*	**por fin**	*finally*
por ahora	*for now*	**por lo general**	*in general*
por aquí	*around here*	**por lo visto**	*apparently*
por cierto	*by the way, for certain*	**por poco**	*almost*
por Dios	*for heaven's (God's) sake*	**por si acaso**	*just in case*
por ejemplo	*for example*	**por supuesto**	*of course*
por eso	*that's why*	**por último**	*finally*
por favor	*please*		

Suggestion: Common idiomatic expressions with por
Have students create examples for each of these expressions. Ex. *Necesitamos mucha ropa para el viaje, por ejemplo camisas, pantalones, zapatos…* You (or students) can write them on the board, and then review the sentences with the class.

Uses of **para**

- purpose or goal of an object, action, or event (*for, to, in order to*)

La pintura era **para** hacer los carteles.	*The paint was for making the posters.*
Organizaban una manifestación **para** protestar contra la decisión del juez.	*They were organizing a demonstration to protest the judge's decision.*
Carmen estudió **para** ser abogada.	*Carmen studied (in order) to become a lawyer.*

- comparison in qualities or perspective with others (stated or implicit)

Para ser liberal, tenía la mente muy cerrada.	*For a liberal, he had a very closed mind.*
La gramática era fácil de entender **para** el lingüista.	*The grammar was easy for the linguist to understand.*

- time limits, deadlines, or expected time (*by, for*)

Para mañana necesito el reportaje sobre el censo.	*For tomorrow I need the report about the census.*
Pensaban estar en la reunión **para** las seis de la tarde.	*They were planning to be at the meeting by six in the afternoon.*
Hablaban de otra manifestación **para** la primavera.	*They were talking about another demonstration for spring.*

- destination as a place or a recipient

Ahora mismo salimos **para** la oficina del abogado.	*We're leaving for the lawyer's office right now.*
Este informe era **para** ustedes.	*This report was for you.*

Por vs. para

The uses of **por** and **para** have similarities that sometimes cause confusion. Linking their uses to the questions **¿para qué?** (for what purpose or goal?) and **¿por qué?** (for what reason/by what cause?) can be helpful.

¿Por qué no investigó los resultados del censo?	*Why (For what reason) didn't she investigate the results of the census?*
No los investigó **porque** ya tenía mucha información de otras fuentes.	*She didn't investigate them because she already had a lot of information from other sources.*
¿Para qué investigó los resultados del censo?	*For what purpose (goal) did she investigate the results of the census?*
Los investigó **para** aclarar las cosas.	*She investigated them (in order) to clarify things.*

In many instances the use of either **por** or **para** will be grammatically correct, but the meaning will be different. Compare the following sentences.

Elena camina **para** la universidad.	*Elena is walking to (toward) the university.* (destination)
Elena camina **por** la universidad.	*Elena is walking through (in, around) the university.* (motion)
Lo hicimos **por** ustedes.	*We did it because of you.* (on your behalf)
Lo hicimos **para** ustedes.	*We did it for you.* (recipient of action)
El dinero era **por** la investigación.	*The money was for the research.* (in exchange for)
El dinero era **para** la investigación.	*The money was for the research.* (so that the research could be done)

Aplicación

C-1 Planes para participar en una manifestación. Primero, empareja cada pregunta con una respuesta lógica. Luego, completa las frases con **por** o **para**.

El superhéroe "Super pública" aboga por los derechos de los estudiantes en Oviedo, España.

1. __c__ ¿Cuándo es la manifestación?

2. __e__ ¿A qué hora nos vemos mañana?

3. __d__ ¿Cuál es el propósito de la manifestación?

4. __g__ ¿Es necesario contribuir dinero a la causa?

5. __h__ ¿Va a llover mañana durante la manifestación?

6. __f__ ¿Cómo llegamos a la manifestación?

7. __b__ ¿Tienes un cartel para promover la causa?

8. __a__ Oye, para ser conservador, eres bastante liberal en tus opiniones.

a. ¡ _Por_ favor! ¡No me llames liberal! Solo apoyo la igualdad _para_ todos.

b. ¡ _Por_ supuesto! _Por_ ejemplo, uno que dice "La diversidad étnica es importante para entendernos mejor".

c. Es mañana _por_ la tarde.

d. Es _para_ buscar el apoyo de los estudiantes _para_ establecer clubes étnicos en el campus.

e. Paso _por_ ti al mediodía.

f. Vamos caminando _por_ el campus hasta el centro estudiantil.

g. Sí, cada uno paga 15 dólares _por_ una camiseta.

h. Sí, pero hace buen tiempo _para_ febrero.

C-2 El desafío multicultural y lingüístico europeo. Completa el siguiente artículo con las preposiciones **por** y **para**. Explica por qué se usa **por** o **para** en cada caso.

Según un estudio hecho **(1)** *por* la Comisión Europea, la diversidad lingüística no es solo un desafío sino también una necesidad **(2)** *para* Europa. **(3)** *Para* gestionar esta diversidad, la Unión Europea tiene que enfrentar ciertas prioridades, entre las que incluyen la «identidad europea» y sus diferencias lingüísticas y culturales. La Comisión Europea ha concluido que este proyecto **(4)** *para* unir las diversas comunidades es uno de los más importantes **(5)** *para* el futuro de Europa y del mundo.

El informe señala ciertos principios básicos:

- el respeto **(6)** *por* las diferencias lingüísticas y culturales.
- el consenso de las diferentes comunidades **(7)** *para* aceptar ciertos valores que tienen en común, **(8)** *por* ejemplo, la dignidad humana, la integridad moral y el rechazo a la discriminación **(9)** *por* razones de religión, sexo, edad, idioma o discapacidad.

(10) *Para* concluir, el ideal europeo depende de estas dos condiciones inseparables: el compartir los valores universales y el aceptar como positivas las diferencias lingüísticas.

 C-3 Causas y metas. Háganse las siguientes preguntas para contrastar las causas y las metas.

> MODELO: ¿Por qué hay desigualdad entre los grupos étnicos?
> *Por razones históricas, políticas, sociales y económicas.*
> ¿Para qué luchan los discriminados?
> *Para recibir oportunidades de trabajo y un sueldo justo.*

1. ¿Por qué recibe una mujer menos dinero que un hombre por el mismo trabajo? ¿Para qué sirve la Equal Employment Opportunity Commission (EEOC) en Estados Unidos?
2. ¿Por qué acepta la gente el maltrato de otros? ¿Para qué se trabaja en la vida?
3. ¿Por qué hoy hay interés en otras culturas más que antes? ¿Para qué profesión te sirve hablar español?
4. ¿Por qué es importante ser bilingüe? ¿Para qué es necesario valorar otras culturas?
5. ¿Por qué boicoteó el UFW a los productores de uvas? ¿Para qué luchó el sindicato?

C-4 El Cinco de mayo. Ustedes son reporteros de un periódico de su ciudad. Les han dado la tarea de escribir un artículo sobre la celebración del Cinco de mayo en su ciudad. Usen las expresiones de la lista para reportar sobre los motivos de la celebración y su significado para la comunidad mexicoamericana.

andar (pasar) por	por avión (barco, bicicleta...)
venir (ir) por	por cierto, por si acaso, por último
pagar... por	por el parque (teatro, calle, museo, allí)
permanecer (estar) por	por la tarde (noche, mañana)
para esta ciudad	trabajar para

MODELO: *Tenemos que escribir un artículo sobre la importancia de la celebración del Cinco de mayo **para** la comunidad mexicoamericana. Vamos a salir **para** el lugar del evento mañana **por** la tarde y...*

D. Uses of **se** with impersonal and passive constructions

¡En esta ciudad se vive bien!

The impersonal **se** to express "people, one, we, you, they"

The pronoun **se** may be used with the third-person singular form of a verb to express an idea without attributing the idea to anyone in particular. These expressions are equivalent to English sentences that have impersonal subjects such as *people, one, you, we, they.*

Se dice que es importante saber más de un idioma.	*They/People say that it's important to know more than one language.*
Se puede apreciar otras culturas.	*One/You/We can appreciate other cultures.*

- As in English, the third-person plural of the verb may be used alone to express these impersonal subjects.

Dicen que es posible pertenecer a dos grupos étnicos.	*They say that it's possible to belong to two ethnic groups.*

The passive **se**

The pronoun **se** may also be used with the third-person singular or plural form of the verb in passive constructions. In such cases, the person who does the action is *not* mentioned.

Se hacen traducciones a precios económicos.

- The verb that follows **se** is in the third-person singular when the statement refers to a singular noun, and in the third-person plural when the statement refers to a plural noun.

Se otorgan becas para miembros de grupos minoritarios.	*Scholarships are granted for members of minority groups.*
No se restringe el derecho a votar.	*The right to vote is not restricted.*

¡OJO! ▶

When the statement refers to a specific person or persons, the verb that follows **se** is in the third-person singular and the personal **a** is used.

Se admira a Juan porque habla cinco idiomas.	*Juan is admired because he speaks five languages.*
Se apoya a los inmigrantes que quieren ser ciudadanos.	*Immigrants who want to be citizens are supported.*

D-1 ¿Qué se dice?   Combina las frases para formar oraciones lógicas.

1. _e_ Se cree que los idiomas son cruciales…
2. _f_ Se opina que las diferencias étnicas en Europa son parte de…
3. _a_ Se sospecha que algunos políticos…
4. _c_ Se dice que los inmigrantes aman a su nuevo país…
5. _b_ Se sabe que uno aprende otro idioma más fácilmente…
6. _d_ Se encuentra a gente de todas edades…
7. _g_ Se espera que algún día en Estados Unidos todos los niños…

a. no valoran la riqueza cultural del país.

b. antes de ser adulto.

c. tanto como a su país de origen.

d. en las clases de español para viajeros.

e. en un mundo moderno.

f. su diversidad cultural y lingüística.

g. tengan la oportunidad de aprender un segundo o tercer idioma en las escuelas.

D-2 ¿Cuándo, dónde, cómo, por qué se hace?   Ustedes preparan una guía de orientación para informar a los estudiantes internacionales sobre su universidad y localidad. Usen el **se pasivo** para describir lo que ocurre en cada uno de los siguientes lugares.

MODELO: *En la librería Península de la UNAM se venden libros, videos y software educacional.*

1. en el restaurante estudiantil
2. en el laboratorio de computadoras
3. en el centro de recreación
4. en los cines
5. en los bares
6. en las fiestas
7. en las residencias
8. en las clases

D-3 Opiniones. Conversen entre ustedes y expresen la opinión de la gente sobre los temas a continuación. Usen frases como las siguientes con el indicativo o el subjuntivo según sea necesario:

se afirma	se dice	se estima	se opina
se cree	se duda	se niega	se teme

MODELO: La comunicación entre el hombre y la mujer es imposible.
Se duda que la comunicación sea imposible, pero se debe hacer un esfuerzo…

1. Los adultos no pueden aprender otro idioma.
2. Todos los ciudadanos mayores de 18 años tienen el derecho de votar.
3. Es posible vivir en un mundo multicultural.
4. Los grupos étnicos están integrados en esta ciudad.
5. Los sindicatos son importantes para asegurar la calidad de vida de sus miembros.

Note: D-4
Audioscript appears in
Appendix AS

D-4 El reto educativo. El acceso a la universidad en grandes números de los latinos ha sido uno de los grandes desafíos educativos, más aún con el fuerte crecimiento que ha tenido la comunidad últimamente. Escucha el informe sobre una reunión que tuvo lugar hace poco y en un párrafo escribe un resumen de los cuatro puntos que consideres los más importantes.

¡Así lo hacemos!

E. Imperfect subjunctive

> Te pedí que no empezaras hasta que llegara la sopa.

The imperfect subjunctive is required in the same cases as the present subjunctive, but the point of reference is in the past.

Juana **dudaba** que el ceviche **estuviera** cocinado.	*Juana doubted that the ceviche was cooked.*
Buscaba una tienda que **vendiera** mariscos frescos.	*I was looking for a store that sold fresh seafood.*
No **íbamos a comer** los chapulines fritos aunque **fueran** la especialidad.	*We weren't going to eat the fried grasshoppers even if they were the specialty.*

- The imperfect subjunctive is formed by dropping the **-ron** ending of the third-person plural of the preterit and adding the endings **-ra, -ras, -ra, -ramos, -rais, -ran**. All verbs follow the same pattern.

IMPERFECT SUBJECTIVE	TOMAR	COMER	VIVIR	IR	TENER
3rd-person plural preterit	tomar~~on~~	comier~~on~~	vivier~~on~~	fuer~~on~~	tuvier~~on~~
yo	toma**ra**	comie**ra**	vivie**ra**	fue**ra**	tuvie**ra**
tú	toma**ras**	comie**ras**	vivie**ras**	fue**ras**	tuvie**ras**
Ud./él/ella	toma**ra**	comie**ra**	vivie**ra**	fue**ra**	tuvie**ra**
nosotros	tomá**ramos**	comié**ramos**	vivié**ramos**	fué**ramos**	tuvié**ramos**
vosotros	toma**rais**	comie**rais**	vivie**rais**	fue**rais**	tuvie**rais**
Uds./ellos/ellas	toma**ran**	comie**ran**	vivie**ran**	fue**ran**	tuvie**ran**

7-07 to 07-13

Suggestion: Imperfect subjunctive
Prepare a list of useful verbs and have students conjugate them in the imperfect subjunctive as a drill.

Note: Imperfect subjunctive
The Spanish imperfect subjunctive actually has two conjugations: **-ra** endings and **-se** endings. The **-ra** form is more common in daily conversation, while the **-se** form is used in formal speech and, especially, in writing. The **-se** endings (**-se, -ses, -se, -semos, -seis, -sen**) are added to the third-person plural preterit stem after dropping the **-ron** ending: **tomase, dijese, fuese**, etc. Although you may hear the **-se** form in every day speech in some countries, such as Chile and Argentina, we do not present or practice it at this level.

Suggestion: Imperfect subjunctive
Have students work in teams to quickly conjugate verbs and use them in a meaningful sentence. Ex. *nosotros/hablar: Usted no quería que habláramos en clase. yo/decir; tú /comer; ustedes/ saber; los profesores/traer; vosotros/ir; nosotros/estar*

¡OJO!

Uses of subjunctive:

Noun clauses (will, doubt/denial, emotion) + **que** + change of subject.

Queremos que el chef nos **traiga** la especialidad.

Adjective clauses (uncertain or non-existent antecedent) + **que**

No hay ninguna verdura que me **guste.**

Adverb clauses (uncertain or unknown actions or means)

Voy a preparar la cena **como** me **digas.**

- A common use of the imperfect subjunctive is to make polite requests or statements with the verbs **querer, poder,** and **deber.** Note the following examples.

Quisiera probar las albóndigas.	*I would like to taste the meatballs.*
Estos mariscos parecen muy frescos. **¿Pudiera** darme medio kilo, por favor?	*These shellfish look fresh. Could you give me half a kilo, please?*
Debieran seguir la receta.	*They should follow the recipe.*

- **Ojalá (que)** + imperfect subjunctive expresses a wish that is contrary-to-fact in the present or unlikely to happen in the future.

Ojalá que mamá **tuviera** lentejas para la cena.
> *I wish Mom had lentils for dinner. (She doesn't.)*
> *I wish Mom would have lentils for dinner. (She probably won't.)*

E-1 Recuerdos de su niñez. Héctor Abreu es un joven chef dominicano que tiene su propio restaurante en Nueva York. A continuación habla de sus recuerdos de la niñez y su pasión por la comida. Completa las oraciones con la forma correcta del imperfecto del subjuntivo.

1. Cuando era niño, esperaba ser jugador de béisbol en las Grandes Ligas, pero mi madre prefería que ___estudiara___ (estudiar) para ser chef.

2. Ella tenía razón. Era dudoso que (yo) ___pudiera___ (poder) competir con tantos jóvenes beisbolistas dominicanos que eran mejores que yo.

3. Además, siempre me apasionaba la cocina. Sabía que tendría que buscar una escuela culinaria que me ___preparara___ (preparar) para ser chef en un gran restaurante.

4. Para mí, era importante que algún día me ___hiciera___ (hacer) chef de mi propio restaurante y que me ___especializara___ (especializar) en la cocina dominicana.

5. Decidí seguir mi corazón e ir adónde me ___guiara___ (guiar). Pues, realicé mis sueños cuando por fin llegué a Nueva York, abrí mi propio restaurante e invité a mi mamá a que ___viniera___ (venir) y me ___acompañara___ (acompañar) en la cocina.

6. Decidimos preparar variaciones de especialidades dominicanas (mondongo, plátanos verdes, arroz con frijoles, yuca) para que mis amigos beisbolistas y todos ___disfrutaran___ (disfrutar) de la cocina dominicana.

Me encanta cocinar.

E-2 La preparación del cochinillo. El cochinillo es un plato muy especial durante la Navidad en muchos países hispanos. Completa la descripción de su preparación con la forma correcta del imperfecto del indicativo o del subjuntivo según el contexto.

MODELO: Era necesario que mis padres ___fueran___ (ir) a la carnicería.

Mis padres siempre le (**1**) _____*pedían*_____ (pedir) al carnicero que les (**2**) _____*diera*_____ (dar) el cochinillo más bello que tenía. El carnicero (**3**) _____*quería*_____ (querer) que ellos (**4**) _____*compraran*_____ (comprar) uno pequeño, pero mis padres (**5**) _____*necesitaban*_____ (necesitar) uno para veinte invitados. Ellos (**6**) _____*temían*_____ (temer) que uno de solo cinco kilos no (**7**) _____*fuera*_____ (ser) lo suficientemente grande para tanta gente. Al volver a casa, (**8**) _____*ponían*_____ (ellos: poner) el cochinillo en la parrilla. Me (**9**) _____*pedían*_____ (pedir) que (**10**) _____*preparara*_____ (preparar) un adobo (*marinade*) de naranja agria, sal, ajo y orégano. Yo (**11**) _____*esperaba*_____ (esperar) que no se (**12**) _____*quemara*_____ (quemar) en la parrilla, pero siempre (**13**) _____*había*_____ (haber) gente que lo vigilaba. Cuando (**14**) _____*estaba*_____ (estar) listo, no (**15**) _____*era*_____ (ser) necesario llamar a los invitados porque el olor del cochinillo en la parrilla siempre los (**16**) _____*obligaba*_____ (obligar) a que (**17**) _____*vinieran*_____ (venir) a comer.

Note: cochinillo
The most famous **cochinillo** is a specialty of Segovia. The mother pig must be fed a special diet to produce the right flavor in the piglet, which weighs about 10 pounds and must be no older than 3 weeks when slaughtered. It is prepared by roasting for 3 hours in a wood fired oven.

Suggestion: E-2
Remind students that the imperfect indicative will be in the main clause and the imperfect subjunctive in the dependent clause.

Cochinillo asado

 E-3 Cuando eran más jóvenes.   Comenten sobre sus deseos, preferencias y costumbres cuando eran más jóvenes. Usen las frases siguientes y háganse preguntas para explicar con detalle sus recuerdos.

> MODELO: E1: *Cuando era más joven, siempre quería que mi mamá me preparara*
> *sopa cuando me sentía mal.*
> E2: *¿Qué sopa te gustaba más?*
> E1: *Prefería la sopa de pollo.*

1. Esperaba que...

2. No conocía a nadie que...

3. Buscábamos una receta que...

4. Siempre les pedía a mis padres que...

5. No iba a la escuela sin que...

6. Mis padres preferían que...

7. Queríamos seguir un régimen (una dieta) que...

8. No me gustaba que...

Suggestion: E-3
Remind students that in noun clauses there must be a change of subjects to trigger subjunctive in the dependent clause. The exception is in noun clause expressing doubt or denial.

 E-4 ¡Ojalá!   ¿Cuáles son sus deseos? Expresen algunos deseos que probablemente no se hagan realidad. Usen la expresión **ojalá (que)** + el imperfecto del subjuntivo para hacer comentarios sobre cada uno de los siguientes temas.

la comida de esta universidad
mi comida favorita
el precio del café de...

los pasteles de chocolate
los restaurantes de esta ciudad
los refrescos que me gustan

> MODELO: la salud de mi abuelo
> *¡Ojalá que mi abuelo se cuidara más y que no comiera tantos dulces!*

¡Así lo hacemos!

07-26 to 07-31

F. Conditional

Me gustaría el bistec un poco menos crudo.

Use the conditional to state what you *would* do in some future or hypothetical situation or to refer to an event that is future with respect to a point in the past.

¿Pedirías arroz a la marinera en un restaurante?	*Would you order seafood rice in a restaurant?*
Creía que **habría** más gente en el restaurante.	*I thought that there would be more people at the restaurant.*

¡OJO!

You can also use the conditional to express a request in a courteous manner.

Me **gustaría** tomar un vaso de agua.	*I would like to have a glass of water.*
¿Podría pasarme la sal?	*Could you pass me the salt?*

- Form the conditional by adding the imperfect ending for **-er** and **-ir** verbs to the infinitive. The same endings are used for **-ar, -er,** and **-ir** verbs.

	TOMAR	COMER	VIVIR
yo	tomaría	comería	viviría
tú	tomarías	comerías	vivirías
Ud., él, ella	tomaría	comería	viviría
nosotros/as	tomaríamos	comeríamos	viviríamos
vosotros/as	tomaríais	comeríais	viviríais
Uds., ellos, ellas	tomarían	comerían	vivirían

- The conditional uses the same irregular stems as the future tense (*Capítulo 2*, p. 80).

decir: Creías que el mesero nos **diría** que hoy había un plato especial.	*You thought the waiter would tell us there was a special today.*
saber: En ese caso **sabríamos** qué pedir.	*In that case we'd know what to order.*
tener: Estaba seguro de que el menú **tendría** mariscos.	*I was sure that the menu would have seafood.*

Note: Conditional Probability or conjecture in the past may be expressed in Spanish with the conditional.
¿Cuándo preparó la chef el caldo? *When did the chef prepare the broth?*
Lo **prepararía** esta mañana. *She probably prepared it this morning.*

The conditional of **deber**, like the present indicative, translates as *should*.

Deberían encender el horno ahora. *They should turn on the oven now.*

Aplicación

F-1 ¿Qué harían? Elige la oración más lógica, según el caso y escribe el verbo en el condicional para decir lo que harían estas personas.

MODELO: Estás en un restaurante de comida chatarra.
Pedirías una hamburguesa y un refresco.

El célebre chef español, Ferran Adrià.

1. __e__ El gran chef Ferran Adrià está en un laboratorio de la universidad de Harvard.

2. __c__ Ingrid Hoffmann está preparando las recetas para su próximo programa.

3. __g__ Estás en tu apartamento y tienes hambre, pero no hay nada en el refrigerador.

4. __a__ No tienes suficiente dinero para pagar la cuenta del restaurante.

5. __d__ Estoy en un restaurante y encuentro que el pollo está casi crudo.

6. __b__ Tu mejor amigo acaba de encontrar trabajo después de buscarlo por mucho tiempo.

7. __f__ Los Rosales están en el supermercado el día antes de una fiesta familiar.

a. __*Tendrías*__ (Tener) que lavar los platos en el restaurante.

b. __*Saldrías*__ (Salir) a comer a tu restaurante favorito para celebrar e __*invitarías*__ (invitar) a todos tus amigos.

c. __*Pensaría*__ (Pensar) en cómo convertir las comidas tradicionales hispanas en creaciones nuevas.

d. __*Le diría*__ (Decirle) al mesero que llamara al chef.

e. __*Daría*__ (Dar) una clase sobre la gastronomía molecular.

f. __*Tratarían*__ (Tratar) de comprar algo especial para servirle a la familia.

g. __*Buscarías*__ (Buscar) galletas, maní o cereal en los gabinetes de la cocina.

Note: Ferran Adrià
In contrast to Spanish, there is no accent on the name Ferran in Catalan.

F-2 Lo que harían estas personas. Primero, completa cada oración con el condicional del verbo para especular sobre lo que harían estas personas famosas en ciertas situaciones. Después, usa el mismo verbo para crear una oración original con otro sujeto.

MODELO: Antes de romper el récord en natación, el nadador español Rafael Muñoz
tomaría (tomar) una bebida energética.
Antes de nadar, mis amigos y yo tomaríamos mucha agua.

1. Para ganarle a Roger Federer la primera vez, el tenista español Rafael Nadal __*practicaría*__ (practicar) mucho.

2. Para ganar el Tour de France, el ciclista español Alberto Contador __*subiría*__ (subir) muchas montañas.

3. Para poder competir en su primera carrera de autos deportivos, la piloto venezolana Milka Duna __*conduciría*__ (conducir) muchos carros rápidos.

4. Para ganar el último partido de la Copa Mundial el futbolista español Andrés Iniesta _practicaría_ (estudiar) las estrategias del equipo alemán.

5. Antes de unirse a los Lakers, el jugador español de baloncesto, Pau Gasol _conocería_ (conocer) a Kobe Bryant.

6. Por sus muchos éxitos, la tenista española Arantxa Sánchez Vicario _ganaría_ (ganar) más de 45 millones de dólares.

7. Por su larga carrera, el beisbolista panameño Mariano Rivera _recibiría_ (recibir) muchos premios.

8. Para ganar la medalla de oro olímpico, el luchador cubano Mijain López _tendría_ (tener) que practicar mucho y levantar pesas.

 F-3 ¿Qué harían? Especulen sobre lo que harían ustedes en las siguientes circunstancias.

> **MODELO:** Al ver una paella en el menú de un restaurante español…
> E1: *Yo buscaría el precio en el menú.*
> E2: *Pues, mi amigo y yo la pediríamos.*

1. al leer un artículo sobre la mejor manera de adelgazar

2. al ver que el pescado estaba crudo

3. al prepararle un pastel de cumpleaños a un amigo

4. al ver que había 30 sabores de helado en la heladería

5. al tener mucha hambre después de hacer mucho ejercicio

6. al tener que decidir entre una ensalada o un bistec

7. al ver que no había leche para el café

8. al terminar un trabajo importante

Paella valenciana

F-4 Una cena desastrosa. Túrnense para darse consejos sobre la preparación de la comida.

> MODELO: Temo que el pollo salga seco.
> > E1: *Yo lo asaría a una temperatura baja.*
> > E2: *Yo lo cubriría.*
> > E3: *Yo lo compraría ya asado en el supermercado.*

1. Temo que las papas fritas salgan crudas.
2. Cada vez que hiervo el arroz, sale duro.
3. Cuando cocino la carne en el microondas, sale medio cruda.
4. Me parece que el pescado huele mal.
5. No sé cuánta harina debo usar en la torta.
6. No sé cuánta sal echarles a las verduras para que no salgan muy saladas.

G. The indicative or subjunctive in **si** clauses

07-32 to 07-37

Simple **si** clauses

Si te invito a cenar, ¿me ayudas con la tarea de cálculo?

A **si** clause states a condition that must be met in order for something to occur. The verb in a simple **si** clause is usually in the present indicative, while the verb in the result clause is in the present or future tense.

Si no sacas el helado del congelador ahora, **estará** muy duro cuando lo sirvas.	*If you don't take the ice cream out of the freezer now, it will be very hard when you serve it.*
Si quieres, comemos fresas de postre.	*If you want, we'll eat strawberries for dessert.*

Assessment: Simple si clauses
Have students complete the following sentences with a logical clause: *Si la comida se quema…, Si a los invitados no les gusta la comida…, Si un invitado es alérgico a los camarones…, Serviremos hamburguesas de tofu si…, Llamaremos al médico si…, Repetiremos la cena si…*

Contrary-to-fact **si** clauses

¡Si nos viera Ingrid Hoffmann, sufriría mucho!

When a **si** clause contains implausible or contrary-to-fact information, use the imperfect subjunctive in the **si** clause and the conditional in the result clause.

Si tuviera dinero, te **invitaría** a una copa.	*If I had money, I would ask you out for a drink.*
Enlataría los tomates **si** tú me **ayudaras.**	*I would can the tomatoes if you helped me.*

- Comparative **si** clauses introduced by **como si** (*as if*) refer to a hypothetical or contrary-to-fact situation and require the imperfect subjunctive, although the action coincides in time with the main verb.

Julián desayuna **como si** no **fuera** a comer otra vez hoy.	*Julián eats breakfast as if he were not going to eat again today.*
Ana nos habla del menú **como si conociera** al chef.	*Ana talks to us about the menu as if she knew the chef.*

¡OJO!

The conditional clause does not have a fixed position in the sentence; it may appear at the beginning or end of the sentence.

Assessment: Contrary to fact si clauses
Have students complete these statements with a logical (contrary-to-fact) **si** clause. *No volvería a un restaurante si... Te invitaría a tomar una copa si... Saldríamos juntos esta noche si... Llamaría a todos mis amigos si...*

Assessment: Como si clauses
Have students complete these statements. *No sé cocinar, pero hablo como si... La comida de la cafetería es bastante mala, pero los estudiantes la comen como si... No me gustan los espárragos pero los comeré en casa de la tía Pepa como si... Los estudiantes se quejan de la comida como si...*

Aplicación

G-1 ¡Si hay amigos, hay fiesta! Completa estas frases con una terminación lógica.

1. _f_ Si no llueve,...
2. _a_ Si no pierdes el abrelatas,...
3. _e_ No habrá quejas durante la cena...
4. _b_ Serviremos mariscos...
5. _d_ Llegaremos a tiempo...
6. _c_ Si José trae su guitarra ...

a. lo tendrás para abrir la lata de frijoles.
b. si los encontramos frescos en el mercado.
c. habrá música.
d. si no hay mucho tráfico en el camino.
e. si la comida está bien preparada.
f. podremos tener la fiesta afuera.

Si hay verduras frescas en el mercado las prepararemos a la parrilla.

G-2 La buena nutrición. Completa el diálogo entre la nutricionista y su cliente con el condicional o el imperfecto del subjuntivo, según el contexto.

DON ISMAEL: No me siento bien, doctora. ¡Ay, si (1) ___tuviera___ (tener) más energía!

DRA. SÁNCHEZ: Si usted (2) ___tomara___ (tomar) estas vitaminas e (3) ___hiciera___ (hacer) más ejercicio, (4) ___se sentiría___ (sentirse) mejor, don Ismael.

DON ISMAEL: Pero doctora, las vitaminas son caras. Si (5) ___tuviera___ (tener) el dinero para comprar pastillas (6) ___me sentiría___ (sentirme) mejor. Y hacer ejercicio es aburrido. Si (7) ___viviera___ (vivir) más cerca del gimnasio, lo (8) ___haría___ (hacer), pero...

DRA. SÁNCHEZ: Entiendo que es difícil, don Ismael. Pero ¿qué (9) ___haría___ (hacer) su esposa si algo le (10) ___pasara___ (pasar) a usted? Si (11) ___siguiera___ (seguir) mis consejos, (12) ___sería___ (ser) mucho más feliz y su esposa no (13) ___temería___ (temer) por su salud.

DON ISMAEL: Usted tiene razón. Si (14) ___pudiera___ (poder) seguir sus consejos me sentiría mejor. Voy a tratar de hacerlo. ¡Ay, si (15) ___fuera___ (ser) más joven!

G-3 Ay, si... Desafortunadamente, sus cocinas no están muy bien equipadas. Túrnense para preguntarse qué harían en estas situaciones.

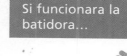

Si funcionara la batidora...

MODELO: No funciona la batidora.
   E1: *Si funcionara, te prepararía una bebida deliciosa.*
   E2: *¿Y qué le pondrías?*
   E1: *Le pondría yogur, huevo, limón, hielo y miel.*

1. No encuentro la sartén.
2. La olla está perdida.
3. El horno no funciona bien.
4. Todas la copas están sucias.
5. No tenemos sacacorchos.
6. Necesito un plato especial para el horno microondas.
7. Hay muchas latas de sopa pero no hay abrelatas.
8. La tostadora quema el pan.

G-4 El Museo del Jamón. Este bar popular en Madrid ofrece deliciosas tapas de jamón y otras fiambres (*cold meats*), tortilla española, aceitunas, calamares, quesos y más. ¿Qué pedirían si visitaran el Museo del Jamón? Si ustedes tuvieran un bar de este tipo, ¿qué otras tapas ofrecerían? ¿Qué bebidas incluirían? Escriban su propio menú para este bar, usando el vocabulario de la *Primera* y *Segunda parte* de ¡*Así lo decimos!*

H. Pluperfect subjunctive

08-07 to 08-11

The pluperfect subjunctive has the same communicative function as the pluperfect indicative (*Capítulo 4*). It refers to an action or event that occurs before another past action or event. However, while the pluperfect indicative describes actions that are real, definite, or factual, the pluperfect subjunctive is used in subordinate clauses to express attitudes, wishes, feelings, emotions, doubts, or nonexistence.

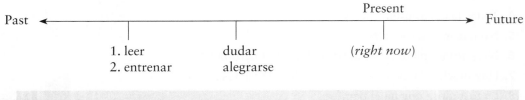

Dudábamos que Luis **hubiera leído** las ofertas de trabajo.	*We doubted that Luis had read the job offers.*
El empleado **se alegró** de que la jefa lo **hubiera entrenado** bien.	*The employee was glad that the boss had trained him well.*

- The pluperfect subjunctive is formed with the imperfect subjunctive of the auxiliary verb **haber** + the past participle.

	IMPERFECT SUBJUNCTIVE	PAST PARTICIPLE
yo	hubiera	
tú	hubieras	
Ud., él, ella	hubiera	tomado
nosotros/as	hubiéramos	comido
vosotros/as	hubierais	vivido
Uds., ellos, ellas	hubieran	

¡OJO!

Some commonly used verbs have irregular past participles:

abrir: **abierto**	escribir: **escrito**	morir: **muerto**	romper: **roto**
cubrir: **cubierto**	hacer: **hecho**	poner: **puesto**	ver: **visto**
decir: **dicho**	ir: **ido**	resolver: **resuelto**	volver: **vuelto**

Aplicación

H-1 En la agencia de empleo. Las siguientes acciones tuvieron resultados inesperados. Combina cada frase de una manera lógica y conjuga los verbos en el pluscuamperfecto del subjuntivo.

MODELO: Cuando llegué a la agencia a las nueve y media me informaron que mi entrevista había sido a las nueve. No pude creer que *hubiera llegado* (llegar) media hora tarde.

1. _c_ Una candidata había solicitado el puesto de programadora aunque no tenía experiencia.

2. _e_ La empresa había contratado y entrenado a cien empleados.

3. _b_ En junio el ejecutivo ya se había jubilado.

4. _d_ Antes de terminar mis estudios ya había aceptado un puesto.

5. _a_ En mayo la corredora de acciones había recomendado comprar acciones de oro.

a. Ojalá que no _hubieran perdido_ (perder) valor para julio.

b. Era probable que _hubiera recibido_ (recibir) un buen retiro.

c. Era ridículo que no _hubiera leído_ (leer) bien el anuncio que decía que necesitaba un título en informática.

d. Pero fue una lástima que _hubiera aceptado_ (aceptar) un salario tan bajo.

e. No era lógico que los _hubiera despedido_ (despedir) después de seis meses.

H-2 ¿Había un/a candidato/a modelo? Completa las oraciones con el pluscuamperfecto del subjuntivo.

1. La agencia buscaba contadores que _hubieran trabajado_ (trabajar) en una empresa de contabilidad.

2. La abogada quería un asistente que _hubiera estudiado_ (estudiar) derecho.

3. Desafortunadamente, no había nadie que _hubiera vivido_ (vivir) en el extranjero.

4. La agencia esperaba que la ingeniera _se hubiera dedicado_ (dedicarse) a la informática.

5. El laboratorio necesitaba investigadores que _se hubieran entrenado_ (entrenarse) en ingeniería genética.

6. El banco quería reclutar a corredores de bolsa que _hubieran tenido_ (tener) por lo menos cinco años de experiencia.

7. Cuando llegamos a la entrevista, la secretaria se alegró de que _hubiéramos llegado_ (llegar) a tiempo.

8. Desafortunadamente, la entrevistadora dudaba que tú _hubieras llenado_ (llenar) bien la solicitud.

BUSCA www ↓

multimillonarios
latinos; latinos más ricos

H-3 A explorar: Multimillonarios hispanos.   Busca información en Internet sobre otros multimillonarios hispanos. Escoge uno y escribe un párrafo sobre cómo ganó su fortuna y si financia alguna causa benéfica. Usa el pluscuamperfecto del subjuntivo para reaccionar a la información que aprendas. Puedes usar frases como las siguientes:

Me pareció interesante que…   Me gustó que…
Fue posible que…   Dudé que…
Me sorprendió que…   Era bueno/lógico/difícil, etc. que…

MODELO: *Me impresionó que hubiera ganado su fortuna en la industria del cemento.*

H-4 ¡Ojalá…!   Hagan una lista de las noticias recientes y coméntenlas, usando **¡Ojalá…!**

MODELO: E1: *Ha subido la bolsa de acciones.*
E2: *¡Ojalá que hubiera invertido dinero en la bolsa!*

08-12 to 08-18

I. Conditional perfect and **si** clauses in the past

The conditional perfect

Habríamos podido traer el currículum vítae.

Nos habríamos podido vestir mejor también.

Use the conditional perfect to express an action that would or should have occurred but did not.

Habría solicitado el puesto pero ya era demasiado tarde.
I would have applied for the position but it was already too late.

Habríamos contratado un plomero, pero el problema ya se había resuelto.
We would have hired a plumber, but the problem had already been resolved.

- Form the conditional perfect with the conditional of the auxiliary verb **haber** + past participle.

	CONDITIONAL OF *HABER*	PAST PARTICIPLE
yo	**habría**	
tú	**habrías**	
Ud., él, ella	**habría**	**hablado**
nosotros/as	**habríamos**	**comido**
vosotros/as	**habríais**	**vivido**
Uds., ellos, ellas	**habrían**	

> **¡OJO!**
>
> Remember that many common verbs have irregular past participles.

Si clauses in the past

When a **si** clause containing contrary-to-fact information describes a past action, use conditional perfect in the main clause and the pluperfect subjunctive in the **si** clause.

Si hubiera estudiado economía, **habría solicitado** el puesto en el banco.	*If I had studied economics, I would have applied for the position in the bank.*
Habríamos ido a la entrevista **si hubiéramos visto** el anuncio.	*We would have gone to the interview if we had seen the announcement.*

- Use pluperfect subjunctive after **como si** to refer to a nonexistent occurrence or situation in the past.

José trabajó **como si no se hubiera jubilado** el año pasado.	*José worked as if he hadn't retired last year.*
Siempre revisábamos las ofertas de trabajo **como si no hubiéramos encontrado** un buen puesto.	*We always checked the job offerings as if we hadn't found a good position.*

> **¡OJO!**
>
> The conditional clause does not have a fixed position in the sentence; it may appear at the beginning or end of the sentence.

Aplicación

I-1 En otras circunstancias. ¿Qué habría ocurrido en otras condiciones? Empareja las frases de una manera lógica y conjuga los verbos en el condicional perfecto.

1. __e__ Antes de pedir la especialidad en el restaurante…

2. __h__ Antes de solicitar el puesto en la oficina de empleo…

3. __g__ Antes de publicar el informe científico…

4. __d__ Antes de pagar mis impuestos…

5. __f__ Antes de pedir un ascenso…

6. __b__ Antes de jubilarse…

7. __a__ Antes de aceptar una posición a tiempo parcial…

8. __c__ Antes de llamar a un plomero…

a. nosotros _habríamos buscado_ (buscar) una a tiempo completo.

b. los empleados _habrían abierto_ (abrir) una cuenta de retiro.

c. yo _habría tratado_ (tratar) de arreglar el baño.

d. _habría consultado_ (consultar) a un buen contador.

e. nosotros _habríamos hablado_ (hablar) con el chef.

f. ustedes _habrían pedido_ (pedir) una cita con su supervisora.

g. los investigadores _habrían hecho_ (hacer) muchos experimentos.

h. tú _le habrías dado_ (darle) el *currículum vítae* al asistente.

I-2 ¡Se desaparecieron mil millones de dólares! Todos tienen su opinión sobre la desaparición del dinero de un banco de inversiones (*investment*). Completa las oraciones con la forma correcta del condicional perfecto o del imperfecto del subjuntivo según el contexto.

MODELO: Si el cajero *hubiera robado* (robar) el dinero, el director del banco jamás lo *habría creído* (creer).

1. Si los investigadores ___hubieran inspeccionado___ (inspeccionar) los libros del banco, ___habrían encontrado___ (encontrar) varias discrepancias.

2. El jefe del banco reaccionó como si sus empleados ___hubieran cometido___ (cometer) el robo.

3. Si los abogados ___hubieran hablado___ (hablar) con el jefe, le ___habrían dicho___ (decir) que lo confesara todo.

4. Los periódicos informaron sobre el caso como si lo ___hubieran investigado___ (investigar) por meses.

5. Mis abuelos nunca ___habrían depositado___ (depositar) su dinero en ese banco si ___hubieran sabido___ (saber) que los empleados no eran honestos.

6. ¡Ojalá que algunos de los clientes no ___hubieran perdido___ (perder) tanto dinero!

I-3 La formación de Carlos Slim. Lee este artículo sobre Carlos Slim, el empresario mexicano que llegó a ser la persona más rica del mundo en el 2012. Forma cinco oraciones hipotéticas para expresar cómo las cosas habrían sido diferentes en otras situaciones.

MODELO: *Carlos Slim no habría nacido en México si su padre no se hubiera mudado al país en 1902.*

Según *The Financial Times* y *Forbes*, el empresario mexicano Carlos Slim Helú es el hombre más rico del mundo. Pero no tuvo una niñez particularmente privilegiada: su padre emigró de Líbano a México en 1902 y trabajó como vendedor ambulante en las calles de la capital. Sin embargo, Slim dice que tuvo una niñez muy feliz. Durante sus años en la primaria y la secundaria asistió a escuelas pequeñas con menos de 10 niños en cada clase. Al llegar a la Universidad Nacional, todo cambió: era solo uno de 300.000 estudiantes. Dice Slim que algunos años fue buen estudiante y otros no tan bueno, pero que siempre le gustaban los números. También jugaba deportes, como el béisbol, el fútbol y el básquetbol. Cuando Slim tenía 13 años, murió su padre y la familia pasó un tiempo muy difícil. Dice que admiraba muchísimo a su padre: había llegado a México sin saber el idioma, la cultura y sin tener mucho dinero. Pero era muy fuerte, y muy cariñoso. Fue su héroe en todo y desde muy joven le enseñó a ser empresario. Al asistir a la universidad pensaba ser ingeniero, pero luego cambió de carrera. Al terminar sus estudios, fundó una empresa de construcción, invirtió en una empresa de minería, y finalmente en telecomunicaciones hasta que hoy la empresa TelCel domina más del 80 por ciento del mercado de teléfonos móviles en México.

A pesar de su riqueza, Slim ha sido muy generoso con los menos afortunados. Encabeza varias fundaciones filantrópicas que manejan presupuestos de más de diez mil millones de dólares. No todos admiran a Carlos Slim, pero es cierto que ha tenido muchísima influencia en la economía mexicana y en la global.

Además de su enorme colección, el novedoso diseño de este museo atrae a miles de visitantes.

 I-4 Si hubieran sido asistentes de Carlos Slim.   Imagínense que una vez fueron asistentes de Carlos Slim. Usa el condicional perfecto para explicar todas las cosas que habrían hecho para ayudarlo en su trabajo todos los días.

MODELO: *Al llegar a la oficina le habría preparado un buen café…*

Note: Relative pronouns

Relative pronouns are used *restrictively* and *nonrestrictively*. A restrictive relative clause includes information that identifies more completely the noun or pronoun it refers to. Ex. *El cajero que habla francés habló con el turista*. The cashier who speaks French (as opposed to any other cashier) talked with the tourist.

A nonrestrictive relative clause simply includes additional information about the noun or pronoun, which is already fully identified. In speech, the nonrestrictive clause is marked by pauses, and in writing, it is set off with commas. Ex. *La oficina del asistente, que es muy pequeña, está al lado de la entrada*. The assistant's office, which is very small, is next to the entrance.

08-31 to 08-35

J. The relative pronouns **que**, **quien**, and **lo que**, and the relative adjective **cuyo/a(s)**

> Lo que te pido es que solo uses la tarjeta de crédito para una emergencia.

Relative pronouns join two sentences that share a noun or a pronoun. Relative pronouns refer to a preceding word, called an antecedent.

Pienso invertir en acciones de energía.	*I intend to invest in energy stocks.*
Las acciones de energía han subido.	*The energy stocks have gone up.*
Pienso invertir en acciones de energía **que** han subido.	*I intend to invest in energy stocks that have gone up.*

The relative pronouns **que**, **quien**, and **lo que**

- The relative pronoun **que**, meaning *that, which, who,* and *whom,* is used for both persons and objects.

La factura **que** te di está en la mesa.	*The invoice (that) I gave you is on the table.*
Van a interrogar al banquero **que** vendió todas sus acciones.	*They are going to question the banker who sold all of his stocks.*

- The relative pronoun **quien(es)**, meaning *who* and *whom,* refers only to persons and is most commonly used after prepositions or when a clause is set off by commas.

Ese es el consejero **con quien** me reúno para resolver el problema de los impuestos.	*That is the advisor with whom I meet to resolve my tax problem.*
El banquero, **quien** era buen amigo mío, renunció a su puesto.	*The banker, who was a good friend of mine, resigned his position.*

- In Spanish, the use of the relative pronoun **que** is never optional.

Los préstamos **que** hizo el banco fueron arriesgosos.	*The loans (that) the bank made were risky*
El hombre **que** conociste trabaja para el Banco Internacional de Desarrollo.	*The man (that/whom) you met works for the International Development Bank.*

- The relative pronoun **lo que,** meaning *what* and *that which,* is a neutral form, referring to an idea, or a previous event or situation.

No me gustó **lo que** hicieron con las tasas de interés.	*I didn't like what they did with the interest rates.*
¿Entiendes **lo que** implica la bancarrota?	*Do you understand what bankruptcy implies?*

Note: Relative pronoun que
In the second example, **a quien** is also correct: *El hombre a quien conociste trabaja para el Banco Internacional de Desarrollo.*

Suggestion: Lo que
Have students complete these phrases in a logical manner. *Lo que me gusta…; Lo que detesto…; Lo que les pido a mis padres…; No entiendo lo que…*

Assessment: De quién and de quiénes
Have each student put an object from their backpacks or pockets on top of your desk; then have some students pick up an object or objects (other than their own) and ask whose is it/are they? The rest of the class has to guess who the owner or owners are.

The relative adjective **cuyo/a(s)**

La carta, cuya segunda página está perdida, es del Banco Mundial.

Cuyo/a(s) means *whose, of whom,* or *of which* and is a relative possessive adjective. It agrees in gender and number with the noun it precedes.

Las cuentas, **cuyos** depósitos revisaste, eran anónimas.	*The accounts, whose deposits you checked, were anonymous.*
El accionista, **cuyas** acciones perdieron todo su valor, está enojado.	*The shareholder, whose stocks lost all their value, is upset.*

- **Cuyo/a**(s) is always repeated before nouns of different genders and agrees with each one.

El vicepresidente **cuya** iniciativa y **cuyo** esfuerzo lograron la transacción, fue ascendido a presidente del banco.	*The vice president, whose initiative and effort achieved the deal, was promoted to president of the bank.*

¡OJO!

To express the interrogative *whose,* use **de quién(es).**

¿De quiénes son estas cuentas?	*Whose accounts are these?*
No sabemos **de quién** es esa factura.	*We don't know whose invoice that is.*

J-1 **El robo de mi identidad.**   Según la Federal Trade Commision (FTC) de EE. UU., el robo de identidad es la queja que más predomina entre las que reciben, y esas quejas siguen creciendo cada vez más. Combina las frases para formar oraciones completas y lógicas sobre este delito.

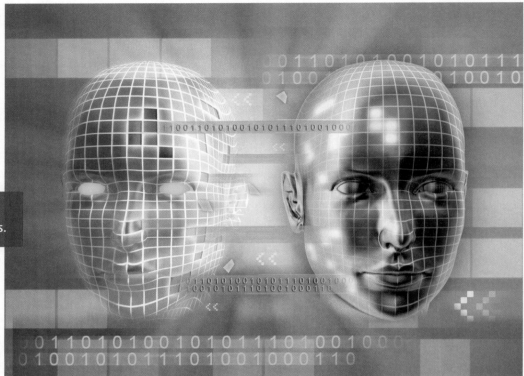

El robo de identidad nos amenaza a todos.

1. __b__ Hace dos semanas me llamó el gerente del banco…

2. __d__ Me informó que había sobregirado mi cuenta corriente,…

3. __c__ Lo que más me frustró fue…

4. __f__ El culpable fue una persona con…

5. __a__ El hombre, cuya cara se parecía mucho a la mía,…

6. __e__ El policía…

a. había usado mi nombre y mi número de Seguro Social para comprar muchas cosas.

b. que maneja mis cuentas.

c. el tener que llamar a todos mis acreedores.

d. lo que me sorprendió mucho.

e. a quien consulté me informó que el robo de identidad es cada vez más común.

f. quien yo había trabajado el año pasado.

J-2 Víctima del robo de identidad. Este es un artículo sobre un hombre a quien le robaron la identidad. Completa el artículo con los relativos **que, lo que, quien(es),** o **cuyo/a(s).** Después de leer el artículo, explica por qué este señor se siente tan frustrado.

Experto en computadoras

víctima del robo de identidad

Samuel Castañeda es un hombre 1____*que*____ siempre se consideraba invulnerable pero 2____*que*____ ahora se encuentra entre muchas víctimas del robo de la identidad. El programador y experto en informática, 3____*quien*____ antes confiaba en sus destrezas tecnológicas, nunca pensó que pudiera ser víctima, ni aún menos de una trampa 4____*que*____ él mismo había descrito en una publicación para su universidad. Sus colegas a 5____*quienes*____ había advertido miles de veces que tuvieran cuidado con los cajeros automáticos, ahora se ríen del caso. 6____*Lo que*____ pasó es que un día cuando le echaba gasolina a su carro, metió su tarjeta de débito en un aparato 7____*que*____ alguien había modificado para poder captar el número de la tarjeta y el número de identidad personal. En seguida, el ladrón obtuvo la información y la usó para retirar todo el dinero de la cuenta corriente de Samuel. Este se enteró del fraude cuando recibió notificaciones de su banco informándole que se había sobregirado su cuenta. Samuel, 8____*cuyo*____ informe de crédito ya está bloqueado, afirma que 9____*lo que*____ le molestó más fue ser víctima de una trampa que él mismo ya conocía.

J-3 Lo que busco... Completen estas frases de una manera original. Utilicen diferentes verbos, como **buscar, preferir, querer, gustar,** etc.

MODELO: en un banco
E1: *Lo que busco en un banco son buenos servicios y gente amable.*
E2: *Pues, lo que busco yo son los puntos que dan en la tarjeta de crédito.*

1. en una tarjeta de crédito
2. en un/a jefe/a
3. en una inversión
4. en mi vida profesional
5. en una cuenta de ahorros
6. en una entrevista
7. en un préstamo
8. en un trabajo

09-07 to 09-12

Suggestion: Tense sequence with the subjunctive
Draw a time line to illustrate the different points for each verb. The present subjunctive refers to the action of the main verb, which takes place at a certain time in the future. The present perfect subjunctive refers to a point in time prior to the action of the main verb, etc.

Warm-up: Tense sequence with the subjunctive
Tell an anecdote comparing events in the past with present and/or future occurrences. Have students identify the use of the subjunctive and its tense in each statement. Ex. *Los padres siempre mandan. Cuando era más joven, mi madre siempre me decía que ordenara mi cuarto. Ahora que soy mayor, ella sigue diciéndome que ordene mi cuarto. Cuando era más joven siempre me pedía que fuera por leche. Ahora todavía me pide que vaya por leche. Pero si no lo hago, no creo que ella me rechace. Por eso, no la cambiaría por otra, aunque esto fuera posible.*

¡OJO!

The sequence of tenses in the subjunctive follows in all types of subordinate clauses including noun, adjective, and adverbial clauses.

K. Sequence of tenses with the subjunctive

Espero que asistas a la carrera el próximo fin de semana.

The tense of the main clause generally determines that of the subordinate clause.

- When the verb in the main clause is in the present, future, present perfect, future perfect, or is a command, the verb in the dependent clause should be in the present subjunctive or present perfect subjunctive, depending on the context.

Hijo, **queremos** que lo **pases** bien en tu viaje de esquí.	*Son, we want you to have a good time on your ski trip.*
Hemos buscado un guía que **conozca** el Amazonas.	*We've looked for a guide who knows the Amazon.*
Pasaremos las vacaciones donde tú **quieras**.	*We'll spend our vacation wherever you want.*
Dígales que **practiquen** más la natación.	*Tell them to practice swimming more.*
Es bueno que **hayas aprendido** a patinar.	*It is good that you have learned how to skate.*

MAIN CLAUSE	DEPENDENT CLAUSE
present future present perfect command	present subjunctive or present perfect subjunctive

Note: Tense sequences with the subjunctive
You may wish to point out that, just like the simple future, the future perfect is also followed by the present or present perfect subjunctive.

Carlos les habrá sugerido que no buceen en esas aguas.

Carlos will have suggested to them not to scuba dive in those waters.

Note: Tense sequences with the subjunctive
Remind students that when the conditional appears in the main clause, the **si** clause uses the imperfect subjunctive (*Capítulo 7*). When the conditional perfect appears in the main clause, the **si** clause uses the pluperfect subjunctive (*Capítulo 8*).

Nos habría molestado si José Luis no hubiera venido de camping con nosotros.

It would have bothered us if José Luis hadn't come camping with us.

Assessment: Tense sequence with the subjunctive
Write the following phrases on the board and have individual students complete the sentences: *Siento que; No creía que; Me gustaría que; Dudé que; Dile a tu amigo que; Es malo que; Le he aconsejado a mi compañero que.*

- When the main-clause verb is in the preterit, imperfect, conditional, pluperfect, or conditional perfect, the verb in the dependent clause will usually be in the imperfect subjunctive. However, the pluperfect subjunctive is used to refer to actions that precede a past action in the main clause.

Dudé que él **estuviera** navegando a vela.	*I doubted that he was sailing.*
No **había** nadie que **pudiera** patinar como ella.	*There was no one who could skate like her.*
Nos **gustaría** que nos **acompañaras** a esquiar en la nieve.	*We would like you to come with us to go skiing.*
Siempre habíamos buscado lugares donde **pudiéramos** hacer escalada de hielo.	*We had always looked for places where we could do ice climbing.*
Habrías hecho montañismo si hubieras tenido tiempo.	*You would have done mountain climbing if you had had time.*

MAIN CLAUSE	DEPENDENT CLAUSE
preterit imperfect conditional pluperfect conditional perfect	imperfect subjunctive or pluperfect subjunctive

¡OJO!

At times, when the main-clause verb is in the present, the imperfect subjunctive may be used in the dependent clause to refer to a completed action in the past.

No **creen** que Marta **fuera** tan buena instructora de esquí.	They don't believe that Marta was such a good ski instructor.

K-1 Un viaje a Torres del Paine. Usa la forma correcta del subjuntivo (presente, pasado, presente perfecto, pluscuamperfecto) para completar la descripción de un viaje a Torres del Paine, Chile.

El año pasado invité a algunos amigos a que me (**1**) _____*acompañaran*_____ (acompañar) a Torres del Paine, Chile. Quería que ellos (**2**) _____*hicieran*_____ (hacer) parapente conmigo, un deporte que me emociona mucho. Era necesario que nosotros (**3**) _____*fuéramos*_____ (ir) al consulado chileno para solicitar una visa y que luego (**4**) _____*compráramos*_____ (comprar) los pasajes en avión. Cuando por fin llegamos a Punta Arenas, buscamos un guía que nos (**5**) _____*llevara*_____ (llevar) al campamento. Antes de salir para Chile era necesario que (**6**) __*hubiéramos comprado/compráramos*__ (comprar) ropa de invierno porque allí hacía bastante frío.

Mira, aquí tienes algunas fotos del viaje: En esta, le pido al guía que me (**7**) _____*ayude*_____ (ayudar) a llevar el equipo. En esta, Renata quiere que le (**8**) _____*enseñe*_____ (enseñar) a manejar una moto todoterreno. Y aquí estamos después de hacer parapente con mucha hambre y esperando que el guía (**9**) ___*haya traído/traiga*___ (traer) la comida. Me alegro de que todos (**10**) _____*se hayan divertido*_____ (divertirse) en el viaje.

K-2 Lionel Messi. La FIFA es la máxima organización del fútbol mundial. Cada año premia al mejor jugador con el Balón de Oro. El argentino Lionel Messi ha ganado el Balón de Oro en el 2010 y el 2011. En abril del 2012, Messi, jugando para el equipo de Barcelona, falló el tiro de penal (*penalty kick*) contra el equipo de Chelsea que hubiera llevado a Barcelona a las finales. Messi logró en el 2012 anotar 63 goles, un récord que hacía 39 años que no se repetía.

Completa la siguiente carta que Messi les habrá escrito a sus padres con la forma correcta del indicativo o del subjuntivo del verbo.

Mis queridos padres:
¡Qué gusto recibir la carta de ustedes! Me alegro de que
(1) _se hayan divertido/se divirtieran_ (divertirse) durante el viaje a Barcelona cuando vinieron a ver el partido semifinal entre Barcelona y Chelsea. Aunque perdimos, fue magnífico que
(2) ___asistieran___ (asistir) al partido porque fue muy emocionante. Además, me gustó que (3) ___conocieran___ (conocer) a los otros miembros y a los entrenadores del equipo español. Espero que me (4) ___envíen___ (enviar) las fotos cuando las (5) ___suban___ (subir) a Internet. Lamenté que Barcelona no (6) _hubiera ganado/ganara_ (ganar) la semifinal, pero tal vez (7) ___tenga___ (tener) éxito en el 2013.

Ojalá que ustedes (8) ___puedan___ (poder) volver a visitarme este invierno. Dudo que (9) ___haga___ (hacer) tanto frío como el invierno pasado.

Bueno, aquí tienen mi nueva dirección. Sería genial que (10) ___vinieran___ (venir) a pasar el Año Nuevo en Barcelona.

Reciban un fuerte abrazo de su hijo,
Lionel

K-3 Consejos de los hinchas (*fans*) a Lionel Messi. Después de la temporada del 2012, los hinchas de Messi pensaban que Lionel necesitaba sus consejos para estar mejor preparado para la temporada del 2013. Escribe cinco o más consejos que los admiradores de Lionel le dan con respecto a su vida personal, su dieta, su entrenamiento, etc. Usa las siguientes frases:

te sugerimos	te recomiendo	quiero que	dudamos que
nos sorprendió que	te pido que	ojalá que	

MODELO: *Te sugerimos que practiques más patear el balón...*

K-4 En el 2014. La Copa Mundial del 2014 tiene lugar en Brasil. ¿Qué quisieran que pasara durante los juegos? Usen las oraciones **quisiera que..., me gustaría que..., o ojalá que...** para explicar lo que quisieran que pasara durante el torneo.

MODELO: *Quisiera que alguien me regalara entradas para las finales.*

10-07 to 10-12

L. **Se** for unplanned events

Warm-up: Se for unplanned events
Have students explain the occurrence that resulted in the following: *No tengo mi cartera. No encuentro las llaves de mi coche. No funciona mi coche. No sirve mi bolígrafo. No hice la tarea.* (Possible answers: *Se me perdió; Se me olvidó; Se me desapareció; Se me descompuso; Se me olvidó.*)

In order to describe an unexpected or unplanned event or to avoid taking the blame, Spanish frequently uses **se** along with the third-person singular or plural of the verb. In such cases, the action appears as *happening* to someone accidentally. The indirect object (**me, te, le, nos, os, les**) indicates who is affected by the unintentional action.

¿**Se le cayó** la bomba al autómata?	*Did the robot drop the bomb?* (lit. *Did the bomb fall while the robot was carrying it?*)
Siempre **se me pierde** el móvil.	*I always lose my cell phone.* (lit. *The cell phone gets lost on me.*)
Ojalá que no **se les hayan muerto** los ratones en su investigación.	*I hope that the mice in their research haven't died.* (lit.... *the mice haven't died on them.*)
En el carro viejo siempre **se nos quedaban** las llaves adentro.	*In our old car, we always left the keys inside.* (lit.... *the keys remained inside on us.*)

Some common verbs used in this way include:

acabarse	*to run out (of something)*
caerse	*to drop*
dañarse	*to damage, break (a machine)*
desaparecerse	*to disappear*
descomponerse	*to fall apart, break down*
morirse (ue)	*to die*
ocurrirse	*to think about doing something, to have an idea*
olvidarse	*to forget*
perderse (ie)	*to get lost, to lose something*
quedarse	*to remain behind, to leave (something) behind*
romperse	*to break (an object)*

- Possession is implied by the indirect object pronoun (**me, te, le, nos, os, les**), therefore Spanish uses the definite article, not the possessive adjective as in English. The prepositional phrase **a** + *noun/pronoun* may be added for clarity or emphasis.

Assessment: Se for unplanned events
In pairs, have students write their own original dialog between two scientists or robots using **se** for unplanned events. You may want to give students specific verbs that they must use in their dialog with **se** for unplanned events.

A la investigadora se le ocurrió cultivar **las** células madre en un medio nuevo.	*It occurred to the researcher to grow her stem cells in a new medium.*
A los técnicos se les descompuso **el** autómata.	*The technicians' robot broke down on them.*
¡A ti se te olvidó apagar **las** luces!	*You* (emphatic) *forgot to turn out the lights!*

Aplicación

L-1 Viaje a Marte.   Lee la transmisión que ocurrió entre el Centro de Control de la Misión y la astronave que iba a aterrizar en Marte en el año 2050. Subraya todos los usos del **se** accidental.

MISIÓN CONTROL: Buenos días, Capitán Valiente. ¿Cuál es su posición en este momento?

CAPITÁN VALIENTE: Misión Control, ya hemos llegado al momento del descenso hacia la superficie del planeta Marte. Diez, nueve, ocho… uno, ¡fuego! ¡Misión Control! <u>Se nos perdió</u> el cohete principal que nos iba a llevar hasta Marte. <u>Se nos ha roto</u> una parte esencial de la navegación. El radar <u>se nos ha perdido</u> en el espacio mientras vamos acercándonos a la superficie del planeta. ¡Temo que la nave espacial <u>se nos haya dañado</u>!

MISIÓN CONTROL: No se desespere. Pronto llegará otra nave que los evacuará del planeta.

CAPITÁN VALIENTE: Mil gracias. <u>Se me había olvidado</u> que pronto llegaría otra misión a Marte. Ojalá que llegue pronto porque <u>se nos quedaron</u> las provisiones de emergencia en la Tierra.

Follow-up: L-1
In groups of 4, have students make up their own space voyage experience using at least 5 constructions with **se** for unplanned events (*Se nos descompuso el transmisor*, etc.). Have groups exchange their narratives. Then each group must report from its point of view what happened to the other group using constructions with **se** for unplanned events (*Se les descompuso el transmisor*, etc.).

L-2 ¿Una misión desastrosa?   Haz una lista de los problemas que tuvieron los astronautas en la misión a Marte.

MODELO: *Se les perdió…*

L-3 Un descubrimiento inminente. A continuación tienes una conversación entre dos científicos de renombre sobre una investigación que seguramente tendrá repercusiones en todo el mundo. Complétala con la forma correcta de las expresiones de la lista.

caerse	morirse	olvidarse	quedarse
descomponerse	ocurrirse	perderse	romperse

DRA. SALINAS: Dr. Romero, ¿tiene usted el cuaderno con los pasos (*steps*) de nuestro experimento?

DR. ROMERO: Disculpe, Dra. Salinas, (1) __se me quedó__ en casa.

DRA. SALINAS: No entiendo. ¿Por qué se lo llevó a casa? Parece que usted está muy distraído. Anoche usted salió del laboratorio y (2) __se le olvidó__ apagar el centrifugio.

DR. ROMERO: Es verdad que he estado olvidadizo (*forgetful*). Cuando volví para apagarlo, busqué mis llaves del laboratorio por todas partes, pero luego recordé que hace varios días (3) __se me perdieron/se me habían perdido__. Sabía que sería desastroso si no paraba la máquina. La quise llamar, pero en un momento de pánico, se me cayó el móvil y (4) __se me rompió__. Si no hubiera llegado el guardia para abrirme la puerta, habríamos perdido todas las células madre.

DRA. SALINAS: Bueno, no todas sobrevivieron. (A nosotros) (5) __Se nos murieron__ muchas de las que cultivábamos. Además, al técnico (6) __se le descompuso__ el centrifugio y va a demorar varios días en repararlo. Y cuando (a nosotros) (7) __se nos cayeron__ las probetas (*test tubes*), los resultados se perdieron.

DR. ROMERO: ¡Lo siento mucho, Dra. Salinas! Pero (8) __se me ocurre__ una solución. Repitamos el experimento con nuevas células madre y esta vez usted se queda en el laboratorio para apagar el centrifugio. ¡Sin duda esta vez vamos a encontrar una cura para la vejez!

L-4 Un día difícil. Usen el *se* accidental para describirse experiencias en las que todo salió mal (*everything went wrong*). Luego, cuéntenle a la clase lo que le pasó a su compañero/a.

MODELO: E1: *Un día se me quedó la billetera en la playa, se me mojó el dinero y se me dañaron las tarjetas...*
E2: *A Carlos se le quedó la billetera en la playa, se le mojó...*

Verb Charts

Regular Verbs: Simple Tenses

Infinitive Present Participle Past Participle	Indicative					Subjunctive		Imperative
	Present	Imperfect	Preterit	Future	Conditional	Present	Imperfect	Commands
hablar hablando hablado	hablo hablas habla hablamos habláis hablan	hablaba hablabas hablaba hablábamos hablabais hablaban	hablé hablaste habló hablamos hablasteis hablaron	hablaré hablarás hablará hablaremos hablaréis hablarán	hablaría hablarías hablaría hablaríamos hablaríais hablarían	hable hables hable hablemos habléis hablen	hablara hablaras hablara habláramos hablarais hablaran	habla (tú), no hables hable (usted) hablemos hablad (vosotros), no habléis hablen (Uds.)
comer comiendo comido	como comes come comemos coméis comen	comía comías comía comíamos comíais comían	comí comiste comió comimos comisteis comieron	comeré comerás comerá comeremos comeréis comerán	comería comerías comería comeríamos comeríais comerían	coma comas coma comamos comáis coman	comiera comieras comiera comiéramos comierais comieran	come (tú), no comas coma (usted) comamos comed (vosotros), no comáis coman (Uds.)
vivir viviendo vivido	vivo vives vive vivimos vivís viven	vivía vivías vivía vivíamos vivíais vivían	viví viviste vivió vivimos vivisteis vivieron	viviré vivirás vivirá viviremos viviréis vivirán	viviría vivirías viviría viviríamos viviríais vivirían	viva vivas viva vivamos viváis vivan	viviera vivieras viviera viviéramos vivierais vivieran	vive (tú), no vivas viva (usted) vivamos vivid (vosotros), no viváis vivan (Uds.)

Regular Verbs: Perfect Tenses

Indicative										Subjunctive			
Present Perfect		Past Perfect		Preterit Perfect		Future Perfect		Conditional Perfect		Present Perfect		Past Perfect	
he has ha hemos habéis han	hablado comido vivido	había habías había habíamos habíais habían	hablado comido vivido	hube hubiste hubo hubimos hubisteis hubieron	hablado comido vivido	habré habrás habrá habremos habréis habrán	hablado comido vivido	habría habrías habría habríamos habríais habrían	hablado comido vivido	haya hayas haya hayamos hayáis hayan	hablado comido vivido	hubiera hubieras hubiera hubiéramos hubierais hubieran	hablado comido vivido

Irregular Verbs

Infinitive Present Participle Past Participle	Indicative					Subjunctive		Imperative
	Present	Imperfect	Preterit	Future	Conditional	Present	Imperfect	Commands

andar
andando
andado
	ando
	andas
	anda
	andamos
	andáis
	andan
		andaba
		andabas
		andaba
		andábamos
		andabais
		andaban
			anduve
			anduviste
			anduvo
			anduvimos
			anduvisteis
			anduvieron
				andaré
				andarás
				andará
				andaremos
				andaréis
				andarán
					andaría
					andarías
					andaría
					andaríamos
					andaríais
					andarían
						ande
						andes
						ande
						andemos
						andéis
						anden
							anduviera
							anduvieras
							anduviera
							anduviéramos
							anduvierais
							anduvieran
								anda (tú),
								    no andes
								ande (usted)
								andemos
								andad
								    (vosotros),
								    no andéis
								anden (Uds.)

caer
cayendo
caído
	caigo
	caes
	cae
	caemos
	caéis
	caen
		caía
		caías
		caía
		caíamos
		caíais
		caían
			caí
			caíste
			cayó
			caímos
			caísteis
			cayeron
				caeré
				caerás
				caerá
				caeremos
				caeréis
				caerán
					caería
					caerías
					caería
					caeríamos
					caeríais
					caerían
						caiga
						caigas
						caiga
						caigamos
						caigáis
						caigan
							cayera
							cayeras
							cayera
							cayéramos
							cayerais
							cayeran
								cae (tú),
								    no caigas
								caiga (usted)
								caigamos
								caed
								    (vosotros),
								    no caigáis
								caigan (Uds.)

dar
dando
dado
	doy
	das
	da
	damos
	dais
	dan
		daba
		dabas
		daba
		dábamos
		dabais
		daban
			di
			diste
			dio
			dimos
			disteis
			dieron
				daré
				darás
				dará
				daremos
				daréis
				darán
					daría
					darías
					daría
					daríamos
					daríais
					darían
						dé
						des
						dé
						demos
						deis
						den
							diera
							dieras
							diera
							diéramos
							dierais
							dieran
								da (tú),
								    no des
								dé (usted)
								demos
								dad (vosotros),
								    no deis
								den (Uds.)

decir
diciendo
dicho
	digo
	dices
	dice
	decimos
	decís
	dicen
		decía
		decías
		decía
		decíamos
		decíais
		decían
			dije
			dijiste
			dijo
			dijimos
			dijisteis
			dijeron
				diré
				dirás
				dirá
				diremos
				diréis
				dirán
					diría
					dirías
					diría
					diríamos
					diríais
					dirían
						diga
						digas
						diga
						digamos
						digáis
						digan
							dijera
							dijeras
							dijera
							dijéramos
							dijerais
							dijeran
								di (tú),
								    no digas
								diga (usted)
								digamos
								decid (vosotros),
								    no digáis
								digan (Uds.)

estar
estando
estado
	estoy
	estás
	está
	estamos
	estáis
	están
		estaba
		estabas
		estaba
		estábamos
		estabais
		estaban
			estuve
			estuviste
			estuvo
			estuvimos
			estuvisteis
			estuvieron
				estaré
				estarás
				estará
				estaremos
				estaréis
				estarán
					estaría
					estarías
					estaría
					estaríamos
					estaríais
					estarían
						esté
						estés
						esté
						estemos
						estéis
						estén
							estuviera
							estuvieras
							estuviera
							estuviéramos
							estuvierais
							estuvieran
								está (tú),
								    no estés
								esté (usted)
								estemos
								estad (vosotros),
								    no estéis
								estén (Uds.)

haber* habiendo habido	he has ha hemos habéis han	había habías había habíamos habíais habían	hube hubiste hubo hubimos hubisteis hubieron	habré habrás habrá habremos habréis habrán	habría habrías habría habríamos habríais habrían	haya hayas haya hayamos hayáis hayan	hubiera hubieras hubiera hubiéramos hubierais hubieran	

hacer
haciendo
hecho
	hago
	haces
	hace
	hacemos
	hacéis
	hacen
		hacía
		hacías
		hacía
		hacíamos
		hacíais
		hacían
			hice
			hiciste
			hizo
			hicimos
			hicisteis
			hicieron
				haré
				harás
				hará
				haremos
				haréis
				harán
					haría
					harías
					haría
					haríamos
					haríais
					harían
						haga
						hagas
						haga
						hagamos
						hagáis
						hagan
							hiciera
							hicieras
							hiciera
							hiciéramos
							hicierais
							hicieran
								haz (tú),
								    no hagas
								haga (usted)
								hagamos
								haced (vosotros),
								    no hagáis
								hagan (Uds.)

*Haber is also used commonly with indefinite and counted nouns in the third person only: hay, había, hubo, habrá, habría, haya, hubiera (ex. Hay algunos/muchos/pocos/mil amigos en mi red social.)

Irregular Verbs (*continued*)

Infinitive / Present Participle / Past Participle	Indicative					Subjunctive		Imperative
	Present	Imperfect	Preterit	Future	Conditional	Present	Imperfect	Commands

ir
yendo
ido
	voy
	vas
	va
	vamos
	vais
	van
		iba
		ibas
		iba
		íbamos
		ibais
		iban
			fui
			fuiste
			fue
			fuimos
			fuisteis
			fueron
				iré
				irás
				irá
				iremos
				iréis
				irán
					iría
					irías
					iría
					iríamos
					iríais
					irían
						vaya
						vayas
						vaya
						vayamos
						vayáis
						vayan
							fuera
							fueras
							fuera
							fuéramos
							fuerais
							fueran
								ve (tú),
								  no vayas
								vaya (usted)
								vamos,
								  no vayamos
								id (vosotros),
								  no vayáis
								vayan (Uds.)

oír
oyendo
oído
	oigo
	oyes
	oye
	oímos
	oís
	oyen
		oía
		oías
		oía
		oíamos
		oíais
		oían
			oí
			oíste
			oyó
			oímos
			oísteis
			oyeron
				oiré
				oirás
				oirá
				oiremos
				oiréis
				oirán
					oiría
					oirías
					oiría
					oiríamos
					oiríais
					oirían
						oiga
						oigas
						oiga
						oigamos
						oigáis
						oigan
							oyera
							oyeras
							oyera
							oyéramos
							oyerais
							oyeran
								oye (tú),
								  no oigas
								oiga (usted)
								oigamos
								oíd (vosotros),
								  no oigáis
								oigan (Uds.)

poder pudiendo podido	puedo puedes puede podemos podéis pueden	podía podías podía podíamos podíais podían	pude pudiste pudo pudimos pudisteis pudieron	podré podrás podrá podremos podréis podrán	podría podrías podría podríamos podríais podrían	pueda puedas pueda podamos podáis puedan	pudiera pudieras pudiera pudiéramos pudierais pudieran	

poner
poniendo
puesto
	pongo
	pones
	pone
	ponemos
	ponéis
	ponen
		ponía
		ponías
		ponía
		poníamos
		poníais
		ponían
			puse
			pusiste
			puso
			pusimos
			pusisteis
			pusieron
				pondré
				pondrás
				pondrá
				pondremos
				pondréis
				pondrán
					pondría
					pondrías
					pondría
					pondríamos
					pondríais
					pondrían
						ponga
						pongas
						ponga
						pongamos
						pongáis
						pongan
							pusiera
							pusieras
							pusiera
							pusiéramos
							pusierais
							pusieran
								pon (tú),
								  no pongas
								ponga (usted)
								pongamos
								poned
								  (vosotros),
								  no pongáis
								pongan (Uds.)

querer
queriendo
querido
	quiero
	quieres
	quiere
	queremos
	queréis
	quieren
		quería
		querías
		quería
		queríamos
		queríais
		querían
			quise
			quisiste
			quiso
			quisimos
			quisisteis
			quisieron
				querré
				querrás
				querrá
				querremos
				querréis
				querrán
					querría
					querrías
					querría
					querríamos
					querríais
					querrían
						quiera
						quieras
						quiera
						queramos
						queráis
						quieran
							quisiera
							quisieras
							quisiera
							quisiéramos
							quisierais
							quisieran
								quiere (tú),
								  no quieras
								quiera (usted)
								queramos
								quered
								  (vosotros),
								  no queráis
								quieran (Uds.)

saber
sabiendo
sabido
	sé
	sabes
	sabe
	sabemos
	sabéis
	saben
		sabía
		sabías
		sabía
		sabíamos
		sabíais
		sabían
			supe
			supiste
			supo
			supimos
			supisteis
			supieron
				sabré
				sabrás
				sabrá
				sabremos
				sabréis
				sabrán
					sabría
					sabrías
					sabría
					sabríamos
					sabríais
					sabrían
						sepa
						sepas
						sepa
						sepamos
						sepáis
						sepan
							supiera
							supieras
							supiera
							supiéramos
							supierais
							supieran
								sabe (tú),
								  no sepas
								sepa (usted)
								sepamos
								sabed
								  (vosotros),
								  no sepáis
								sepan (Uds.)

salir
saliendo
salido
	salgo
	sales
	sale
	salimos
	salís
	salen
		salía
		salías
		salía
		salíamos
		salíais
		salían
			salí
			saliste
			salió
			salimos
			salisteis
			salieron
				saldré
				saldrás
				saldrá
				saldremos
				saldréis
				saldrán
					saldría
					saldrías
					saldría
					saldríamos
					saldríais
					saldrían
						salga
						salgas
						salga
						salgamos
						salgáis
						salgan
							saliera
							salieras
							saliera
							saliéramos
							salierais
							salieran
								sal (tú),
								  no salgas
								salga (usted)
								salgamos
								salid (vosotros),
								  no salgáis
								salgan (Uds.)

Irregular Verbs (*continued*)

Infinitive Present Participle Past Participle	Indicative					Subjunctive		Imperative
	Present	Imperfect	Preterit	Future	Conditional	Present	Imperfect	Commands

ser
siendo
sido
	soy
	eres
	es
	somos
	sois
	son
		era
		eras
		era
		éramos
		erais
		eran
			fui
			fuiste
			fue
			fuimos
			fuisteis
			fueron
				seré
				serás
				será
				seremos
				seréis
				serán
					sería
					serías
					sería
					seríamos
					seríais
					serían
						sea
						seas
						sea
						seamos
						seáis
						sean
							fuera
							fueras
							fuera
							fuéramos
							fuerais
							fueran
								sé (tú),
								   no seas
								sea (usted)
								seamos
								sed (vosotros),
								   no seáis
								sean (Uds.)

tener
teniendo
tenido
	tengo
	tienes
	tiene
	tenemos
	tenéis
	tienen
		tenía
		tenías
		tenía
		teníamos
		teníais
		tenían
			tuve
			tuviste
			tuvo
			tuvimos
			tuvisteis
			tuvieron
				tendré
				tendrás
				tendrá
				tendremos
				tendréis
				tendrán
					tendría
					tendrías
					tendría
					tendríamos
					tendríais
					tendrían
						tenga
						tengas
						tenga
						tengamos
						tengáis
						tengan
							tuviera
							tuvieras
							tuviera
							tuviéramos
							tuvierais
							tuvieran
								ten (tú),
								   no tengas
								tenga (usted)
								tengamos
								tened (vosotros),
								   no tengáis
								tengan (Uds.)

traer
trayendo
traído
	traigo
	traes
	trae
	traemos
	traéis
	traen
		traía
		traías
		traía
		traíamos
		traíais
		traían
			traje
			trajiste
			trajo
			trajimos
			trajisteis
			trajeron
				traeré
				traerás
				traerá
				traeremos
				traeréis
				traerán
					traería
					traerías
					traería
					traeríamos
					traeríais
					traerían
						traiga
						traigas
						traiga
						traigamos
						traigáis
						traigan
							trajera
							trajeras
							trajera
							trajéramos
							trajerais
							trajeran
								trae (tú),
								   no traigas
								traiga (usted)
								traigamos
								traed (vosotros),
								   no traigáis
								traigan (Uds.)

venir
viniendo
venido
	vengo
	vienes
	viene
	venimos
	venís
	vienen
		venía
		venías
		venía
		veníamos
		veníais
		venían
			vine
			viniste
			vino
			vinimos
			vinisteis
			vinieron
				vendré
				vendrás
				vendrá
				vendremos
				vendréis
				vendrán
					vendría
					vendrías
					vendría
					vendríamos
					vendríais
					vendrían
						venga
						vengas
						venga
						vengamos
						vengáis
						vengan
							viniera
							vinieras
							viniera
							viniéramos
							vinierais
							vinieran
								ven (tú),
								   no vengas
								venga (usted)
								vengamos
								venid (vosotros),
								   no vengáis
								vengan (Uds.)

ver
viendo
visto
	veo
	ves
	ve
	vemos
	veis
	ven
		veía
		veías
		veía
		veíamos
		veíais
		veían
			vi
			viste
			vio
			vimos
			visteis
			vieron
				veré
				verás
				verá
				veremos
				veréis
				verán
					vería
					verías
					vería
					veríamos
					veríais
					verían
						vea
						veas
						vea
						veamos
						veáis
						vean
							viera
							vieras
							viera
							viéramos
							vierais
							vieran
								ve (tú),
								   no veas
								vea (usted)
								veamos
								ved (vosotros),
								   no veáis
								vean (Uds.)

Stem-Changing and Orthographic-Changing Verbs

Infinitive Present Participle Past Participle	Indicative					Subjunctive		Imperative
	Present	Imperfect	Preterit	Future	Conditional	Present	Imperfect	Commands
almorzar (ue) (c) almorzando almorzado	almuerzo almuerzas almuerza almorzamos almorzáis almuerzan	almorzaba almorzabas almorzaba almorzábamos almorzabais almorzaban	almorcé almorzaste almorzó almorzamos almorzasteis almorzaron	almorzaré almorzarás almorzará almorzaremos almorzaréis almorzarán	almorzaría almorzarías almorzaría almorzaríamos almorzaríais almorzarían	almuerce almuerces almuerce almorcemos almorcéis almuercen	almorzara almorzaras almorzara almorzáramos almorzarais almorzaran	almuerza (tú), no almuerces almuerce (usted) almorcemos almorzad (vosotros), no almorcéis almuercen (Uds.)
buscar (qu) buscando buscado	busco buscas busca buscamos buscáis buscan	buscaba buscabas buscaba buscábamos buscabais buscaban	busqué buscaste buscó buscamos buscasteis buscaron	buscaré buscarás buscará buscaremos buscaréis buscarán	buscaría buscarías buscaría buscaríamos buscaríais buscarían	busque busques busque busquemos busquéis busquen	buscara buscaras buscara buscáramos buscarais buscaran	busca (tú), no busques busque (usted) busquemos buscad (vosotros), no busquéis busquen (Uds.)
corregir (i, i) (j) corrigiendo corregido	corrijo corriges corrige corregimos corregís corrigen	corregía corregías corregía corregíamos corregíais corregían	corregí corregiste corrigió corregimos corregisteis corrigieron	corregiré corregirás corregirá corregiremos corregiréis corregirán	corregiría corregirías corregiría corregiríamos corregiríais corregirían	corrija corrijas corrija corrijamos corrijáis corrijan	corrigiera corrigieras corrigiera corrigiéramos corrigierais corrigieran	corrige (tú), no corrijas corrija (usted) corrijamos corregid (vosotros), no corrijáis corrijan (Uds.)
dormir (ue, u) durmiendo dormido	duermo duermes duerme dormimos dormís duermen	dormía dormías dormía dormíamos dormíais dormían	dormí dormiste durmió dormimos dormisteis durmieron	dormiré dormirás dormirá dormiremos dormiréis dormirán	dormiría dormirías dormiría dormiríamos dormiríais dormirían	duerma duermas duerma durmamos durmáis duerman	durmiera durmieras durmiera durmiéramos durmierais durmieran	duerme (tú), no duermas duerma (usted) durmamos dormid (vosotros), no durmáis duerman (Uds.)
incluir (y) incluyendo incluido	incluyo incluyes incluye incluimos incluís incluyen	incluía incluías incluía incluíamos incluíais incluían	incluí incluiste incluyó incluimos incluisteis incluyeron	incluiré incluirás incluirá incluiremos incluiréis incluirán	incluiría incluirías incluiría incluiríamos incluiríais incluirían	incluya incluyas incluya incluyamos incluyáis incluyan	incluyera incluyeras incluyera incluyéramos incluyerais incluyeran	incluye (tú), no incluyas incluya (usted) incluyamos incluid (vosotros), no incluyáis incluyan (Uds.)
llegar (gu) llegando llegado	llego llegas llega llegamos llegáis llegan	llegaba llegabas llegaba llegábamos llegabais llegaban	llegué llegaste llegó llegamos llegasteis llegaron	llegaré llegarás llegará llegaremos llegaréis llegarán	llegaría llegarías llegaría llegaríamos llegaríais llegarían	llegue llegues llegue lleguemos lleguéis lleguen	llegara llegaras llegara llegáramos llegarais llegaran	llega (tú), no llegues llegue (usted) lleguemos llegad (vosotros), no lleguéis lleguen (Uds.)
pedir (i, i) pidiendo pedido	pido pides pide pedimos pedís piden	pedía pedías pedía pedíamos pedíais pedían	pedí pediste pidió pedimos pedisteis pidieron	pediré pedirás pedirá pediremos pediréis pedirán	pediría pedirías pediría pediríamos pediríais pedirían	pida pidas pida pidamos pidáis pidan	pidiera pidieras pidiera pidiéramos pidierais pidieran	pide (tú), no pidas pida (usted) pidamos pedid (vosotros), no pidáis pidan (Uds.)

Stem-Changing and Orthographic-Changing Verbs (*continued*)

Infinitive Present Participle Past Participle	Indicative					Subjunctive		Imperative
	Present	Imperfect	Preterit	Future	Conditional	Present	Imperfect	Commands
pensar (ie) pensando pensado	pienso piensas piensa pensamos pensáis piensan	pensaba pensabas pensaba pensábamos pensabais pensaban	pensé pensaste pensó pensamos pensasteis pensaron	pensaré pensarás pensará pensaremos pensaréis pensarán	pensaría pensarías pensaría pensaríamos pensaríais pensarían	piense pienses piense pensemos penséis piensen	pensara pensaras pensara pensáramos pensarais pensaran	piensa (tú), no pienses piense (usted) pensemos pensad (vosotros), no penséis piensen (Uds.)
producir (zc) (j) produciendo producido	produzco produces produce producimos producís producen	producía producías producía producíamos producíais producían	produje produjiste produjo produjimos produjisteis produjeron	produciré producirás producirá produciremos produciréis producirán	produciría producirías produciría produciríamos produciríais producirían	produzca produzcas produzca produzcamos produzcáis produzcan	produjera produjeras produjera produjéramos produjerais produjeran	produce (tú), no produzcas produzca (usted) produzcamos producid (vosotros), no produzcáis produzcan (Uds.)
reír (i, i) riendo reído	río ríes ríe reímos reís ríen	reía reías reía reíamos reíais reían	reí reíste rió reímos reísteis rieron	reiré reirás reirá reiremos reiréis reirán	reiría reirías reiría reiríamos reiríais reirían	ría rías ría riamos riáis rían	riera rieras riera riéramos rierais rieran	ríe (tú), no rías ría (usted) riamos reíd (vosotros), no riáis rían (Uds.)
seguir (i, i) (ga) siguiendo seguido	sigo sigues sigue seguimos seguís siguen	seguía seguías seguía seguíamos seguíais seguían	seguí seguiste siguió seguimos seguisteis siguieron	seguiré seguirás seguirá seguiremos seguiréis seguirán	seguiría seguirías seguiría seguiríamos seguiríais seguirían	siga sigas siga sigamos sigáis sigan	siguiera siguieras siguiera siguiéramos siguierais siguieran	sigue (tú), no sigas siga (usted) sigamos seguid (vosotros), no sigáis sigan (Uds.)
sentir (ie, i) sintiendo sentido	siento sientes siente sentimos sentís sienten	sentía sentías sentía sentíamos sentíais sentían	sentí sentiste sintió sentimos sentisteis sintieron	sentiré sentirás sentirá sentiremos sentiréis sentirán	sentiría sentirías sentiría sentiríamos sentiríais sentirían	sienta sientas sienta sintamos sintáis sientan	sintiera sintieras sintiera sintiéramos sintierais sintieran	siente (tú), no sientas sienta (usted) sintamos sentid (vosotros), no sintáis sientan (Uds.)
volver (ue) volviendo vuelto	vuelvo vuelves vuelve volvemos volvéis vuelven	volvía volvías volvía volvíamos volvíais volvían	volví volviste volvió volvimos volvisteis volvieron	volveré volverás volverá volveremos volveréis volverán	volvería volverías volvería volveríamos volveríais volverían	vuelva vuelvas vuelva volvamos volváis vuelvan	volviera volvieras volviera volviéramos volvierais volvieran	vuelve (tú), no vuelvas vuelva (usted) volvamos volved (vosotros), no volváis vuelvan (Uds.)

Spanish–English Glossary[1]

A

abeja, la bee, 2
abismo, el abyss, 4
abono, el season pass, 5
abrazar to embrace, 1; 4
aburrido/a boring/bored, 2
acabarse to run out (of something), MG
acceso, el access, 2
accidentado/a injured, 3
acciones, las stocks, 1
acentuar to accentuate, 2
acordar to agree; to resolve by common consent, 3
acordarse (ue) de to remember; to recollect, 3; 4
acostumbrarse (a) to get used to, 4
acto, el act (theater), 5
actor de reparto, el supporting actor/ actress, 5
actriz de reparto, la supporting actor/ actress, 5
actuación, la performance, 5
actuado/a acted, 5
actual current, today, 1
actuar to act, 5
acuerdo mutuo, el mutual agreement, 4
acumular accumulate, 5
adecuado/a adequate, 2
adivinar to guess, 4
afeitar(se) to shave (oneself), 4
aficionado/a, el/la fan, 5
ágil agile, quick, 1
agotable exhaustible, 2
agotamiento, el exhaustion, 2
agotar to exhaust, 2
agradable agreeable, P

agradecer (zc) to thank, 4
agradecido/a thankful, 4
agradecimiento, el thanks, 4
agravar to aggravate, 2
agregar (a un/a amigo/a) to add (a friend), P; 2
agujero, el hole, 2
ahorro, el savings, 2
ajeno/a alien, P
alcalde/sa, el/la mayor, 2
alcanzar to reach, 2
alegrarse (de) to become happy; to be glad, 4
alentar (ie) to encourage, 3
alga, el algae, 2
alianza, la alliance, 3
alimentar to feed, 2
alisar to smooth, 4
alquilar to rent, 1
amar(se) to love (each other) deeply, 4
analfabeto/a illiterate, 1
análisis, el analysis, 4
analítico/a analytical, 4
analizar to analyze, 4
ansioso/a anxious, 4
antecedentes, los background information, P
anterior previous, P
antes (de) que before, 5
anuncio, el announcement, 1
año tras año year after year, 3
aparato, el apparatus, 1
aparecer to appear, 1
apartado/a apart, separated from, P
aplastar to plaster, 2
aplaudido/a applauded, 5
aplaudir to applaud, 5
aplauso, el applause, 5

apoderar(se) to take over, P; 3
apodo, el nickname, 1
aportar to contribute, to provide, 2; 4
apoyar to support, to backup, 1; 3; 4
apreciar to appreciate, 4
apresurado/a hurried, 4
apretar to press, 1
aprobación, la approval, 5
aprobar (ue) to approve, 2
apuntar to take note of, 2
A que... I bet..., 4
arbitrario/a arbitrary, 3
aretes, los earrings, 1
arpillera, la Chilean appliqué design to protest disappearances, 3
arriesgarse to take a risk, P
arruinar to ruin, 5
asegurar(se) (de) to assure (to make sure), 3
asientos de cuero, los leather seats, 1
asilo (político), el (political) asylum, 3
asistir (a) to attend, 5
audición, la audition, 5
auge, el heyday, 5
aumentar to increase, 2
ausencia, la absence, 5
auto compacto, el compact car, 1
autoestima, la self-esteem, 4
autorretrato, el self-portrait, 4
avance, el advance, 2
avanzado/a advanced, 2
avanzar to advance, to further, 2
aventuras, de adventure, 5
avergonzar(se) (üe) (de) to embarrass (to be ashamed), 4

averiguar to find out, 1
ayudar(se) (a) to help (each other); 3; 4

B

bailable danceable, 5
bailar to dance, 5
bailarín/ina, el/la dancer, 5
baile, el dance, 5
bajar to download, P
bandas decorativas, las decorative stripes, 1
bañar(se) to bathe (oneself), 4
barbilla, la chin, 4
basura, la trash, 2
bautizar to baptize, 1
beneficioso/a beneficial, 2
benéfico/a charitable, 3
besar(se) to kiss (each other), 4
bestia, la beast; beastly, P
bienestar, el well-being, 3
billete, el ticket, 5
blogero/a, el/la blogger, P
boleto, el ticket, 5
bondad, la kindness, 4
bondadoso/a kind, 4
borrar to erase, P
bosque, el forest, 2
bosquejo, el sketch, P
brisa, la breeze, 1
buena onda cool, P
buena voluntad, la good will, 3
burlarse to make fun of, 1
buscar to look for, P
buzón, el mailbox, P

C

cadena, la TV network, 5
cadena perpetua, la life imprisonment, 3
cadera, la hip, 4
caerse to drop, MG

---

[1]Chapter numbers in **boldface** indicate active vocabulary (*Vocabulario básico, Vocabulario clave, Cuidado, Ampliación,* and *Estructuras*).

caer bien (mal) to (dis)like (a person), 3
cajón, el drawer, 2
calentamiento, el warming, 2
calentar (ie) to warm, 2
calidad, la quality, 2
caliente hot, 2
callado/a quiet, 1
calumniar to slander, 4
camarógrafo/a, el/la cameraman/woman, 5
cambiado/a changed, 1
cambiar to change, 1
cambio climático, el climate change, 2
cambio, el change, 1
camerino, el dressing room, 5
camioneta, la pickup truck, 1
campaña, la campaign, 3
cantante, el/la singer, 5
cantautor/a, el/la singer-songwriter, 1; 5
cantidad, la quantity, 2
capa de ozono, la ozone layer, 2
capó, el hood, 1
carácter, el personality, 4
carbón, el coal, 2
carcajada, la hearty laugh, 4
cargado/a charged, 1
cariñoso/a affectionate, P; 4
carrera, la race; career, 1; 5
carretera, la highway, 2
cartel, el poster, 1
cartelera, la billboard, entertainment listing, 5
casarse to get married, 4
casetera, la cassette player, 1
caso de que, en in case, 5
celebridad, la celebrity, 5
celos, los jealousy, 4
celoso/a jealous, 4
cepillar(se) to brush (oneself), 4
certeza, la certainty, 5
chatear to chat (online), P
chisme/cotilleo (España,), el gossip, 4
chismear to gossip, 4

chismoso/a gossipy, 4
ciego/a blind, 1
ciencia ficción, la science fiction, 5
cierto/a certain; sure, P; 2
cine, el movie house; film-making, 5
cinturón de seguridad, el seatbelt, 1
círculo, el circle, P
cirugía plástica, la plastic surgery, 5
clamar to clamor, 3
clave, la key
cobrar to charge, 5
colaborar to collaborate, 5
combustible, el fuel, 2
comedia, la comedy, 5
comentarista, el/la commentator, 5
comercio justo, el free trade, 2
cómico/a comical, 5
como how; as; because of, as a result of, 5
compartir to share, 1; 4
competencia, la competition; contest (sports), 5
competición, la competition; contest (sports), 5
competir (i, i) to compete, 1; 5
competitivo/a competitive, 5
complejo/a complex, P
componer to compose, 5
composición, la composition, 5
compositor/a, el/la composer, 5
comprensivo/a understanding, 4
comprometer to compromise, 2
comprometerse to get engaged, to commit oneself, 4
comprometido/a engaged, 4
compromiso, el obligation, pledge, commitment, engagement, 3; 4
compuesto/a composed, 5

comuna, la commune, 1
con tal (de) que provided (that), 5
con todo respeto with all due respect, 1
concepto, el concept, 1
concienciar to make aware, 2
concordancia, la agreement
concurrencia, la audience, 5
conducir (zc) to drive (a vehicle), 1
conducta, la behavior, 4
conductor/a, el/la driver, 1
conectado/a connected, P
conectarse con to connect up with, P
conexión, la connection, P
confiado/a confident; too trusting, 4
confianza, la confidence, 4
confiar (en) to confide (in), 4
conjunto, el band, ensemble, 1; 5
conocerse to meet (each other), 4
conseguir (i, i) to get, to obtain, 5
conservación, la conservation, 2
conservar to conserve, 2
considerar to consider, 1
constitución, la constitution, 3
constituido/a constituted, 3
constituir (y) to constitute, 3
contaminación, la pollution, 2
contar (ue) con to count on, to rely on, 1
contra, el (argument) against, P
contrario, al on the contrary, 4
contraseña, la password, P
contrincante, el/la opponent, 4
controlar to control, 2
convertible, el convertible, 1
convocatoria, la call, 1

corredor/a de bolsa, el/la stockbroker, 1
correo basura, el spam, P
corto/a short, P
corto/medio/largo plazo, a in the short/mid-/long term, 2
costero/a coastal, 2
cotidiano/a daily, 3
crecer (zc) to grow, 2
crecimiento, el growth, P
creer to believe, 2
Creo que... I believe that..., 2
crítica, la critique, 4
crucero, el cruise, 1
crucial crucial, 2
cuadra, la block, P
cuadro, el picture, 1
cualidad quality (characteristic of a person/thing), 2
cualquier/a any, P
cuando when, 5
cuanto, en as soon as, 5
cuatro por cuatro, el 4-wheel drive vehicle, 1
culpable guilty, 3
cumplir (con) to fulfill, to satisfy, 2
cursi pretentious, P

D

dañado/a damaged, 2
dañar(se) to damage, break (a machine), 2; MG
daño, el damage, 2; 5
dar por sentado to take for granted, 3; 4
darse cuenta de to realize, to recognize, 1
deber, el duty, 5
década, la decade, 1
decir to say, to tell, 2
dejar + d.o., to leave (something), 1
dejar + inf. to allow, to let, 1
dejar de + inf. to stop doing (something); to cease, 1
demanda, la demand, 1
demás, los/las the others, 4
denunciar to denounce, 3
deponer to depose, 1

derechos civiles, los (civil) rights, 3

derrocar to overthrow, 1

desafío, el challenge, 2

desaparecerse (zc) to disappear, 3; MG

desaparecido/a, el/la disappeared (person), 3

desarrollado/a developed, 3

desarrollar to develop, 2; 3

desarrollo, el development, 1; 3

desastre, el disaster, 2

descapotable, el convertible, 1

descomponerse to fall apart, break down, MG

desconectarse to disconnect, P

deseable desirable, 2

desear to wish, 2

desechable throw-away, 2

desechar to throw away, to discard, 2

desecho, el waste, 2

desenvuelto/a outgoing, 4

desértico/a desert-like, 2

desigualdad, la inequality, 3

despertar(se) (ie) to wake (up), 4

despreocupado/a carefree, 4

después (de) que after, 1; 5

destacado/a outstanding, 5

destacar to stand out, 1

destrucción, la destruction, 2

destruido/a destroyed, 2

destruir (y) to destroy, 2

desuso, el disuse, 2

desventaja, la disadvantage, 2

detallado/a detailed, P

detalle, el detail, 3

devastador/a devastating, 5

diario/a daily, P

dibujar to draw, 1

dibujos animados, los cartoons, 5

dicho, el saying, 1

dichoso/a darn; happy, fortunate, P

difícil difficult, P

dificultar to make difficult, 2

difundido/a spread out, P

difundir to disseminate, P

difundirse to disseminate, 1

difundirse to spread, 1

difusión, la coverage, spreading out, P

difusión, la dissemination, 1

difuso/a diffused, 1

digno/a worthy, 3

dinámico/a dynamic, 5

disculpa, la apology; excuse, 4

disculpado/a forgiven, 4

disculpar to forgive, 4

discusión, la argument, 4

discutido/a discussed; argued, 4

discutir to argue, 4

diseñado/a designed, 1

diseñador/a, el/la designer, 1

diseñar to design, 1

diseño, el design, 1

disfrutar (de) to enjoy, 3

disminución, la decrease, 2

disminuir (y) to diminish, 2

disponible available, P

distraer to distract, 5

diverso/a diverse, P

divertirse (ie, i) to have fun, 4

doblar to fold, 4

documental, el documentary, 5

donación, la donation, 3

donado/a donated, 3

donar to donate, 3

donde (adonde) (to) where, 5

dormir(se) (ue, u) to sleep (to fall asleep), 4

ducharse to take a shower, 4

dudar to doubt, 2

dudoso/a doubtful, 2

dueño/a, el/la owner, 1

durabilidad, la durability, 1

duradero/a durable, 1

durante during, 1

durar to last, 1

E

echar to add (pour in), 1

echar/dar una mano to lend a hand, 3

económico/a economical, P

educación, la education, 3

educado/a polite; educated, 3; 4

educar to educate, 3

efecto invernadero, el greenhouse effect, 2

egoísta selfish, 4

elegir (i, i) to choose; to elect, 1; 4

emitido/a broadcast, 1

emocionante exciting; touching; thrilling, P; 5

emocionarse to get excited, to be moved emotionally, 4

emparejado/a paired, P

emparejar to match up, P

En mi opinión In my opinion, 1

En resumen,... In summary,..., 3

enamorarse (de) to fall in love (with), 4

encantar to love (colloquial; lit., to be enchanting), 3

encender (ie) to light, 4

encuesta, la poll, survey, 1

energía eléctrica, nuclear, solar, la electrical, nuclear, solar energy, 2

enfadarse to get angry, 4

enfatizar to emphasize, 5

enfermedad, la illness, 2

enfrentar to face, 5

engañar to deceive, 4

enlace, el link, P

enojarse to become angry, 4

ensayado/a rehearsed, 5

ensayar to rehearse, 5

ensayo, el rehearsal, 5

entendimiento, el understanding, 4

Entiéndeme bien. Let me be clear., 5

entonces then, 1

entorno, el milieu, 2

entrada, la ticket; entrance, 5

entrar a/en to enter

entregar turn in; deliver, 5

entretener (ie) to entertain, 5

entretenido/a entertaining, 5

entretenimiento, el entertainment, 5

entroncado/a joined, 5

eólico/a wind, 2

época, la period, era 1

equitativo/a fair, 3

equivocarse to make a mistake, 4

erradicación, la eradication, 3

erradicado eradicated, 3

erradicar to eradicate, 3

Es cierto que... It's true that..., 2

escenario, el stage, 5

esclavitud, la slavery, 1

escoger (j) to choose, 3

esconder to hide,

escondido/a hidden, 5

esfuerzo, el effort, 3

espacioso/a spacious, 1

especies en peligro de extinción, las endangered species, 2

espectáculo, el show, 5

esperar to wait for, to hope, P; 2

espiar to spy, 5

espíritu, el spirit, 3

esporádicamente sporadically, 3

esquema, el outline, 2

esquina, la street corner, 5

estacionar(se) to park, 1

estado de ánimo, el mood, 4

estático/a static, 5

estilo, el style, 1

Estoy de acuerdo I agree, 1

estrella, la star, 1; 5

estrenado/a premiered, 5

estrenar to premiere, 5

estreno, el premiere, 5

ético/a ethical, 5

etiquetar to tag (on Facebook), P

evaluación, la evaluation, 4

evaluado/a evaluated, 4

evaluar to evaluate, 4

evidente evident, 2

excitante passionate, 5

exigir (j) to demand, 3

exitoso/a successful, 4

experimentar to experience, 1; 4

explotación, la exploitation, 3

exterior, el exterior, 1

extinción, la extinction, 2

extinguir to extinguish, 2

extinto/a extinct, 2

extranjero/a foreign, 5

extrañado/a wondering, 1

extravío, el loss, 2

F

fabricación, la manufacture, 1

fabricado/a manufactured, 1

fabricar to manufacture, 1

fácil easy, P

factible feasible, 2

falta, la error, 4

faltar to be missing, 3

familiar, el family member, P

farándula, la show business, 5

fascinar to be fascinating, 3

fastidioso/a annoying, P

favorecer (zc) to favor, 2

feliz happy, P

fidelidad, la fidelity; loyalty, 4

fiel faithful, 4

filmar to film, 5

fin de que, a in order that, 5

final, al finally, 1

Finalmente,... Finally,..., 3

finca, la farm, 2

fingir to pretend, 4

fomentar to promote, to further, 2

fondo, el background, essence, back; bottom, 2

foro, el forum; blog, P

fracasar to fail, 1

frenar to slow, brake, 2

fructífero/a productive; fruitful, P

fuente, la source, 2; 4

fuera de onda/boga out of fashion/vogue, 1

fundación humanitaria, la humanitarian foundation, 3

fundar to found, 1

furgoneta, la van, 1

G

garantía, la guarantee, 3

garantizado/a guaranteed, 3

garantizar to guarantee, 3

garrafal huge, P

gastado/a spent, worn out, 1

gastar to spend, to waste, 1

gasto, el expense, 1

generar to generate, 2

género, el type, genre, gender, 1

gesto, el gesture, 4

gira, la tour, 5

golpe de estado, el coup, 1

golpe, de suddenly, 4

grabación recording, 5

grabado, el printmaking; print, 5

grabado/a recorded, 5

grabar to record, 5

gracioso/a funny, 4

grado, el degree, P

grafitos, los graffiti, 4

grande big, P

granja, la farm, P

grano, el bean, 2

gratis free, 3

grave serious, 2

gravedad, la gravity, 2

guardaespaldas, el/la bodyguard, 3

guión, el script, 5

gustar to be pleasing, 3

H

habitar to inhabit, 2

hablarse to talk to (each other), 4

hacer falta to be needed, 3

hacer las paces to make peace, 4

hacerse popular to become popular, 1

hasta que until, 5

herir (ie, i) to hurt, 4

herramienta, la tool, P

híbrido, el hybrid, 1

hito, el milestone, 1

hogar (de ancianos), el (nursing) home, 2; 3

hombreras, las shoulder pads, 1

homenaje, el homage, 5

honrado/a honest, 4

horrendo/a horrendous, 5

horror, el horror, 5

huelga, la strike, 3

huérfano/a, el/la orphan, 3

humilde humble, 4

humo, el smoke, 2

I

ignorar to be ignorant of, 5

igualdad, la equality, 3

imagen, la image, 1

imaginativo/a imaginative, 4

imitación, la imitation, 1

imitado/a imitated, 1

imitar to imitate, 1

impactante impressive, 1

importante important, 2

importar to matter; to be important, 2; 3

impresionar to impress, 3

inagotable inexhaustible, 2

inaugurar to inaugurate, 2

incentivar to incentivize, 3

incertidumbre uncertainty, 5

increíble incredible, 2

indígena indigenous, 2

indócil unmanageable, 2

infiel unfaithful, 4

influencia, la influence, 1

influido/a influenced, 1

influir en/sobre to influence, 1

ingresar to enter, 2

iniciar to begin, 2

innovación, la innovation, 5

innovador/a innovative, 5

innovar to innovate, 5

inocente innocent, P

inseguro/a insecure, 4

insistir en to insist on, 2

instinto, el instinct, 4

insuperable insurmountable, 5

inteligente intelligent, P

intentar to attempt, 1

intercambiar exchange,

interesante interesting, P

interesar to be of interest, 2; 3

interior, el interior, 1

intermedio, el intermission, 5

Internet, la Internet, P

interpretar to interpret (a role, a song), 5

intuitivo/a intuitive, 4

inundar to flood, P

inventado/a invented, 1

inventar to invent, 1

invento, el invention, 1

invertir (ie, i) to invest, 2

ir (a) to go (to), 5

ir(se) to go (away), 4

J

joven young, P

juez/a, el/la judge, 5

jugar (ue) a to play a game/sport; to bet, 5

juicio, el trial, 3

jurídico/a judicial, 3

K

kilómetros por hora, los kilometers per hour (km/h), 1

kilómetros por litro/galón, los kilometers per liter/gallon, 1

L

labor, la task, effort, 3

lamentar to be sorry, 2

lanzar to launch, to put forth; to throw, 3

largo/a long, P

lástima pity, 2

lavar(se) to wash (oneself), 4

leer por encima to skim, 5

legalizar to legalize, 3

lema, el motto, 3

lengua, la tongue, 1

lento/a slow, 5

leña, la wood, 2

letra, la lyrics, letter

ley, la law, 2

liberar to liberate, 3

libertad de culto, la freedom of religion, 3

libertad, la liberty, 3
limpio, poner el ensayo en final draft
listo/a ready; smart, 2
llamar(se) to call (each other), 4
llave, la key, 1
llevar a cabo to carry out, 2
llevar to carry; to wear, 1
llevarse (con) to get along (with), 4
locutor/a, el/la (radio/TV) announcer, 5
lógico logical, 2
lograr to achieve, 1; 4
logro, el achievement, P
loto, posición de, la lotus position, 4
luchar (por) to fight (for); to struggle, 3
lucir (zc) bien/mal to look good/bad, 5
lucir como to look like, P
lujoso/a luxurious, 1

M

maduro/a mature, 4
maestría, la masters degree, 1
mal informado/a misinformed, 5
mala onda uncool, P
malhablado/a foul-mouthed, 4
malo/a ill/bad, 2
mandar to order, to send, 2
mandar un *tweet*, to tweet, P
mandón/mandona bossy, 4
manejable manageable, 1
manejar to drive (a vehicle), to handle, 1
maniático/a compulsive, 4
manifestación, la protest, demonstration, 3
maniobra, la maneuver, 2
mantener (ie) to support financially, 4
mantenerse (ie) to maintain oneself, 1
maquillaje, el makeup, 1
maquillarse to put on makeup, 4

marca, la brand (of a product), make of a car, 1
mareomotriz tidal, 2
mascar to chew, 5
medida, la measure, 2
medio/a half; middle, P
medioambiente, el environment, 2
medios, los media, P
mejor better, 2
mejorar to improve, 2
memoria, la memory (capacity), 4
menos que, a unless, 5
mensaje, el message, P
mentir (ie, i) to lie, 1; 4
mentira, la lie, 4
mentiroso/a lying, false, 4
menudo a often, P
meta, la goal, 3
miembro, el member, P
mirar(se) to look at (each other), 4
mismo tiempo, al at the same time, 1
mismo/a same; (the thing) itself, P
misterio, el mystery, 5
moda (pasajera), la (passing) fad, 1
moda, a la in style/fashion (a person), 1
moda, de in style/fashion (something), 1
modelo, el/la model, 1
modificar to modify, 2
modo (de vestir, de bailar, etc.), el way (of dressing, dancing, etc.), 1
mola, la Kuna reverse appliqué, 2
molestar to be a bother; to bother, 3; 4
molestia, la bother, 4
molesto/a bothered, 4
monovolumen, el van, 1
montar (en bicicleta, a caballo) to ride (a bicycle, horse), 2
montar to set up, 5
morirse (ue) to die, MG
mortificar to torment, 5
mostrar (ue) to show, 3

movida, la scene; movement, 1
movido/a lively, 5
móvil, el cell phone, P
movimiento, el movement, 1
mudo/a mute, 2
muestra, la sample, 1; 3
multar (a) to fine, 2
mundo del espectáculo, el show business, 5
muro, el wall, P

N

navegador, el navigator, 1
necesario/a necessary, 2
necesitados, los the needy, 3
necesitar to need, 2
negar (ie) to refuse; to deny, 1; 2
ni siquiera not even, P; 5
nivel de vida, el standard of living, 3
nivel, el level, P
no ser que a unless, 5
No tienes razón. You're wrong., 3
noticiero, el news program, 5
novedad, la novelty, news, 1
nuevo/a new, P
nutritivo/a nutritious, 2

O

obtener to get, 1
ocurrirse to think about something, to have an idea, MG
ojalá I wish; I hope; God grant, 2
olvidarse (de) to forget, 4; MG
onda/boga, en in fashion/vogue, 1
opresión, la oppression, 3
oprimido/a oppressed, 3
oprimir to oppress, 3
oratoria, la speech, 4
orfelinato, el orphanage, 3; 5
orgulloso/a proud, 4
ortografía, la spelling
oscurecer to get dark, 2
oscuro/a dark, 1

P

pagar to pay (for), P
página de inicio, la home page, P
país, el country, 3
panfleto, el pamphlet, 3
pantalla, la screen, 5
papel, el role, 5
para concluir to conclude, 4
pararse to stand up, 4
para que in order that, so that, 5
parecer to seem, 3
parecer(se) to look like, 5
parecido/a similar, 5
pareja, la partner, couple, P
parodia, la parody, 5
partir de, a beginning, 1
pasado/a de moda out of style, 1
pasante, el/la intern, 3
paso, el step
patillas, las sideburns, 1
patrimonio, el heritage, 3
patrocinar to sponsor, 3
paz, la peace, 3
pedir disculpas (i, i) to ask for forgiveness, 4
pegar fuerte to catch on, 1
peinado, el hairstyle, 1
peinarse to comb, 4
pelea, la fight, 3
pelear to fight, 4
película, la film, 5
peligroso/a dangerous, P
penalización, la penalty, 2
pensar (ie) to think, 2
peor worse, 2
pequeño/a small, P; 2
perderse (ie) to get lost, to lose something, MG
perfil, el profile, P
perjudicar to harm; to damage, P; 2
prejudicial damaging, P
permitir to permit, 2
perseguir to persecute, 5
personaje, el character, 5
pescador/a, el/la fisherman/woman, 2
pesquero/a fishing, 2
petróleo, el oil, 2
pez, el fish (live), 2

pico, el point, 2
piel, la skin, 4
Pienso que... I think that..., 2
pinta, la look, P
pintarse to put on make-up, 4
pionero/a, el/la pioneer, 1
pistola, la pistol, 5
placer, el pleasure, 4
plástico, el plastic, 2
poco/a little, 2
pocos/as few, 2
popular popular, P
por ahí, allí around there, MG
por ahora for now, MG
por aquí around here, MG
por cierto by the way, for certain, MG
por Dios for heaven's (God's sake), MG
por ejemplo for example, MG
por eso that's why, MG
por favor please, MG
por fin finally, MG
por lo general in general, MG
por lo tanto therefore, 3
por lo visto apparently, MG
por poco almost, MG
por si acaso just in case, MG
por supuesto of course, MG
por último finally, MG
por una (otra) parte on the one (other) hand, 4
portarse bien/mal to behave/to misbehave, 4
portátil portable, P
potable safe to drink, 2
potenciar to empower, 3
potente powerful, 1
práctico/a practical, P; 1
preciso/a necessary; precise, 2
predecir (i) to predict, 2
preferencia, la preference, 1
preferible preferable, 2
preferido/a preferred, 1

preferir (ie, i) to prefer, 1; 2
premiar to reward, 2
premio, el prize, award, 5
prensa, la press 3
presa, la dam, 2
preservar to protect, to preserve, 2
presionar to pressure, 2
presumido/a, el/la presumptuous, P
presumir to presume, P
presunción, la presumption, 3
pretendiente, el/la suitor, P; 5
prevenir (ie) to prevent, 2
Primero,... First,..., 3
principio, al at first, 1
pro de, en in favor of, P
pro, el (argument) in favor, P
prohibido/a prohibited, 2
prohibir to prohibit, 2
promover (ue) to promote, 2; 3
pronto, de suddenly, 1
pronunciamiento, el uprising, 3
propiedad, la property, 3
propio/a own; suitable, P
proponer to propose, 2
proporcionar to provide, 1
propósito, el purpose, 4
propuesta, la proposal, 3
prosperar to prosper, 2
protagonista, el/la protagonist, main character, 5
protección, la protection, 2; 3
proteger (j) to protect, 2; 3
protegido/a protected, 2; 3
provechoso/a beneficial, 3
proveer to provide, 3
publicidad, la publicity, 1
público, el audience; public, 1
puro/a sheer; pure, P

Q
quedar to be located (colloquial:, estar), 3
quedar to be left over; to fit (clothing), 3
quedarse to stay (in a place); to remain behind, to leave (something) behind, 3; MG
querer (ie) to want; to love (someone), 2; 4
quererse (ie) to love (each other), 4
quizá(s) perhaps, maybe, 2; 5

R
rana, la frog, 2
rapero/a, el/la rapper, 5
rato, al in a while, 1
realizar to carry out, to achieve, 1
recaudar fondos to raise funds, 1; 3
rechazado/a rejected, 5
rechazar to reject, 5
rechazo, el rejection, 5
reciclado/a recycled, 2
reciclaje, el recycling, 2
reciclar to recycle, 2
recinto, el campus, P
recomendable recommendable, 2
recomendar (ie) to recommend, 2
recordar to remind; to remember, 3
recorrer to tour, 1
recto/a straight, 4
recuerdo, el memory, as in remembrance, 4
recurso, el resource, 1; 2
red/Red, la network/ Internet, P
reembolso, el rebate, 1
regla, la rule, 2
relajarse to relax, 4
renegado/a renegade, 2
renovar (ue) to renew, 2
repartir to share
repente, de suddenly, 1
repentino/a sudden, 5

reportaje, el report, 1; 5
rescatar to rescue, 2
reseña, la review (of a show or book), 5
residencia de ancianos, la nursing home, 3
resolver (ue) to resolve, 5
respaldar to back up, 4
resultado, el result, 2
reto, el challenge
riesgoso/a risky, P
rincón, el corner, 2
risita, la giggle, 4
rodilla, la knee, 4
romántico/a romantic, 5
romperse to break (an object), MG
ruido, el noise, 1

S
saber to know, 2
saludable healthy, 2
sangre, la blood, 2
secar(se) to dry (oneself), 4
seguida, en immediately, 1
seguidor/a, el/la follower, 5
seguir (i, i) to follow, 1
según according to, 5
Segundo,... Second,..., 3
seguro/a secure, 4
seguro/a secure, safe; sure, P; 2
selva, la jungle, 2
semilla, la seed, 2
señal, la sign, 6
sencillo, el single (record), 1; 5
sencillo/a simple, 1
sensible sensitive, P; 4
sentir (ie, i) to feel; to be sorry, 2
sequía, la drought, 2
serie dramática, la dramatic series, 5
serie policíaca, la detective series, 5
serio, en seriously, 4
siglo, el century
sin embargo however, nevertheless, 2; 5
sin fines de lucro non-profit, 3

sin que without, 5
sindicato, el union, 3
siniestro/a sinister, 5
sinnúmero, un countless, P
sobrepasar to surpass, 2
sobreuso, el overuse, 2
sobrevivir to survive, 5
sociedad, la society, 3
solamente only, 1
soler (ue) to be in the habit of; to tend to, P
solo only, 1
solo/a alone, 1
soltero/a unmarried, P
sombra, la shadow, 2
sondeo, el poll
soportar to put up with, to tolerate, 4
sorbo, el sip, 1
sordo/a deaf, 2
sospechar to suspect, 5
sostenible sustainable, 2
subir to upload, P
subrayar to underline, 1
subvencionar to subsidize, 3
suceso, el event, 5
sucursal, la branch (of a business), P
suelo, el ground, earth, 5
suelo, el ground, floor, 5
sufragio universal, el universal suffrage, 3

sugerencia, la suggestion, 4
sugerir (ie, i) to suggest, 4
sumiso/a submissive, 4
superar to overcome, 4
suspense, el suspense, 5

T

tablao, el flamenco bar, 5
tagalo, el language spoken in Philippines, 1
tal such, 4
tal vez perhaps, maybe, 2; 5
taller, el workshop, 3
taquilla, la box office, 5
tatuaje, el tattoo, 1
techo, el roof; dwelling, 3
tecla, la key, 1
telenovela, la soap opera, 5
telón, el curtain, 5
temer to fear, 2
tendencia, la tendency, 1
tender (ie) a to tend to, 1
tener celos to be jealous, 4
tener miedo to be afraid, 2
tener razón to be right, 3
terremoto, el earthquake, 3
Tienes razón. You're right., 3
tirantes, los straps, 1

tirar to shoot (a gun); to pull, to throw out, 5
tocar to play a musical instrument; to touch; to knock, 5
tocar(se) to touch (each other), 4
todoterreno, el all-terrain vehicle (ATV), 1
tomar conciencia to become aware, 3
toparse con to run into, P
trabajo, el term paper, 4
trama, la storyline, 5
tranvía, el trolley, 2
trato, el treatment, 3
través de, a throughout, 1
trayecto, el trajectory, 2
tribu, la tribe, 2

U

un poco de + n./adj., a little, 2
unirse a to join, P
urgente urgent, 2
usuario/a, el/la user, P
útil useful, P

V

valer (la pena) to be worth (the trouble), 2; 5
valor, el courage, 3
veces a sometimes, 1

vehículo deportivo utilitario, el sport utility vehicle (SUV), 1
veinte, treinta, cuarenta, etc., los (años) the twenties, thirties, forties, etc., 1
velocidad, la speed, 1
vencer to defeat, to overcome, 4
ventaja, la advantage, 2
ver(se) to see (each other), 4
vergüenza, la embarrassment; shame, 4
verídico/a truthful, P
vez en cuando, de sometimes, P
vía, la way, P
vías de desarrollo, en developing, 2; 3
video musical, el musical video, 5
vidrio, el glass, 2
viejo/a old, P
vincular to link, 5
virtud, la virtue, 4
vivienda, la housing, 2
vivo, en live, 1
voluntariado, el volunteering, 3
voz, la voice, 5

Credits

Text

Pages 98–99: © Denevi, Marco, Counterfeiting, Buenos Aires, Corregidor, 2007.

Page 133: "Masa" by Cesar Vallejo, from España, aparta de mí este cáliz [1937]

Page 167: "A Julia de Burgos" from Song of the Simple Truth: The Complete Poems of Julia de Burgos copyright 1996 by Julia de Burgos. Published by Curbstone Press. Distributed by Consortium. Permission granted by Joseph A. Burgos, nephew of Julia de Burgos.

Pages 201–202: Augusto Monterroso, "El concierto," de Obras completas (y otros cuentos). © 1959 by Augusto Monterroso. Publisher: Norma; (March 1998). Reprinted with permission from International Editors' Company.

Photo

Page xxiv: N-Media-Images/Fotolia

Page 2: Luba V Nel/Shutterstock/Dorling Kindersley, Ltd; page 3: Photosindiacom, LLC/Shutterstock; page 4: (bottom, right) VLADGRIN/Shutterstock; (top, right) Susan Bacon; page 6: ARENA Creative/Shutterstock; page 7: (top, right) Danilo Parra; (bottom) Warakorn/Fotolia; page 12: Basheera Designs/Shutterstock; pages 13–14: Pearson; page 15: (top, right) Susan Bacon; (bottom, left) Susan Bacon; page 18: Dirk Ercken/Shutterstock; page 19: AISPIX by Image Source/Shutterstock; page 20: (bottom, left) Radosław Brzozo/Fotolia; (top) A Jellema/Shutterstock; page 21: (bottom) Hasloo Group/Shutterstock; (top, right) robin2/Shutterstock; page 23: Mike Flippo/Shutterstock; page 24: (top) COSPV/Fotolia; (bottom) Sergey Peterman/Shutterstock; page 25: (bottom, center) jagodka/Fotolia; (bottom, right) Kadmy/Fotolia; (bottom, center) Pavel Timofeev/Fotolia; (bottom, center) Stefan Schurr/Fotolia; (bottom, left) tribalium81/Fotolia; (top, right) Lasse Kristensen/

Shutterstock; page 26: Monkey Business/Fotolia

Pages 28–29: wrangler/Shutterstock; page 29: (center) KiselevAndrey Valerevich/Shutterstock.com; page 30: (bottom, right) Everett Collection Inc/Alamy; (top, left) Pictorial Press Ltd/Alamy; (center, right) Pictorial Press Ltd/Alamy; (center, left) Pictorial Press Ltd/Alamy; page 32: (bottom, left) Susan Bacon; page 33: Steven Coling/Shutterstock; page 35: AP Photo; page 36: Colombia/Newscom; page 39: Gary Ombler/Dorling Kindersley, Ltd; page 40: (bottom, left) picture-alliance/Newscom; page 41: (bottom) Anyka/Fotolia; page 44: ZUMA Press/Newscom; page 45: TheFinalMiracle/Fotolia; page 46: Lorraine Swanson/Fotolia; page 47: Pearson; page 48: (bottom) ELIZABETH RUIZ/EPA/Newscom; (top, right) new vave/Shutterstock; page 49: (top, right) Jose R. Aguirre/Cover/Getty Images; (bottom, left) wavebreakmedia/Shutterstock; page 50: (top, left) Deepak Aggarwal/Dorling Kindersley, Ltd; (bottom, left) James Mann/Dorling Kindersley, Ltd; (top, left) James Mann/Dorling Kindersley, Ltd; (center) James Mann/Dorling Kindersley, Ltd; (bottom, left) James Mann/Dorling Kindersley, Ltd; page 52: (top, right) Michael Shake/Fotolia; (center) Michael Shake/Fotolia; (top, left) Michael Shake/Fotolia; page 53: (top, right) blende40/Fotolia; (bottom, center) RealPhotoItaly/Fotolia; page 56: David Wimsett/Photoshot/Newscom; page 57: Blue Moon/Fotolia; page 58: USTIN LANE/EPA/Newscom; page 60: Michelle Chaplow/Alamy; page 61: (center, right) Courtesy El Corte Inglés, S.A. Madrid, Spain El Corte Inglés, S.A.; (center, left) © 2012 Estate of Pablo Picasso/Artists Rights Society (ARS), New York/Courtesy El Corte Inglés, S.A. Madrid, Spain El Corte Inglés, S.A.; page 62: (bottom) Dmitriy Shironosov/Shutterstock; (top, right) Tyler Olson/Shutterstock; page 64: Bertys30/Fotolia; page 65: (bottom, right) Dmitriy Shironosov/Shutterstock; (top, right)

gyn9037/Shutterstock; (bottom, left) Jordan Tan/Shutterstock; page 66: Susan Bacon; page 67: Blend Images/Shutterstock

Pages 68–69: Cristina Arias/Getty Images; page 69: (bottom, center) Susan Bacon; page 70: Dave King/DK Images; page 72: Michal Modzelewski/Dorling Kindersley; page 73: (center, right) AFP PHOTO/DANI POZO/Newscom; (bottom, right) Susan Bacon; page 74: (top, right) j0yce/Fotolia; (center) Susan Bacon; page 77: Olga Khoroshunova/Fotolia; page 78: (top, right) Alexandr Mitiuc/Fotolia; (bottom, right) Dmitry Pichugin/Fotolia; (center, left) doethion/Fotolia; (bottom, left) Matti/Fotolia; (center, right) pedrosala/Fotolia; (center, right) Unclesam/Fotolia; page 79: (top, right) mushin44/Fotolia; page 81: Penka Todorova Vitkova/Dorling Kindersley; page 82: goodluz/Fotolia; page 83: (center, right) Pearson; page 84: (top, left) tr3gi/Fotolia; (center, left) Tiziana Aime; page 85: (top, right) Joy Scheller/LFI/Photoshot/Newscom; (bottom, left) Susan Bacon; page 88: (top, right) FikMik/Fotolia; (bottom, center) Susan Bacon; page 89: hotshotsworldwide/Fotolia; page 93: (bottom, left) Christian Wilkinson/Shutterstock; (bottom, center) Susan Bacon; page 94: James Brunker/Dorling Kindersley Ltd; page 95: (bottom, right) alex_black/Fotolia; (top, left) Calek/Fotolia; page 96: Susan Bacon; page 97: (top, right) Alejandro Durán; (top, right) Alejandro Durán/Gabriel Marinez Ortiz; page 100: Aptyp_koK/Fotolia; page 101: (bottom) Mathias Lamamy/Fotolia (top Right) WavebreakmediaMicro/Fotolia; page 102: Susan Bacon

Pages 104–105: CORTESA/NOTIMEX/Newscom; page 105: (center) TP/Alamy; page 106: Susan Bacon; page 108: Susan Bacon; page 109: (bottom, right) Phase4Photography/Shutterstock/Dorling Kindersley, Ltd; (top, left) Golden Pixels LLC /Shutterstock; page 110: (top, right) International Red Cross and Red Crescent Movement; (center)

Susan Bacon; page 112: Eva Lemonenko/Fotolia; page 113: Susan Bacon; page 114: WOLA; page 115: (top, left) Pearson; page 116: (bottom) Barbara Helgason/Fotolia; (top, left) Greatbass.com/Fotolia; (center, left) Susan Bacon; page 117: Kiko Huesca/EFE/Newscom; page 118: Dragana Gerasimoski/Shutterstock; page 120: (center, left) Lisa F. Young/Fotolia; (bottom, right) Kathy Hutchins/Newscom; page 121: (bottom, right) Everett Collection Inc/Alamy; (top, right) Lucian Coman/Shutterstock/Dorling Kindersley, Ltd; page 124: (center) EPA/UTHAIWAN BOONLOY; page 125: Andrew Taylor/Shutterstock; page 127: Golden Pixels LLC/Shutterstock/Dorling Kindersley, Ltd; page 128: Ian Lawrence/Splash News/Newscom; page 129: Gino Santa Maria/Fotolia; page 130: Steve Black/Lebrecht Music & Arts/Alamy; page 131: Margaret Snook; page 132: (top, right) INTERFOTO/Alamy; (bottom, center) artkamalov/Fotolia; page 133: pedrosala/Fotolia; page 134: Reproduced with permission of the General Secretariat of the Organization of American States/Reproducido con el permiso de la Secretaría General de la Organización de los Estados Americanos; page 135: ANK/Fotolia; page 136: Susan Bacon

Pages 138–139: Andresr/Shutterstock; page 139: (bottom, left) Andresr/Shutterstock; page 140: Michael D Brown/Shutterstock; page 142: Zuma/Alamy; page 143: (top, left) AF archive/Alamy; (bottom, right) Sourabh/Shutterstock; page 144: Cheryl Ann Quigley/Shutterstock; page 145: (bottom, right) BOLIVIAN INFORMATION AGENCY/HO/EPA/Newscom; (center, left) Blend Images/Shutterstock; page 148: Allstar Picture Library/Alamy; page 149: STR/EPA/Newscom; page 150: Neale Cousland/Shutterstock /Dorling Kindersley Media Library; page 151: Pearson; page 152: (bottom, left) Juri Samsonov/Fotolia; (center, left) Susan Bacon; page 153: (top, right) Cesar Cebolla/Alfaqui/Newscom; (bottom)

restyler/Shutterstock; page 157: Andres Rodriguez/Fotolia; page 158: Peter Bernik/Shutterstock.com; page 160: REUTERS/Mohamed Azakir; page 165: (bottom, left) Schalkwijk/Art Resource, NY, © 2012 Banco de México Diego Rivera Frida Kahlo Museums Trust, Mexico, D.F./Artists Rights Society (ARS), New York; (top, right) The Granger Collection, NYC — All rights reserved.; page 166: (bottom, left) ajt/Shutterstock; page 168: (bottom, center) Nicemonkey/Shutterstock; (top, left) zimmytws/Shutterstock; page 169: (bottom, left) Inna Felker/Fotolia; (top, right) Blend Images/Shutterstock; page 170: Susan Bacon

Pages 172–173: Adam Lewis/Globe Photos/ZUMAPRESS/Newscom; page 173: (center) AG4/Aaron Gilbert/WENN Photos/Newscom; page 174: (top, right) Agencia el Universal/El Universal de Mexico/Newscom; page 176: (bottom, right) LTA WENN Photos/Newscom; (top, left) UNIV/The Grosby Group Grosby Group Latin America/Newscom; page 177: (top, right) Everett Collection Inc/Alamy; (bottom, left) haider/Shutterstock; page 180: (center, right) James Steidl/Fotolia; (top, left) pressmaster/Fotolia; page 183: (top, right) Fresh Hollywood Imagery/Alamy; (bottom, right) Julia Lutgendorf/Shutterstock; page 184: Susan Bacon; page 185: (top, right) Pearson; page 186: (center, left) Dale Mitchell/Fotolia; (top) pablo h. caridad/Fotolia; page 187: (bottom) carlos castilla/Fotolia; (top, right) Jose R. Madera/El Nuevo Da de Puerto Rico/Newscom; page 188: (top, left) Allstar Picture Library/Alamy; (top, center) Allstar Picture Library/Alamy; (bottom, center) Allstar Picture Library/Alamy; (bottom, center) Allstar Picture Library/Alamy; (bottom, left) Allstar Picture Library/Alamy; (bottom, left) Everett Collection Inc/Alamy; (top, right) Pictorial Press Ltd/Alamy; (top, center) cinemafestival/Shutterstock/Dorling Kindersley, Ltd; page 190: BUENA VISTA/Album/Newscom; page 191: Olivier Parent/Alamy; page 192: ISAAC

ESQUIVEL/CUARTOSCURO/EPA/Newscom; page 194: (center, left) REUTERS/Steve Marcus; (bottom, left) DeshaCAM/Shutterstock; page 195: Sun/Newscom; page 197: Khakimullin Aleksandr/Shutterstock /Dorling Kindersley, Ltd; page 198: sonyazhuravetc/Fotolia; page 199: (top, right) © 2012 Artists Rights Society (ARS), New York/SOMAAP, Mexico City; (bottom) © 2012 Artists Rights Society (ARS), New York/SOMAAP, Mexico City; page 200: (top, right) AP Photo/Moises Castillo, FILE; (center, left) dalaprod/Fotolia; page 201: (bottom, right) Dorling Kindersley, Ltd; (top, right) Susan Bacon; page 202: Netfalls/Fotolia; page 203: (bottom, left) Blaj Gabriel/Shutterstock; (center, right) Susan Bacon; page 204: Susan Bacon

Page MG-2: StockLite/Shutterstock; page MG-3: RICK GIASE/EPA/Newscom; page MG-4: Lloyd Fox/MCT/Newscom; page MG-6: (center, right) Martin Duriska/ Fotolia; (bottom, center) GEORGI LICOVSKI/EPA/Newscom; page MG-7: Handout/MCT/Newscom; page MG-11: REUTERS/Eloy Alonso; page MG-12: mart/Shutterstock; page MG-13: air/Fotolia; page MG-15: Susan Bacon; page MG-16: Stephen Coburn/Shutterstock; page MG-18: Elke Dennis/Fotolia; page MG-19: Lucertolone/Shutterstock; page MG-21: REUTERS/Pilar Olivares; page MG-22: Susan Bacon; page MG-23: Josephs.l. Tan matt/Shutterstock; page MG-24: Sarsmis/Fotolia; page MG-25: (center, right) Innovated Captures/Fotolia; (bottom, right) Susan Bacon; page MG-28: (top, right) tom/Fotolia; page MG-30: Keith Dannemiller/Alamy; page MG-31: REUTERS/STRINGER Mexico; page MG-34: Andrea Danti/Fotolia; page MG-35: Tatagatta/Shutterstock; page MG-38: Abbey Walsh; page MG-39: Aflo Co. Ltd/Alamy; (bottom) nirots/Fotolia; page MG-41: innovari/Fotolia; page MG-42: (center) Jason Stitt/Fotolia; (bottom, left) Kelpfish/Fotolia

Index

Audioscripts

Capítulo preliminar

P-24 Un lugar tranquilo.

Eres una persona exitosa en todo lo que haces. Tienes un buen trabajo, una familia que te quiere y amigos sinceros. Todo el mundo depende de ti sin excepción. Te levantas por la mañana y te conectas a tu correo electrónico donde te esperan doscientos mensajes urgentes. ¡Y hay tantos mensajes de texto como de correo electrónico en el buzón de tu teléfono! Cuando todas las obligaciones son demasiadas para ti y te causan presión y estrés, ¿no quieres escaparte por un rato a un mundo de serenidad total? Tenemos una solución para ti: ¡TranquilidadVirtual! TranquilidadVirtual es un servicio que te separa completamente de todas las molestias de tu día y de tu vida: ningún teléfono, ninguna computadora, ningún mensaje de texto, ningún correo electrónico, ninguna videoconferencia, ninguna crisis. Solo tienes que meterte en la cápsula de tranquilidad, cerrar los ojos y soñar.

En TranquilidadVirtual te ofrecemos:

- un masaje de bienvenida
- música o sonidos naturales para relajarte
- aire ligeramente perfumado de olores naturales como el olor del mar o del campo
- bebidas antioxidantes como té verde o jugos naturales
- mensajes personalizados para animarte a volver a tu mundo con un estado de ánimo positivo

Recuerda, cuando quieras desconectarte del mundo, prueba TranquilidadVirtual, y renuévate. Además, te ofrecemos

- tarifas y precios razonables
- cuota mensual o anual
- descuentos para parejas o familiares
- pagos sin interés
- tres tiendas en el centro de la ciudad

Capítulo 1

1-26 Una canción legendaria del Siglo XX.

En 1965, el dúo español Los del Río ganó fama por su sencillo *Macarena*, una canción que sigue siendo popular en las fiestas y en los cruceros hoy en día. Según la historia, los cantantes estaban en una fiesta organizada por un importante empresario venezolano cuando vieron bailar flamenco a una chica española. Se impresionaron tanto que le crearon una versión espontánea de la canción y se la dedicaron a ella. En la canción, la llamaron "la Magdalena", un nombre que se refería a una mujer a quien le gustaba divertirse. Después, cuando grabaron la canción, cambiaron su nombre a "Macarena".

La canción tuvo mucho éxito en los 90 y volvió a grabarse varias veces por distintos conjuntos musicales. Para 1997 se habían vendido 11 millones de copias. Era popular tocarla en diversos contextos, por ejemplo en la final del Súper Bowl norteamericano y en la convención del partido demócrata de 1996.

El éxito de la canción ha sido tan grande que llegó a ser la canción número cinco de todos los tiempos y el número uno de las canciones latinas. Diez años después de salir el disco, el dúo Los del Río había recibido más de 85 millones de dólares por su composición.

1-38 Una encuesta del periódico.

Según una encuesta de más de mil personas, casi el cuarenta por ciento de los estadounidenses creen que su automóvil tiene una personalidad propia. Dos de cada diez tienen un apodo para su vehículo. Los nombres más utilizados para los autos son de mujer, con algunos tan populares como Betsy, Nelly, Blue, Baby y sus variaciones.

Cuando se les preguntó a los encuestados sobre cuáles son los sentimientos más fuertes que tienen hacia sus automóviles y camionetas, ellos mencionaron confiabilidad, mantenimiento y la libertad que experimentan al viajar por carretera.

La investigación descubrió que las mujeres son más propensas que los hombres a atribuirles rasgos personales a sus automóviles. También encontró que las mujeres son las que bautizan sus vehículos con nombres femeninos.

Tres de cada diez entrevistados consideraron que su automóvil tiene género, y el veintitrés por ciento de los encuestados dijeron que es femenino, mucho menos que el siete por ciento que creen que es masculino.

El 80 por ciento de los estadounidenses dijeron que les encanta conducir. Los adultos jóvenes y los adultos mayores respondieron más frecuentemente que les gusta conducir, en comparación con los conductores de 30 a 39 años.

Asimismo, la mayoría contestó que puede inferir la personalidad de alguien solo con ver el automóvil que conduce.

Capítulo 2

2-5 Madrid Río.

¡Ahora tienes una razón más para visitar Madrid! El proyecto Madrid Río es un gran esfuerzo humanitario y ecológico del Ayuntamiento de Madrid para convertir un área de automóviles, humo y ruido en una zona verde abierta a todos los madrileños y a los visitantes a la ciudad. Para empezar, construyeron túneles para meter la carretera (y los automóviles) bajo tierra. Al hacer esto, abrieron 30 kilómetros de zonas verdes y paseos para peatones y ciclistas, y un total de más de 649 hectáreas, o sea 1.600 acres, donde puedes hacer deportes, montar en bicicleta, tomar el sol en la "playa" del río Manzanares, visitar cafés y asistir a conciertos y otros eventos culturales.

Madrid Río tiene un total de 17 paseos que van por varios puentes peatonales, algunos nuevos y otros de siglos anteriores. Hay también canchas de tenis y de pelota. Para adornar las zonas verdes se han plantado más de 37.000 árboles y muchos arbustos y flores. Además, hay cafés, restaurantes y bares para tomar un refresco, merendar, o cenar al aire libre. Sin embargo, el atractivo más impresionante es la "playa" construida a la orilla del río. Esta idea salió de un concurso infantil y juvenil en 2005. Tiene tres espacios donde puedes refrescarte en las fuentes, bañarte en el río, o simplemente tomar el sol.

Se llega fácilmente a Madrid Río desde cualquier parte de la ciudad: a pie, en bicicleta, en metro o en autobús. ¡Nos vemos pronto en Madrid Río!

2-20 ¿Cómo será este producto?

Somos Ecovivienda, la empresa más importante de México en la construcción de casas verdes. Les proponemos construir una casa ecológica, que estará en armonía con la naturaleza. Esta construcción se aprovechará de las nuevas tecnologías para formar parte de la naturaleza. La aplicación de técnicas ecológicas les permitirá obtener logros fundamentales: por ejemplo, mejorarán la calidad de la vida; disminuirán el costo de mantenimiento y alimentación; y alcanzarán un mejor nivel de confort.

Su vivienda será autosuficiente en cuanto a energía, sostenible económicamente y se aprovechará de las últimas novedades en el campo de la energía renovable (los fotovoltaicos, el sistema geotérmico, el eólico, la recogida de la lluvia, la biomasa, el tratamiento de agua residual, y el compost de los desechos de la cocina). ¿Les costará más una vivienda ecológica? Claro que sí. Pero podrán recuperar sus gastos en menos de 10 años. Además, y esto es lo más importante, sabrán que están haciendo su parte para conservar el bienestar de nuestro planeta. Como dice el antiguo proverbio, "el tiempo devora, el hombre devora aún más"…

Vengan a ver nuestro modelo en la sala de exhibiciones de Guadalajara y les platicaremos sobre la vivienda ecológica de su futuro.

2-41 El cultivo del café de comercio justo.

Es sorprendente que en Estados Unidos tomemos el 20 por ciento del café producido en el mundo. Somos también bastante esnob al momento de tomar nuestro cafecito. Pero pocos de nosotros sabemos del origen o del costo de ese café que nos tomamos. Primero, los trabajadores en muchas fincas trabajan largas horas en condiciones pésimas y ganan muy poco. Los productores de fincas pequeñas casi no ganan lo suficiente para cubrir sus gastos. Así empezó el movimiento de comercio justo, bajo el cual los productores reciben un precio justo por los granos de café. De igual forma, el movimiento de comercio justo fomenta el cultivo del café usando métodos ecológicos. Por ejemplo, el método de cultivar el café bajo sombra, produce granos más grandes y sabrosos mientras que protege la tierra, necesita menos agua, usa fertilizantes naturales y no necesita pesticidas. Es decir, es un producto orgánico. Es verdad que este tipo de café cuesta más que el corriente, pero su sabor es más rico y sabemos que el método de su cultivo es bueno tanto para el planeta como para los productores. Te invito a un café para que lo pruebes, ¿quieres?

Capítulo 3

3-14 Prácticas (*internship*) con WOLA.

A través del Programa de Prácticas en WOLA, proveemos oportunidades únicas de mentores para los practicantes. Así haremos posible que la siguiente generación de jóvenes juegue un papel importante en la formación de la política exterior de Estados Unidos. Este programa de prácticas les da a los practicantes amplias oportunidades de familiarizarse con los eventos actuales en América Latina. Sus experiencias serán a través de reuniones regulares con nuestro personal y asistiendo a reuniones de organizaciones no gubernamentales, sesiones del congreso, y otras discusiones y eventos. Además, los practicantes participarán en una serie de discusiones informales durante almuerzos con representantes de distintos sectores, como fundaciones, gobiernos, e instituciones multilaterales. Cada practicante desarrollará un proyecto de investigación.

Solicitamos inscripciones de candidatos particularmente de América Latina y de otras minorías. En general, el Programa

Yudelman no está abierto ni a estudiantes de posgrado ni a licenciados por la cantidad de trabajo administrativo que requiere este programa.

El proceso de recepción de solicitudes para la práctica en WOLA se lleva a cabo tres veces al año: verano, otoño y primavera. WOLA selecciona a siete practicantes por sesión. Por esta experiencia el practicante no recibirá estipendio económico. Durante el otoño y la primavera, se espera que los practicantes trabajen al menos 24 horas a la semana. Durante el verano, se espera que trabajen 32 horas a la semana.

3-48 Un noticiero hondureño.

Buenas tardes, radio oyentes. La semana pasada tuvimos el placer de recibir a la Sra. Yoo Soon-taek, esposa del Secretario General de la Organización de las Naciones Unidas. Llegó el domingo por la tarde y se quedó hasta ayer, martes, por la noche. Según los informes del periódico y sus reacciones personales, la visita fue todo un éxito. Durante su visita, pudo visitar la capital y varios pueblos pequeños donde conoció a muchos de los niños que han recibido ayuda del programa Unicef, la agencia de las Naciones Unidas que tiene como objetivo garantizar el cumplimiento de los derechos de la infancia.

El segundo día fue invitada al palacio presidencial donde se reunió durante más de una hora con el presidente y la primera dama, quien está muy interesada en esta causa también. Cuando se fue del país, admitió que se sentía un poco triste por dejar a sus nuevos amigos, especialmente a los niños que conoció. Sin embargo, promete volver el año que viene con su esposo, el Secretario General.

La visita de la Sra. Yoo Soon-taek a Honduras ha recibido mucha atención en la prensa norteamericana. Es evidente que su viaje ha ayudado mucho a dar publicidad a esta gran causa humanitaria que beneficia a los niños de todo el mundo.

Capítulo 4

4-15 Escucho.

DOCTOR: Y ahora vamos a hablar con Carlos. Carlos, escucho.

CARLOS: Buenos días, doctor Garza.

DOCTOR: Buenos días. ¿En qué lo puedo ayudar?

CARLOS: Tengo treinta años, soy algo atractivo y bastante comprensivo. Soy meticuloso; me ducho todos los días y me visto bien. Pero es casi imposible conocer a mujeres interesantes. Es dificilísimo. Sin embargo, en mi trabajo he conocido a una mujer que me interesa. Se llama Esmeralda. Creo que yo le intereso a ella también, pero, al igual que yo, es muy tímida. Creo que ella y mis padres deben conocerse, pero como soy un poco introvertido, siento vergüenza y tengo miedo de ser rechazado.

DOCTOR: Ay Carlos, veo que se siente solo y que se está tomando las cosas demasiado en serio. Parece que usted no ha salido con Esmeralda antes, ¿verdad?

CARLOS: No, apenas nos hemos hablado en el trabajo.

DOCTOR: Antes de invitarla a su casa, debe conocerla un poco mejor para ver si se llevan bien. Deben verse fuera de la oficina. Sea valiente e invítela al cine o a cenar. Si almuerzan a la misma hora, un almuerzo sería menos estresante. Pero, si le parece difícil la vida de soltero, y si le interesa esta mujer, no pierda la oportunidad. ¡Buena suerte!

CARLOS: Gracias, doctor.

DOCTOR: Gracias por llamar… Ahora, vamos a la otra línea donde nos espera Rosario. Rosario, escucho.

ROSARIO: Como sabe, mi nombre es Rosario. Soy una mujer profesional y trabajo en una empresa de abogados. Mi problema es que no soporto la colonia que lleva mi jefe todos los días. Tengo alergias y me enfermo mucho. Cada vez que trato de decírselo me pongo nerviosa. ¿Debo buscar otro empleo? ¿Qué me recomienda?

DOCTOR: Obviamente su jefe no es muy comprensivo de su problema, posiblemente porque usted es la primera persona a quien le ha afectado de esta manera. Pero, como usted sabe, en nuestro país no hay ninguna ley que prohíba llevar colonia o perfume en el trabajo. Así que, en otro empleo es muy posible que usted se encuentre con el mismo problema.

ROSARIO: Es verdad.

DOCTOR: Pero, si le gusta su trabajo y no le conviene buscar otro, lo que debe hacer es hablarle francamente a su jefe. Explíquele que en casi todo está contenta en su trabajo pero que tiene alergias y que a veces usted se enferma y que esto le afecta mucho en el trabajo. Tal vez su jefe le permita trabajar desde la casa, o aun mejor, deje de ponerse colonia en la oficina.

ROSARIO: Esa es una buena idea. Muchísimas gracias, doctor. Quiero llevarme bien con mi jefe.

DOCTOR: Cómo no. Fue un placer. Gracias por llamar.

4-32 Los amoríos de Lulú.

Lulú y Carlos son novios. Están sentados en un sofá y se dicen las intimidades típicas de dos jóvenes que se aman profundamente.

LULÚ: Desde que me enamoré de ti me siento un poco insegura y no sé si tú me correspondes.

CARLOS: Pero, mi vida, ¿cómo puedes dudar de mi amor? ¿Es que tienes celos de otra mujer? Sabes que te soy fiel.

LULÚ: No te enfades Carlos, pero anoche una amiga en quien confío me dijo que te había visto en la universidad conversando íntimamente con Diana, tu ex novia.

CARLOS: ¡Eso es una calumnia! No debes prestar atención a los chismes. Me encontré con Diana en la cafetería y le pregunté cómo estaba su mamá porque había estado mal. Hablé con ella dos minutos. Yo confío en ti, aunque sé que has tenido muchos novios.

LULÚ: ¡Te creo, cielo! Me has sacado un peso enorme de encima. Es que te quiero mucho y a veces los celos me afectan. Vamos a hacer las paces y olvidar nuestras sospechas.

CARLOS: Muy bien, cariño, olvidemos nuestro pasado que no tiene importancia y gocemos cada momento que pasemos juntos.

Capítulo 5

5-6 _MTV Unplugged._

La súper estrella colombiana Juanes es músico, cantautor y arreglista de pop y rock en español. Su música fusiona diversos ritmos musicales: música de rock con sonidos colombianos y latinos como la cumbia, el bolero y el tango. Sus discos han tenido muchísimo éxito, pues ha vendido más de 15 millones de discos por todo el mundo. Ganador de un Grammy y 17 premios Grammy Latino, fue también nombrado "artista latino de la década" por _Billboard_.

En 2012, Juanes subió al escenario de _MTV Unplugged_ para grabar un álbum en vivo bajo la dirección del famosísimo salsero Juan Luis Guerra. Este afirmó que Juanes estaba cantando y tocando mejor que nunca. Las canciones demuestran su calidad vocal y su pasión romántica.

Además de ser músico, Juanes es activista y participa en varias causas sociales y humanitarias por las que ha recibido muchos premios y honores. Por ejemplo, su fundación Mi sangre ayuda a las víctimas de las minas antipersonales. En su vida personal tanto como en la artística, Juanes afirma que lo más importante son las relaciones personales con la familia y con los seres queridos. Enfatiza que debemos vivir en paz, dejando a un lado lo trivial.

Según el diario _Los Angeles Times_, Juanes es "la figura más importante de la música latina". Además, la revista _Time_ lo ha nombrado una de las "cien personas más influyentes del mundo".

5-39 Café Tacvba.

A Café Tacvba se le considera la mejor banda de rock alternativa de México, y para muchos, la mejor del mundo. Según el _New York Times_, Café Tacvba se atreve a tratar el rock como arte. Sin embargo, su música no se puede colocar fácilmente en una categoría particular debido a la versatilidad de sus ritmos. Aunque emplea instrumentos como cualquier conjunto de rock, es decir guitarra, bajo y tambores, también incorpora música electrónica e instrumentos exóticos. Así combinan los estilos de pop modernos (desde rock a hip hop hasta electrónica) con la música folklórica latina (incluyendo mariachi, ranchera, tejana y samba). Ningún álbum de Tacvba se parece a los demás, sino que cada uno es único en su estilo musical. Por eso, el conjunto ha merecido admiración no solo de los críticos sino también de los fanáticos que se fascinan por su estilo tan original y entretenido. El grupo ha ganado premios Grammy y Grammy Latino y ha participado en _MTV Unplugged_. También ha producido un documental titulado _Seguir siendo_. Los integrantes del grupo son Meme, Joselo, Quique y Juan.